근대의 기억, 산업유산
— 폐산업시설은 어떻게 '문화유산'이 되는가

근대의 기억, 산업유산 — 폐산업시설은 어떻게 '문화유산'이 되는가

초판 1쇄 인쇄 2024년 12월 31일
초판 1쇄 발행 2025년 1월 17일

지은이 박진한 외
펴낸이 정순구
책임편집 정윤경
기획편집 조원식 조수정
마케팅 황주영

출력 블루엔
용지 한서지업사
인쇄 한영문화사
제본 한영제책사

펴낸곳 (주) 역사비평사
등록 제300-2007-139호 (2007. 9. 20)
주소 10497 : 경기도 고양시 덕양구 화중로 100(비전타워21) 506호
전화 02-741-6123~5
팩스 02-741-6126
홈페이지 www.yukbi.com
이메일 yukbi88@naver.com

ⓒ 박진한 외, 2025

ISBN 978-89-7696-596-7 93900

본 도서는 한국연구재단의 지원을 받아 2020년 7월 1일부터 2023년 6월 30일까지 진행된 일반공동연구지원사업(NRF 2020S1A5A2A03042387)의 결과물이다.

근대의 기억, 산업유산

― 폐산업시설은 어떻게 '문화유산'이 되는가

박진한 외 지음 | 인천대학교 지역인문정보융합연구소 기획

근대의 기억, 산업유산

— 폐산업시설은 어떻게 '문화유산'이 되는가

책머리에

산업유산에 관한 공동연구를 시작하고 얼마 지나지 않았을 때의 일이다. 폐광을 레저시설로 활용하는 곳이 있다고 해서 춘천 월곡리의 옥 광산을 찾아간 적이 있다. 아직 코로나가 한창이던 시절이라 호젓하게 이곳저곳을 둘러볼 수 있었다. 그리고 식사를 위해 소양강댐 근처로 이동하는데 누군가 "저 댐도 지은 지 50년이 지나 곧 산업유산이 되겠네"라고 말한 한마디에 함께 갔던 일행 모두가 잠시 조용해졌다. 지금껏 유산이라 생각한 적 없지만, 소양강댐처럼 어느새 50년 넘게 가동하며 등록문화재의 자격을 갖춘 산업시설이 주변에 적지 않다는 사실을 문득 깨달았기 때문이다.

가동을 멈추었거나 혹은 소양강댐처럼 가동 중이라도 역사적, 문화적 가치가 뛰어난 산업시설을 유산으로 인식해 보존·활용하는 일은 이미 세계적인 흐름이 되었다. 우리보다 먼저 탈공업화를 경험한 구미 사회는 1970년대부터 폐산업시설을 다양한 용도로 활용하는 가운데 산업과 노동의 가치를 재인식하고 쇠퇴한 공업지대의 활성화를 꾀하고 있다. 국내에서도 2000년대 이후 폐광이나 폐공장 같은 노후 산업시설을 카페나 미술관, 문화공간 등으로 활용하려는 시도가 활발해지고 있다. 그래서인지 폐산업시설을 도시재생이나 장소마

케팅의 수단으로 활용하는 모습은 이제 그리 낯설지 않은 풍경이 되었다.

하지만 산업유산의 보존·활용에 관한 논의와 움직임이 활발해질수록 이를 둘러싼 이해 당사자 사이의 갈등이 고조되고 있다. 지역의 숙원사업이라는 이유로 노후 산업시설을 해체하고 재개발에 앞장서는 지자체나 개발업자에 맞서 산업유산의 보존을 주장하는 시민단체나 지역주민 사이에 대립과 충돌이 심심치 않게 발생하고 있다. 산업유산의 보존과 활용에 관한 사회적 합의가 아직 도출되지 못한 상태이다 보니 이를 중재해야 할 정부 역시 부처에 따라 입장이 다른 형편이다. 그렇다 보니 산업유산의 보존·활용 과정에서 그곳에 담긴 당사자의 기억과 목소리를 보존하는 것보다 경제적인 효과를 우선시해 관광객의 발길을 붙잡을 수 있는 볼거리로 꾸미는 데 치중하는 것이 현재의 모습이다.

너무나 당연한 말이지만 폐산업시설을 새로운 '볼거리'가 아닌 '유산'으로 인식하고자 한다면 무엇보다 그곳에 담긴 수많은 기억 가운데 '무엇'을 보존하고 지역 재생의 자원으로 '어떻게' 활용할 것인지를 놓고 다양한 이해 당사자가 모여 논의하고 고민하는 작업을 거쳐야 한다. 그렇기 때문에 산업유산의 보존과 활용에 대한 논의는 단순히 유휴산업시설의 건축적 가치나 지역 재생 사업의 이해관계를 넘어 그 장소에 결부된 개인과 지역, 국가 사이의 다층적인 기억을 포괄하는 '민주적인' 유산 활동이 되어야 한다. 그리고 이 같은 과정을 통해 산업유산은 '정치성'과 '역사성'을 갖게 된다. 뒤집어 말하면 그 과정이 민주적이지 못한 유산 운동은 국가주의나 권위주의를 강화하는 수단이 될 수 있다. 이러한 점에서 권력과 자본에 의해 획일화된 유산 보존과 활용은 민주주의에 대한 또 다른 공격일 수 있다.

앞서 언급했듯이 국내에서도 산업유산에 관한 관심은 연일 높아지고 있다.

하지만 폐산업시설 가운데 무엇을 어떻게 '유산'으로 보존·활용할 것인지, 산업유산을 활용한 재생사업에서 지역사회, 기업, 국가를 비롯한 개별 행위 주체의 이해관계를 어떻게 조정할 것인지, 폐산업시설에 담긴 유산의 가치와 의의를 어떤 방식으로 전시하고 기억할 것인지에 대해 충분한 논의와 합의가 이루어졌다고 보기 힘든 것 같다. 그렇다 보니 런던의 테이트모던 미술관이나 뉴욕의 하이라인 공원과 같이 폐산업시설을 활용한 해외의 성공 사례를 그대로 도입하는 것이 당장에 목표가 되고 있다. 이러한 점에서 한국의 현실과 상황에 맞는 산업유산의 보존·활용에 관한 논의는 오히려 이제부터 시작이 아닌가 싶다.

한국의 현실과 필요에 맞는 산업유산을 논의하기 위한 전제 작업으로 영국, 독일, 프랑스 미국의 구미 지역과 중국, 일본, 대만 그리고 북한을 포함한 동아시아 지역의 산업유산에 관한 보존·활용의 문제를 비교해 보자는 취지에서 도시사, 도시지리, 건축사, 도시공학, 인류학 등을 전공한 다양한 연구자가 모여 지난 2020년부터 3년간 한국연구재단의 지원(NRF 2020S1A5A2A03042387)을 받아 공동연구를 진행했다. 이 책은 바로 이 같은 공동연구의 성과물이다.

산업유산에 관한 공동연구를 통해 주목하고자 했던 것은 무엇보다 유산을 만들어가는 과정의 '거버넌스(governance)'였다. 폐산업시설을 산업유산으로 지정하고 지역 재생의 자원으로 활용하는 과정에서 '거버넌스'는 그 자체가 정치적이자 문화적인 행위라고 말할 수 있다. '산업유구(遺構)의 유산화'에 대해 영국의 사회학자인 앤서니 기든스(A. Giddens)는 탈공업화의 사회변동에 직면한 현대사회가 불안한 경험에 의미를 부여해 집단의 결속을 되찾으려는 의도가 숨겨져 있다고 언급한 바 있다. 이러한 점에서 산업유산의 거버넌스에 대한 고찰은 탈산업화의 위기에 직면한 산업국가의 새로운 전통 만들기에 관한 탐구와 결을 같이한다고 말할 수 있을 것이다. 다만 산업유산의 개념과 이에 관한 연구는 산업화와 탈산업화를 일찍 경험했던 구미 선진국에서 먼저 시작된 만큼, 식민지와 전후 고도 경제성장을 압축적으로 경험한 동아시아와 한국 사회에 그대로 투영하는 방식은 적합하지 않을 수 있다. 따라서 이 책에서는 1부 구미, 2부 동아시아, 3부 국내 편으로 나누어 구미와 동아시아, 국내의 산업유산화 과정을 정리해 비교하려고 했다.

먼저 1부에서는 산업고고학과 산업유산 보존 운동의 발상지인 영국, 산업유산의 재활용에서 모범사례로 여겨지는 독일, 폐산업시설을 생태박물관으로 활용하는 프랑스, 탈산업화와 함께 수많은 '유령도시'를 양산한 미국의 경우를 살펴보았다.

좀 더 구체적으로 각 장의 내용을 들여다보면 1장에서는 아이언브리지 세계유산 가운데 주철교 아이언브리지와 블리스츠힐 빅토리안 타운(Blists Hill Victorian Town)을 중심으로 산업혁명 시기의 오랜 용광로, 탄광, 주철소, 철공장, 주택이 산업유산으로 거듭나는 과정에서 산업유산에 접합된 새로운 의미와 진본성(authenticity)에 대해 고찰했다.

2장은 산업유산 보존·활용의 성공 사례로 이야기되는 독일 루르 지역의 산업유산이 광공업 쇠퇴에 대처하기 위한 경제적 사회적 구조조정의 파생 산물이자 사민주의에 기초한 특수한 정치문화 기획의 결과임을 지적했다.

3장에서는 영국보다 뒤늦게 1970년대에 본격화한 프랑스의 산업유산 연구와 조사 작업이 문화부의 주도 아래 1980년대 1차 총조사 사업과 2000년대 2차 총조사 사업을 통해 마무리되는 과정을 정리했다. 그리고 파리 교외에 있는 3곳, 즉 콜롱브 양수공장, 금속 부품을 제조하는 그로밋 공장, 악기를 만들던 쿠에농 공장을 예로 들어 산업유산의 보존·활용에 관한 실제 사례를 살펴보았다.

4장은 2010년대 이후 본격화한 미국 뉴욕 브루클린 수변 지역의 산업시설을 소재로 재개발 사업의 향배를 살펴보았다. 다시 말해 네이비 야드, 그린포인트, 레드 훅 세 구역을 분석 대상으로 삼아 재개발 사업의 추진 주체, 방향성, 그리고 각 지역의 조건이 맞물리며 재개발의 양상과 그 결과가 서로 다른 방향으로 나아가는 과정을 고찰했다.

다음 2부에서는 북한, 중국, 타이완, 일본의 산업유산 보존·활용에 관한 거버넌스를 상호 비교하고자 했다. 동아시아 지역이라 하더라도 정치체제와 경제구조가 다른 만큼 식민지 시기의 불편한 기억을 담고 있는 산업시설을 국유화해 활용하는 북한, 국가 차원에서 '공업유산'의 집단기억을 만들어가는 중국, 일제의 식민 지배와 산업화의 역사적 경험을 공유하면서도 산업유산의 보존·활용에 적극적인 타이완, 국가 주도의 선택적인 기억화로 주변국과 역사분쟁의 불씨를 제공하고 있는 일본의 사례를 비교 검토했다.

먼저 5장에서는 평양 일대의 산업시설을 주된 소재로 북한의 문화유산 관리제도와 변천 과정을 살펴봄으로써 산업유산에 대한 북한의 사회적 인식과 함께 미래의 유산 정책에 대해 조명하고자 했다.

6장에서는 중국에서 공업 유산 관련 입법이 필요한 이유는 무엇 때문인지, 그리고 어떠한 과정을 거쳐 관련 행정 법규가 제정되었는지, 현재 어느 단계까지 법제화가 진행되었는지를 구체적으로 살펴봄으로써 공업유산의 법제화가 실은 국가 차원에서 집단기억을 만들어가는 과정임을 드러내 보이려 했다.

7장은 제2차 세계대전 종전 이후 중화민국 정부가 일본 통치 시기의 산업시설과 건축물을 국유화해 산업유산으로 보존·활용하게 된 역사적인 경위와 함께 2000년대 이후 문화자산 조사 사업 및 '문화자산보존법' 등을 통한 제도적인 정비 과정을 상세히 설명하고 있다.

8장은 산업유산에 담긴 여러 기억 가운데 '메이지'라는 특정 시기를 선택해 '일본'이라는 국민국가를 구성하는 '집단 구성원의 연대 의식을 육성'하기 위해 메이지 산업혁명 유산이라는 국가 공인의 유산 담론이 만들어지는 과정을 살펴본 글이다.

마지막으로 3부에서는 2000년대 이후 에너지 정책 및 산업구조 변화에 따른 폐광, 폐산업시설의 등장을 계기로 본격화한 국내 산업유산 정책과 연구 동향을 정리하는 한편, 폐광을 활용한 지역 재생 사업의 실제 사례를 검토했다.

9장에서는 변화무쌍한 도시 공간에서 마치 고립된 존재와도 같은 이질감을 풍기는 폐산업시설이 도시와 산업의 역사, 노동과 일상의 기억을 조명하는 새로운 공간으로 거듭날 가능성을 탐색하고자 산업유산에 관한 국내 연구 동향을 정리했다.

10장은 2000년대 이후 한국에 본격적으로 소개된 산업유산이 공공 영역의 각종 제도를 통해 보존·활용되는 과정을 살펴보고 전국 각지에 산재한 산업유산의 보존·활용에 관한 사례를 정리한 글이다.

11장은 단일 석탄 광산으로 국내 최대 규모를 자랑했던 문경 은성광업소의 폐쇄 이후 지역 활성화를 위한 관광도시 전략에 따라 문경시가 탄광업 관련 산업시설을 관광자원으로 활용하는 과정을 살펴보았다.

이렇게 간략하게나마 이 책의 대체적인 구성과 내용에 대해 살펴보았다. 이 책은 산업유산의 보존·활용 과정에서 구미와 동아시아는 물론이고 동아시아 각국 사이에 작지 않은 차이가 존재한다는 점을 드러내 보이려 했다. 다만, 여기서 주의해야 할 점은 단순히 어디가 좋다거나 낮다는 식의 역할모델을 제시하는 것이 아니라, 유산 활동이 지역사회와 주민, 관련 전문가, 자본, 정부가 복잡하게 얽힌 가운데 각국이 처한 정치적 상황과 산업구조의 조건에 따라 매우 다른 형태와 과정에 따라 이루어졌다는 사실이다. 이처럼 각국의 산업유산에 담겨 있는 역사적, 사회적 맥락의 특수성을 파악하고 이해하는 작업을 통해 산업유산 연구의 서구 중심성을 해체하는 동시에 우리 사회가 장차 만들어갈 산업유산의 가치와 의의를 탐색하는 데 미력하나마 도움이 되기를 기대한다.

공동연구를 진행하는 동안 한국의 유산 정책에 커다란 변화가 일어났다. 올해 5월 '국가유산기본법'의 시행과 함께 한국에서 '문화재'는 '국가유산'으로, '문화재청'은 '국가유산청'으로 새로 거듭난 것이다. 유산 보호와 문화 향유를 위해 국가와 지자체의 책임을 강조하는 법률 제정의 취지와 제도 개편의 필요성에는 백분 동의하는 바이다. 하지만 유산의 가치를 '국가적·민족적' 범위로 제한하는 것에는 우려의 시선을 보내지 않을 수 없다.

유산의 가치를 '국가적·민족적' 범주로 제한하는 것은 국민국가의 틀을 유지하고 구성원의 '연대 의식'을 육성하기 위해 아주 효과적인 방법일 수 있다. 하지만 일본의 메이지 산업혁명 유산에서 드러났듯이, 국가에 의한 '공인된 유산의 신화화'는 서로 다른 기억을 갖는 인접국 사이에 기억 전쟁을 초래할 수 있는 위험성을 갖는다. 그러나 이보다 문제인 것은 유산에 담긴 다양한 기억과 다채로운 목소리를 은폐하거나 감추는 역효과를 부를 수 있다는 점이다. 유산의 가치를 '국가적·민족적' 범주로 제한한다면 서로 다른 기억을 가진 주체 사이의 대립을 중재하기는커녕 기름을 끼얹어 더욱 격화시킬 수 있다.

이러한 점에서 유산의 가치는 '국가적, 민족적' 범위로 제한되거나 수렴되어서는 안 된다. 오히려 노동과 재해, 환경, 젠더 등과 같이 다양한 주체와 집단이 요구하는 가치와 이슈를 포함할 수 있는 범주로 확대되어야 한다. 그래야만 여러 세대에 걸쳐 유산의 가치 역시 창조적으로 계승될 수 있을 것이다. 이러한 점에서 빛과 어둠을 함께 갖는 산업화의 양가적인 측면을 고려하는 가운데 국민국가 사이의 '특수'한 관계를 넘어, 여러 당사자와 주체가 민주적인 절차에 따라 '다양'하고 '보편'적인 유산 가치를 찾아가는 과정이야말로 산업유산의 가치를 미래에까지 지속 가능하게 만들어갈 수 있는 가장 효과적인 방법임을 제안하고자 한다.

　마지막으로 지난 수년 동안 공동연구를 같이 하며 함께 집필 작업에 참여한 연구팀은 물론이고 연구모임의 발표와 토론에 참석한 국내외 연구자, 작업에 많은 도움이 되어준 인천대 일본지역문화학과 대학원생에게 감사의 인사를 전하면서, 이 책이 산업유산에 관심을 가지는 이들에게 유용한 참고 자료가 되기를 바란다. 아울러 이 책에 사용한 사진은 별도의 출처 표기가 없는 이상 저자가 직접 찍은 것임을 미리 밝혀둔다.

공동저자를 대표해

박진한

1부

산업유산 보존·활용의 다양한 모습들_유럽·미국

1장

'산업혁명의 요람' 슈롭셔 아이언브리지

산업혁명의 발상지 슈롭셔

아이언브리지 세계유산(Ironbridge World Heritage)은 잉글랜드 북동부 슈롭셔주에 있다. 슈롭셔 동쪽의 콜브룩데일, 브로즐리, 모들리, 잭필드, 콜포트를 포괄하는 너른 지역으로 주철로 만든 아이언브리지(Ironbridge)를 비롯해 10개의 박물관이 아이언브리지 세계유산에 포함된다. 아이언브리지가 놓인 세번강 양안은 협곡을 따라 울창한 숲 사이로 조그만 집들이 그림같이 늘어서서 아름다운 경관을 이루고 있다(그림 1). 용광로 불꽃이나 석회 연기 같은 초기 산업화 시대의 모습은 존재하지 않는다. 버려진 용광로와 제철 공장, 도자기 공장, 타일 공장 같은 유휴산업시설은 이제 세계유산이자 박물관으로 거듭나 관광객을 맞고 있다.

잉글랜드와 웨일스의 경계에 위치한 슈롭셔는 수도 런던에서 250킬로 이상 떨어져 접근성이 좋은 편이 아니다. 런던 유스턴에서 텔퍼드까지 내셔널 레일을 이용해 약 3시간, 텔퍼드에서 다시 자동차로 약 30분을 달려야 이곳에 도착한다. 아이언브리지 세계유산은 관광명소는 아니다. 영국박물관(the British Museum)의 연간 국내외 관람객이 600만이 넘는 데 비해, 아이언브리지 세계유산

그림 1. 세계 최초의 주철교 아이언브리지

전체의 연간 관광객은 약 100만 명으로 텔퍼드까지 포함해도 130만 명 정도이고 90% 이상이 내국인이다. 1779년 건립된 세계 최초의 주철교 아이언브리지를 직접 보려는 소수의 역사 전문가나 단체 견학생들을 제외하면, 관광객의 절반 이상이 인근 웨스트미들랜즈주 버밍엄과 울버햄프턴에서 오는 가족 단위 방문객으로 트레킹이나 숲 체험 같은 야외 활동에 세계유산 관람을 곁들여 즐기는 경우가 대부분이다.

아이언브리지 세계유산에는 항상 "산업혁명의 요람", "산업화의 발상지", "발명의 계곡" 같은 수식어가 붙는다. 하지만 영국에서 산업혁명이나 산업화를 대표하는 장소가 이곳만은 아니다. 더비셔의 더웬트 계곡이나 랭커셔의 맨체스터를 먼저 떠올릴 수도 있다. 더웬트 계곡은 아크라이트의 수력방적기가 설치된 최초의 공장 크롬퍼드 방적공장이 있는 곳으로 유명하고, 맨체스터는 기계제 면공업 공장과 노동자 주택단지가 발달한 전형적인 면업도시이기 때문이다. 아이언브리지 산업유산의 진정한 특성은 '요람'과 '발상지'라는 표현이 말해주듯 '산업혁명'과 '산업화'보다는 '최초'에 있다고 보아야 맞을 것이다. 경제사가 아사 브릭스(Asa Briggs)에 따르면, '산업혁명의 요람'이란 표현은 1950년대 '산업고고학(industrial archaeology)' 개념을 창안한 아마추어 역사가 마이클 릭스(Michael Rix)가 콜브룩데일을 '요람'이라고 묘사한 데서 유래했다.[01] '산업혁명의 요람 아이언브리지'라는 이미지는 탈산업화 시대가 도래하고 버려진 산업시설에 대한 관심이 일면서 비로소 탄생한 것으로, 일종의 '발명된 전통(invented tradition)'에 해당한다.

이 글에서는 우선 아이언브리지 세계유산 가운데 주철교 아이언브리지와

---

01 Asa Briggs, *Ironbridge to Crystal Palace: Impact and Images of the Industrial Revolution*, London: Thames and Hudson Ltd., 1979, p. 41.

블리스츠힐 빅토리안 타운(Blists Hill Victorian Town)을 중심으로, 슈롭셔 콜브룩데일의 버려진 용광로, 탄광, 주철소, 철공장, 주택이 산업유산으로 재의미화되는 과정을 살펴볼 것이다. 그리고 이 지역이 '산업혁명의 요람, 아이언브리지 세계유산'으로 개발되는 과정에 주목하고, 산업유산에 새롭게 접합되는 의미와 산업유산의 진본성(authenticity) 문제를 생각해볼 것이다.

산업폐허에서 발굴과 보존으로

아이언브리지 협곡 일대는 석탄, 점토, 철광석, 석회석 매장량이 많고 채굴이 쉬웠기 때문에 일찍이 16세기부터 광산업과 철공업이 발달했다. 이곳이 "18세기의 실리콘 밸리"라고 불리게 된 이유는 퀘이커교도 철산업가 다비 집안의 혁신 때문이었다. 에이브러햄 다비(Abraham Darby) 1세는 석탄 코크스를 용광로 연료로 사용하는 기술을 개발하는 데 성공했다. 역사적으로 철공업 기술은 목탄을 연료로 사용하는 직접체철법에서 시작해, 철광석을 용광로의 고로에서 용해해 선철(pig iron)을 만들고, 선철을 가열해 탄소를 제거하고 단철(wrought iron)을 제조하고, 나아가 강철(steel)을 제조하는 간접제철법의 시대로 발전했다. 용광로에서 높은 열을 내기 위해서는 다량의 목탄 투입과 강력한 송풍력이 필요했는데, 18세기 영국의 목탄제철업은 목탄과 수력 공급의 부족으로 인해 한계에 봉착해 있었다. 다른 산업과 가정난방용 연료에서는 석탄이 목탄을 대체해 보급되고 있던 반면, 철공업에는 석탄 도입이 성공하지 못하고 있었는데, 다비 1세의 혁신으로 선철과 단철 제조용 연료로 석탄 코크스를 이용하는 데 성공함으로써 철의 대량생산 시대가 열리게 되었다. 다비 1세는 브리스톨에서 맥아제분기, 철선, 주철주전자 제작소 사업을 일으켰던 경험을 살려, 1707년 콜브룩데일에서 유휴 용광로를 임차해 석탄코크스 제철에 성공했다. 18세기 중엽 이후 다비 1세의 석탄 코크스 제철법은 급속히 보급되었고, 목탄 용광로는 차

그림 2. 윌리엄 윌리엄스의 풍경화 〈아이언브리지〉
출처: Wikimedia Commons.

례로 폐쇄되었다. 총 제철 생산량에서 코크스 선철의 비중은 1750년에 5%에 불과하던 것이 1791년에는 90%를 넘어섬으로써 선철 생산에서 석탄 연료로의 전환이 완성되었다.[02]

1779년 완성되어 1781년 새해 첫날 개통된 아이언브리지는 더비가 철공업 혁신의 기념비였다. 건축가 토머스 파놀스 프리처드(Thomas Farnolls Pritchard)의 설계와 에이브러햄 다비 3세와 존 윌킨슨(John Wilkinson)의 자금력이 합쳐진 결실이 세계 최초의 주철교 아이언브리지이다. 아이언브리지는 높이 37미터, 무게 378

---

02 김종현, 『영국 산업혁명의 재조명』, 서울대학교출판문화원, 2006, 180쪽, 186~189쪽, 193쪽.

톤에 달하고, 전통적인 목공기법을 모방해 철부품들을 조립해 완성했다. 아치 부분에는 "콜브룩데일 철로 주조했고 1779년에 세워졌다"라고 쓰여 있다.

최초의 주철교에 대한 이 지역 사람들의 자부심은 대단했고, 회화와 동전에 아이언브리지를 등장시키는 것으로 표현되었다. 윌리엄 윌리엄스(William Williams)의 〈아이언브리지(The Iron Bridge)〉(1780)는 아이언브리지를 주인공으로 한 풍경화다(그림 2). 1792년 콜르북데일에서 발행한 동전에도 아이언브리지가 있었다. 이 구리 동전은 고용인에게 월급으로 지급됐던 것으로 앞면에는 아이언브리지가, 뒷면에는 1789년 완공된 케틀리(Ketley) 경사 수로가 새겨져 있었다.

더비가는 제철업뿐만 아니라 새로운 산업 경관을 직접 눈으로 보려는 부유한 관광객을 유치하는 데도 수완을 발휘했다. 더비가는 회화와 조각을 적극적으로 제작해 홍보와 관광객 유치에 힘썼다. 지금의 슈롭셔는 잉글랜드 북동부의 외진 지역이지만, 18세기 말에는 런던, 북웨일스, 아일랜드를 잇는 교통의 요충지였다. 관광객들은 아이언브리지와 타르 터널, 경사 수로와 협곡의 풍광을 즐기기 위해 이곳을 방문했다. 윌리엄 윌리엄스의 〈콜브룩데일의 오후 풍경(An Afternoon View of Coalbrookdale)〉(1777)이나 필립 제임스 드 루더버그(Philip James de Loutherbourg)의 〈밤의 콜브룩데일 풍경(Coalbrookdale at Noght)〉(1801)은 이 지역의 산업 경관을 묘사한 그림들이다.[03]

그러나 19세기 중반이 되면 이미 철산업의 중심지는 사우스웨일스 블래나 번과 웨스트웨일스로 이동했고, 아이언브리지 협곡의 철산업은 쇠퇴기로 접어들었다. 철산업과 석탄업이 사라진 자리에는 도자기·벽돌·타일 공장이 들어섰다. 주거용 벽돌과 지붕 타일, 장식용 도자기 타일, 도기 담배 파이프 공장이

---

03 Coralie Rachel Acheson, *Visiting the Industrial Revolution: The Communication of World Heritage Values to Tourists in Ironbridge Gorge*, Dissertation, University of Birmingham, 2019, p. 60.

노동자들에게 일자리를 제공했다. 하지만 도자기 산업은 폐기물이 다량 발생하는 탓에 협곡의 경관과 명성을 해치는 결과를 낳았다. 2차 대전 이후에는 도자기, 벽돌, 타일 산업마저 쇠락해 실업이 만연한 탓에 벗어나길 갈망하는 시골이 되고 말았다.[04]

18세기 산업화의 발상지였다가 19세기 중반 이른 쇠퇴를 경험한 이 지역에 변화의 바람이 불기 시작한 계기는 1950년대 '산업고고학'의 등장이었다. '산업고고학'이란 용어는 1955년 버밍엄을 중심으로 활동하던 아마추어 역사가 릭스가 처음 사용한 개념으로 "산업적 과거에 대한 이해를 확대하기 위한 수단으로서 산업시대의 건축물과 인공물을 체계적으로 연구하는 학문"[05]이라고 정의된다. 현재 산업고고학은 과거의 물질생활과 문화를 탐구하는 고고학의 한 분야로 정착했다. 고고학이 선사시대를 연구대상으로 삼는 데 비해, 산업고고학은 주로 산업화 전후 시기에 주목해 산업화의 잔존물을 기록하고 탐사하며 산업과 관련된 기술, 수송, 건축 등의 분야를 종합적으로 연구한다.

릭스가 창안한 산업고고학에서 주된 발굴지로 삼았던 곳이 아이언브리지 협곡이었다. 당시 아이언브리지는 녹슨 채 방치되어 있었고, 용광로도 터만 남아 있었다. 더비 1세가 석탄 코크스 제철법에 성공한 그 용광로가 맨 먼저 발굴되었고, '구 용광로(Old Furnace)'라 불리게 되었다. 당시 구 용광로 주변의 부지는 콜브룩데일의 연합철제조사(Allied Ironfounders Ltd.) 소유였다. 구 용광로는 더비 1세가 제철회사 콜브룩데일사(Coalbrookdale Company)를 설립한 지 250주년을 맞은 1959년에 발굴·복원을 마쳤고, 1982년에는 그림 3과 같이 보존과 전시를 위해

04　John Powell, *Ironbridge Gorge Through Time*, Stroud, Gloucestershire: Amberley Publishing, 2009, p. 4.

05　Marilyn Palmer and Peter Neaverson, *Industrial Archaeology: Principles and Practice*, London and New York: Routledge, 1998, p. 1.

그림 3. 더비의 구 용광로(Old Furnace)

유리 피라미드형의 구조물을 덮어 오늘날의 모습에 이르고 있다.

　산업유산화가 본격적으로 시작된 직접적 계기는 텔퍼드 뉴타운(Telford Newtown) 개발이었다. 텔퍼드 뉴타운이라는 명칭은 슈롭셔에서 가장 유명한 엔지니어인 토머스 텔퍼드(Thomas Telford)의 이름을 따서 명명한 것이다. 1960년대 슈롭셔주 동부 탄광지대는 탈산업화를 경험했고 도시재생 프로그램이 시급한 상황이었다. 한편 웨스트미들랜즈주는 인구 밀집도를 해소하고 현대식 주거 환경과 주택 공급을 위해 뉴타운 개발이 필요했다. 원래 텔퍼드 뉴타운은 버밍엄의 과잉인구 유입과 정착을 기대하고 개발된 것이었지만, 실제로는 버밍엄보다는 울버햄프턴과 잉글랜드 중서부 중공업지대인 블랙컨트리(Black Country)에서 유입되는 인구가 많았다. 아이언브리지 세계유산 지역은 텔퍼드 중심지에서 떨어진 주변 지역이었기 때문에 뉴타운으로 재개발하기에는 매력적인 곳이 아니었다.

　1960년대 초 텔퍼드개발회사(Telford Development Corporation)가 설립되고 텔퍼드

뉴타운 개발이 시작됐을 당시, 뉴타운위원회가 낡은 주택의 보수와 정비에 보조금을 지원했고 부동산 가격이 저렴했기 때문에 아이언브리지 협곡 지역 보존의 계기가 마련될 수 있었다.[06] 뉴타운 재개발 대상 지역 전체에 대한 산업고고학적 조사가 진행됨에 따라 방치됐던 아이언브리지, 버려진 용광로, 철도 선로, 제철 공장터, 도자기 공장터, 타일 공장터에 대한 산업고고학 조사와 구술사 기록, 건물기록, 역사연구가 이뤄졌고, 이로써 보존에 더욱 힘이 실리게 되었다. 텔퍼드개발회사가 개발과 보존을 조화롭게 진행하는 데 어려움을 겪게 되자 독자적인 박물관 트러스트 설립안이 부상했고, 1967년 텔퍼드개발회사 특별조사위원회는 박물관 트러스트 설립을 제안하는 보고서를 제출하기에 이르렀다. 그 결과 1968년 아이언브리지협곡박물관트러스트(the Ironbridge Gorge Museum Trust, 이하 IGMT)가 설립되었고, IGMT는 산업유산화를 본격적으로 추진하는 주체가 되었다.[07]

IGMT는 폐탄광지대 전역에서 버려진 건물, 주택, 기계를 매입하기 시작했다. 매입 대상은 주로 아이언브리지 협곡과 그 주변이었다. 이곳은 도시재생 재개발 중심지에서 멀리 떨어져 뉴타운 개발의 이해관계에서 비켜나 있었기 때문에 매입이 용이했다. IGMT는 설립 후 10~15년 동안 구 용광로, 콜브룩데일사 건물, 철제조업자들의 저택, 강변의 창고 건물, 콜포트 도자기 공장, 크

---

06 Roger White and Harriet Devlin, "From Basket-case to Hanging Baskets: Regeneration, Alienation and Heritage in Ironbridge", Roger White and John Carman, eds., *World Heritage: Global Challenges, Local Solutions, Proceedings of a Conference at Coalbrookdale*, 4-7 May 2006 hosted by the Ironbridge Institute, BAR International Series 1698, 2007, Oxford: BAR Publishing, 2016, p. 49.

07 Paul Belford, "Projects Ongoing: Reflections on Archaeology and Industrial Heritage in the Ironbridge Gorge", Paul Belford, Marilyn Palmer, Roger White, eds., *Footprints of Industry, Papers from the 300th anniversary conference at Coalbrookdale*, 3-7 June 2009, British Archaeological Reports Oxford Ltd, 2010, pp. 169~188.

레이븐 던닐 타일 공장, 브로즐리 파이프 공장, 베들렘 용광로, 타르 터널, 예배당, 노동자용 주택과 상점 등 24개의 건물을 의욕적으로 매입했다. IGMT는 폐산업시설에 대한 매입과 함께 조사, 발굴, 기록, 개발을 진행하면서 박물관화를 추진하고, 1969년부터는 구 용광로, 아이언브리지, 타르 터널과 블리스츠힐 오픈에어뮤지엄(Blists Hill open air museum)을 돌아보는 투어를 조직해 진행했다.

아이언브리지 산업유산의 세계유산화와 박물관화

1970년에 IGMT는 첫 박물관으로 콜브룩데일 철박물관(Coalbrookdale Museum of Iron)을 개관했고, 초대 관장에는 역사가이자 산업고고학자 닐 코슨스(Neil Cossons)가 취임했다. 1973년 개관한 블리스츠힐 오픈에어뮤지엄은 텔퍼드 뉴타운을 건설하면서 원 소재지에서 옮겨온 역사적 건물들로 빅토리아식 타운과 거리를 조성했다. IGMT는 〈표 1〉에 정리된 바와 같이 아이언브리지, 콜브룩데일 철박물관, 블리스츠힐 빅토리안 타운 오픈에어뮤지엄뿐만 아니라 브로즐리 파이프웍스(Broseley Pipeworks), 콜포트 도자기 박물관(Coalport China Museum), 타르 터널, 더비 하우스(Darby House), 잭필드 타일 박물관(Jackfield Tile Museum), 협곡 박물관(Museum of the Gorge), 엔지뉴어티(Enginuity) 박물관 등 10개 박물관을 운영·관리하는 주체이다. 아이언브리지 협곡의 버려진 폐산업시설과 아이언브리지는 산업고고학 발굴과 보존, 가치 형성 과정을 거쳐 산업유산으로 박물관화되었다.

IGMT는 박물관 전시와 운영을 국제적 수준으로 향상하기 위해 부단히 노력했고, 그 결과 여러 차례 상을 받았다. 1977년 올해의 영국 박물관상을, 1978년 올해의 유럽 박물관상을 수상했고, 그해 연간 관람객은 16만 명을 넘어섰다.[08] 1979년 아이언브리지 건립 200주년 소식은 영국뿐만 아니라 유럽과 미국,

---

08 Maurice de Soissons, *Telford: The Making of Shropshire's New Town*, Shrewsbury: Swan Hill Press, 1991, p.

〈표 1〉 아이언브리지 협곡 박물관트러스트의 10개 박물관

1	블리스츠힐 빅토리안 타운 Blists Hill Victorian Town	1973년 오픈에어뮤지엄으로 개관 빅토리아 시대 재현한 민속촌 형식의 박물관 경사 수로(the Hay Inclined Plane)를 포함
2	브로즐리 파이프웍스 Broseley Pipeworks	도기제 담배 파이프 가마터
3	콜브룩데일 철 박물관 Coalbrookdale Museum of Iron Old Furnace	1970년 개관 1959년 에이브러햄 다비 1세의 용광로 발굴
4	콜포트 도자기 박물관 Coalport China Museum	콜포트는 18세기 말~20세기 초 도자기 산업 중심지
5	타르 터널 Tar Tunnel	세번(Severn) 강 북쪽 제방의 폐터널
6	더비 하우스 Darby Houses	더비가의 거주지. 데일 하우스와 로즈힐
7	엔지뉴어티 Enginuity	2002년 개관 콜브룩데일에 위치한 산업기술 인터렉티브 박물관
8	아이언브리지와 통행료 요금소 Iron Bridge and Tollhouse	1972~1975년 첫 기초 수리 시작 아이언브리지는 1779년 완공, 1781년 개통, 세계 최초의 주철교 (텔퍼드와 레킨 지방정부 소유)
9	잭필드 타일 박물관 Jackfield Tile Museum	2007년 개관 1874년 2월 25일 창립한 크레이븐 던닐 타일 공장(Craven Dunnill Tile Factory) 터에 세운 박물관
10	협곡 박물관 Museum of the Gorge	1967년 개관 1840년경 건설된 세번 강변의 콜브룩데일사 창고를 개조한 박물관

호주에서도 보도되었다. 문제는 명성에 비례해 지역경제를 활성화할 만한 수입이 증가하지 않았다는 점이다. 산업유산화 과정에서 가장 강조된 유적은 아이언브리지였고 1972년부터 수리와 보존에 힘썼지만, 무료 관람이었기 때문에 수입으로 연결되지 않았다. 한 지역 신문 기사의 넋두리처럼 "아무도 다리 하나를 보러 슈롭셔까지 가지는 않았"던 것이다. 따라서 IGMT는 지방정부와 협력해 신문 광고를 게재함으로써 산업의 역사에서 아이언브리지와 이 지역의 중요성을 부각하고, "산업이 여기서 시작됐으니", 200년 전에도 지금도 여전히 아이언브리지는 방문할 가치가 있다는 내러티브 만들기에 적극적으로 나섰

112.

다. 그리고 다른 한편으로는 〈표 1〉에서 보는 바와 같이 유료 박물관을 계속 건립함으로써 박물관을 통해 수입을 확보하는 전략을 취했다. 1980년대에는 텔퍼드까지 M54 고속도로가 개통되어 접근성이 높아졌다. 교통환경 개선으로 방문객이 증가하기 시작하자 『슈롭셔 저널』, 『슈롭셔 스타』, 『텔퍼드 저널』 같은 지방신문들은 박물관 관람객 통계를 정기적으로 게재하기 시작했다. 1980년대 중반은 이 지역이 18세기 말에 이어 다시 한번 전성기를 맞이한 때였다.[09]

이 시기 산업유산화에 힘을 실어준 또 하나의 주요 계기는 세계유산 등재였다. 아이언브리지 협곡은 1986년 영국 최초로 유네스코 세계유산에 등재되었다. 1978년도에 폴란드 소금광산이 세계유산으로 등재됐지만, 산업유산이 본격적으로 세계유산으로 등재되기 시작한 것은 2000년대 이후라는 사실을 감안하면 아이언브리지 산업유산의 세계유산 등재는 주목할 만한 사례였다. 세계유산 평가 기준인 '뛰어난 보편적 가치(Outstanding Universal Values, OUV)'에서 높은 점수를 받은 이유는 산업화의 초기 역사를 보여준다는 점이었다. 1985년 12월 23일자 국제기념물유적협의회(International Council on Monuments and Sites, ICOMOS) 보고서는 콜브룩데일 용광로와 아이언브리지를 포함해 이 지역의 집합적 산업경관을 중요한 가치로 평했다. 특이한 점은 "아이언브리지 협곡은 연간 30만 명이 방문하는 18세기 산업혁명의 상징"[10]이라며 관광산업을 언급하고 있다는 것이다. 관광산업은 세계유산 등재의 결과인 동시에 등재의 근거로 여겨졌다.

세계유산 등재는 1970, 80년대의 이러한 노력의 결실이었다. 영국은 1984년 세계유산 협약을 비준했고, 1985년부터 영국 여러 지역의 등재 가능성이 예상되었다. 아이언브리지 협곡은 1986년 유네스코 세계유산 위원회에 의해 자이

---

09   C. R. Acheson, Visiting the Industrial Revolution, pp. 69~70.

10   ICOMOS, 1986, p. 2~3; UNESCO WHC, 2017, pp. 25~26.

그림 4. 1987년 5월 5일 세계유산 지정 기념사진
"World Heritage Championship Team", *Shropshire Star*, 5 May 1987.

언트 커즈웨이, 더럼 성과 성당, 스톤헨지, 스터들리 로열파크 등 영국의 다른
지역과 함께 세계유산에 등재되었다. 1986년 같은 해 등재된 세계의 유산으로
는 인도의 타지마할, 중국의 만리장성, 이집트 피라미드 등이 있었다. '아이언
브리지 세계유산, 1987' 명판을 들고 기념사진을 찍은 환경부장관 윌리엄 왈드
그레이브(William Waldegrace), 전 보수당 국회의원 워렌 헉슬리(Warren Hawksley), 슈롭
셔 주의원 빌 밀러(Bill Miller), 박물관장 스튜어트 스미스(Stuart Smith)의 활짝 웃는
얼굴에서 세계유산 등재가 이 지역에 얼마나 중요한 사안이었는가를 확인할
수 있다(그림 4).[11]

---

11   "World Heritage Championship Team", *Shropshire Star*, 5 May 1987. Robert Lumley, *The Museum Time*

1980년대 중반은 마거릿 대처 집권기로 영국에서 '유산산업(heritage industry)'이 전성기를 맞이한 시기였다는 점 또한 지적하지 않을 수 없다. 문화유산과 역사유산을 통해 국가 정체성을 공고화하려는 시도는 노조 탄압, 파업 분쇄와 나란히 진행된 과정이었다. 탈산업화와 민영화로 노사관계가 격렬히 대립하면서 파업이 빈번하게 발생했던 웨일스 탄광 지역이나 콘월의 광산 지역은 당시에도 사용되고 있던 산업시설로 산업유산이 될 상황이 아니었다. 사우스웨일스 블래나번 산업경관이 세계유산에 등재된 것은 2000년이었고, 콘월 서부 데번 광산경관은 2006년에 세계유산에 등재되었다. 따라서 아이언브리지 지역이 1986년 산업유산으로 처음 세계유산에 등재된 이유는 초기 산업화 시대의 유산이라는 역사적 거리뿐만 아니라 노사갈등으로부터의 사회적 거리가 작용했음을 추측할 수 있다.

아이언브리지와 코라클의 경합하는 기억

아이언브리지와 구 용광로, 콜브룩데일 철박물관, 엔지뉴어티는 하나의 동선으로 연결되어 있다. 아이언브리지에서 도보로 데일로드를 따라 언덕길을 오르면 그림 5와 같이 콜브룩데일사 건물을 개조한 콜브룩데일 철박물관이 나오고, 맞은 편에 엔지뉴어티가 있는 식이다. 구 용광로는 주차장 건너편으로 보인다. 보존·복원된 순서로 보면, 아이언브리지와 구 용광로가 가장 먼저이고, 그 다음이 콜브룩데일 철박물관이다. 콜브룩데일 철박물관은 더비가의 혁신을 중심으로 혁신을 강조하는 내러티브에 충실한 전시를 선보이고 있다. 반면 엔지뉴어티는 2002년 새로 건립된 인터렉티브 박물관으로 관람자가 직접 플라이휠을 돌려보거나, 그림 6에서처럼 용광로 모형안에서 발로 밟는 게임을

Machine: Putting Cultures on Display, London and New York: Routledge, 2005, p. 40.

그림 5. 콜브룩데일 철박물관

통해 철산업에 대해 쉽게 배울 수 있는 체험전시로 이루어져 있다. 보존·복원·건립 시기가 다른 산업유산이 하나의 연결된 서사로서 "산업혁명의 요람", "산업화의 발상지", "발명의 계곡"이라는 아이언브리지 세계유산의 공식 유산 담론(authorized heritage discourse)을 생성하고 있다.

그런데 공식적인 유산 담론에서 그동안 주목받지 못했던 이 지역의 또 다른 모습이 발굴되고 있다. 코라클(coracle)의 역사와 기억이 그러한 예이다. 코라클은 버드나무나 개암나무로 뼈대를 만들고 옥양목이나 가죽으로 방수 덮개를 씌운 바구니 모양의 1인용 원형 보트를 말한다. 영국에서는 주로 웨일스에서 많이 이용됐지만 유럽과 아시아에서 청동기 시대부터 기록에 남아 있는 오래된 교통수단이다. 아이언브리지 협곡에서도 세번 강을 건너는 교통수단과 낚시용으로 즐겨 이용됐다. 앞서 언급한 윌리엄스의 그림 〈아이언브리지〉에도 오른편에 코라클이 그려져 있다. 당시 첨단기술의 결정체로 웅장한 자태를 뽐내는 아이언브리지 아래 조그맣게 떠 있는 조각배가 코라클이다.

그림 6. 엔지뉴어티의 용광로 체험전시

아이언브리지가 놓인 이후에도 계속해서 지역주민들은 코라클을 애용했다. 아이언브리지를 건너려면 통행료를 내야 했기 때문이다. 현재 작은 박물관이 되어 있는 통행료 요금소에는 당시 표지판이 붙어 있는데, 요금표 아래에 "임무 수행 중이든 아니든 모든 장교와 사병, 수하물 마차, 우편 마차, 그리고 왕실도 통행료를 지불해야 한다"고 쓰여 있다. 아이언브리지 건설에는 현재화폐가치로 환산하면 약 11억 원 정도의 거금이 들었다. 하지만 초기 수익률은 매우 높아서 18세기 말까지는 출자한 주주들에게 연간 8%의 배당금을 제공할수 있었다고 한다.[12] 차량 통행료는 1934년에, 도보 통행료는 1950년에야 폐지되었다. 1934년 이후 텔퍼드와 레킨 지방정부(Telford & Wrekin Borough Council)가 아이언브리지와 통행료 요금소를 소유하게 되면서 무료로 개방한 것이다. 1880년

12　N. Cossons and B. Trinder, *The Iron Bridge: Symbol of the Industrial Revolution*, Chichester, West Sussex: Phillimore & Co., 2002, p. 30.

그림 7. 올드 코라클 쉐드

그림 8. 뉴 코라클 쉐드 전시

대부터 1950년대까지는 페리호가 세번 강에서 운행됐는데 아이언브리지와 마찬가지로 유료였다. 따라서 아이언브리지에 면한 대부분의 가정에서는 다리나 페리를 이용하지 않고 공짜로 강을 건너기 위한 코라클을 애용했다.

그림 9. 코라클 기념상

코라클은 아이언브리지 통행료를 내지 않고 강을 건널 때뿐만 아니라 밀렵(poaching)을 할 때도 이용됐다. 1840~1850년대 가난한 시절 밀렵은 노동자들이 식량부족을 해결하는 방편 가운데 하나였다. 또한 코라클은 홍수로 세번 강이 범람했을 때 인명 구조용 보트로 맹활약을 벌이기도 했다. 2014년 설립된 아이언브리지 코라클 트러스트(Ironbridge Coracle Trust)는 아이언브리지와 관련되면서도 상반되는 코라클에 관한 기억을 수집하고 있다. 또한 마지막 남은 코라클 보관용 오두막 '올드 코라클 쉐드(Old Coracle Shed)'를 복원하고(그림 7), 코라클 전시관 '뉴 코라클 쉐드(Nes Coracle Shed)'를 운영하고 있다. 뉴 코라클 쉐드에는 여러 종류의 코라클, 코라클 만드는 과정, 코라클 타고 세번 강 건너기 시뮬레이션, 코라클을 만든 사람들의 이야기 등의 전시가 있다(그림 8). 마지막 코라클 장인 유스터스 로저스(Eustace Rogers)는 코라클 제작만으로는 먹고살 수 없어서 생계를 위해 1932년 건설된 아이언브리지 A 발전소에서 일했다고 한다. 아이언브리지 협곡 박물관 앞에 건립된 코라클을 맨 남성의 기념상도 코라클 역사 만들기의 일환이다(그림 9). 코라클의 역사의 발굴과 전시는 유네스코 세계유산에서 새로이 요구하고 있는 지역주민의 관점을 반영하는 유산화의 모범 사례이며, 기술 혁신의 기념비 아이언브리지에 그 이면과 명암을 조명하는 새로운 기억이 접합되는 과정을 보여준다.

블리스츠힐 빅토리안 타운을 통해 본 산업유산과 진본성의 문제

IGMT의 10개 박물관 가운데 하나인 블리스츠힐 빅토리안 타운은 63,000평 규모의 오픈에어뮤지엄으로 1973년에 문을 열었다. 이곳은 건립 과정에서 산업유산의 진본성에 관한 논쟁을 유발했다. 1970년대 당시 유행하던 스칸디나비아식 오픈에어뮤지엄은 산업시설이 넓은 지역에 흩어져 있는 아이언브리지 협곡에도 적합한 형식이었다. 문제는 장소였다. 첫 번째 후보지는 생활편의시설이 별로 없는 협곡 서쪽의 블리스츠힐이었고, 두 번째 후보지는 노동자 주택과 철제조업자 저택이 남아 있는 콜브룩데일이었다. 첫 번째 후보지가 선택되었고, 남은 문제는 진본성의 확보였다. 18~19세기 건물만 남기고 진본성을 해치는 20세기 건물은 모두 철거한 다음, 18~19세기 건물을 다른 곳에서 이전하는 방식을 취하자는 주장도 있었으나 지나치다는 비판을 받았다. 결국 슈롭셔 전체에서 산업화의 발전 단계를 나타내는 중요 기념물을 '선정'해 블리스츠힐 빅토리안 타운으로 이전하는 방식을 택했다. 해체될 건물과 보존될 건물은 큐레이터의 인식과 안목에 의해 결정되었다.[13] 요컨대 블리스츠힐 빅토리안 타운은 원래 있던 마을을 복원한 것이 아니라 여러 곳에 흩어져 있던 건물을 옮겨

---

13 Marion Blockley, "Preservation, Restoration and Presentation of the Industrial Heritage: A Case Study of the Ironbridge Gorge", David Baker and Gill Chitty, eds., *Managing Historic Sites and Buildings: Reconciling Presentation and Preservation*, London and New York: Routledge, 1999, p. 145.

그림 10. 블리스츠힐 빅토리안 타운의 거리

와 구성한 '페이크 타운'인 것이다(그림 10).

블리스츠힐 빅토리안 타운에는 오래된 용광로 터가 그대로 남아 있고, 다른 곳에서 옮겨온 제철소가 있고, 빅토리아 시대 주택과 농장이 있고, 여관, 펍, 약국, 식료품점, 양장점, 모자점, 사진관, 우체국, 회전목마가 있다. 건립 초기에는 이곳 제철소에서 생산한 연철을 역사적 건물의 복원에 사용한다는 계획을 세웠다. 원본에 가깝게 복원된 마을에서 원본에 가까운 제품을 생산한다는 야심 찬 계획이었다. 그러나 이런 방식의 진본성 추구는 시장 수요가 많지 않아 결국 실패하고 말았다.[14]

이렇게 완성된 블리스츠힐은 진본성에 대한 전통적 관념에 도전한다. 한때 '지옥과 같았던 곳'이 공기 맑고 아름다운 시골 풍경 속 마을이 되어 있다. 만일 진본성을 추구한다고 '진짜'로 19세기 말 쇠퇴기의 마을을 그대로 재현했다면

---

14   Ibid., pp. 146~147.

매연, 소음, 악취 때문에 아무도 찾지 않았을 것이다. 블리스츠힐 빅토리안 타운에 대한 비판은 대처 시대 영국 유산 산업에 대한 비판과 같은 맥락에서 나온 것으로, 과거 좋았던 시절에 대한 노스탤지어를 불러일으킴으로써 역사에서 불안정하고 더럽고 착취적인 측면을 삭제하고 살균 위생 처리한다는 비판이 주를 이루었다. 빅토리아 시대의 고된 노동을 낭만적으로 이상화하고 노스탤지어를 불러일으킨다거나, 영화 세트장 같다거나 하는 비판이다. 하지만 블리스츠힐을 실제로 방문해보면 두 비판은 모두 초점이 어긋나 있음을 알 수 있다.

블리스츠힐의 시간성은 단순히 산업혁명 시대를 재현하는 것이 아니다. 이곳으로 들어서면 과거로 돌아간 듯한 기분을 느끼게 되는 것은 사실이다. 하지만 블리스츠힐이 재현하는 시간은 번성했던 18세기 말이 아니다. 이 지역이 이미 쇠락한 19세기 말 빅토리아 시대 후기를 형상화하고 있다. 그런 의미에서 좋았던 시절을 박제하고 고된 노동을 이상화하고 있다는 비판은 초점이 맞지 않는다. 블리스츠힐은 노동과 소비가 공존하던 19세기 말 노동자 타운의 생활을 재현한 리빙 히스토리 박물관이다. 그런데 왜 하필 빅토리아 시대일까? 영국민들에게 공통된 역사의식에서 빅토리아 시대가 차지하는 위상은 특별하다. 직접 경험하지 않았다 하더라도 여러 매개를 통해 공유된 기억은 공통의 것이 된다. 사진, 역사소설, 영화, 텔레비전 같은 간접 경험의 매개체를 통해 공동체의 기억은 생성되고 작동한다. 그런 점에서 빅토리아 시대는 영국인들에게 친숙하게 공유되는 시대적 소재이고 블리스츠힐은 영리하게 이를 적용한 것이다.

다음으로 블리스츠힐은 영화 세트장이 아니다. 그곳에는 영화의 무대만 있는 것이 아니라 사람이 존재한다. 빅토리아 시대 복장을 하고 경찰관, 점원, 사진사, 철공장 노동자 등으로 일하는 그들을 쉽게 재연 배우라고 볼 수 있을지

그림 11. 블리스츠힐 빅토리안 타운 철공장의 3인칭 해설자

모르지만, 명백히 다르다. 그들은 연기자도 문화유산 해설사도 박물관 큐레이터도 아닌 3인칭 해설자이다. 3인칭의 해설은 역사적 과거의 시공간에 구속된 인물이 1인칭으로 그 시대 그 인물을 연기하는 것과는 다른 방식이다.[15] 그들은 빅토리아 시대에 속하는 그 경찰관, 점원, 노동자로 분해 연기하는 것이 아니라 현재의 자기 자신인 채로 관람자에게 말을 건다. 노동에 대해 상품에 대해 역사에 대해 설명한다. 정해진 시간에 시연과 설명을 하는 경우도 있지만, 관람자가 말을 걸면 대답하는 방식으로 대화가 이루어진다. 자동으로 주어지지 않는 설명은 관람자의 능동성을 끌어낸다. 일례로 철공장에서 만난 노년의 삼인칭 해설자는 몸소 용광로에서 선철을 꺼내는 것이 얼마나 힘든 것인가 보여주고, 관람자에게 직접 해보라고 권한다. 일방향의 설명이 아니라 쌍방향의 대화를 통해 3인칭 해설자와 관람자는 서로 묻고 답하면서 빅토리아 시대 노동의 힘겨움에 공감하게 된다.

---

15 Lara Rutherford-Morrison, "Playing Victorian: Heritage, Authenticity, and Make-Believe in Blists Hill Victorian Town, the Ironbridge Gorge", *The Public Historian* Vol. 37, No. 3, 2015, p. 83.

블리스츠힐 빅토리안 타운의 진본성은 페이크 타운이라는 사실을 3인칭 해설자도 관람자도 인지한 채 함께 벌이는 상상의 놀이(imaginative play)에서 발생한다고 볼 수 있을 것이다(그림 11). 블리스츠힐의 특이한 점은 교육적 목적의 역할 놀이와 쇼핑이 하나로 연결되어 있다는 점이다. 에펠탑 앞에서 에펠 모형을 파는 것 같은 현대 상업문화 감성의 기념품 판매를 어떻게 극복할 것인가는 IGMT의 오랜 고민거리였다. 그런 의미에서 빅토리아 시대 화폐로 교환해 물건을 구입하게 하는 장치는 쇼핑을 역사적으로 그럴듯하게 만드는 중요한 장치가 되었다. 또한 빅토리아 시대 화폐 체계를 이해하는 교육효과도 있다. 진본성이 구성될 수밖에 없는 것이라면, 블리스츠힐이 얼마나 진본성을 갖는가는 진짜냐 가짜냐의 문제가 아니라 대중과 역사 사이를 얼마나 성공적으로 '매개(mediation, Vermittlung)'하는가에 놓여 있는 것은 아닐까? 전문 역사가의 지식을 대중에게 전파하는 것이 아니라 대중이 자신의 역사에 스스로 접근하는 것이 보다 민주적이고 포용적인 공공역사 실천을 위해서 중요하다면, 블리스츠힐 빅토리안 타운은 과거와 대중을 매개하는 긍정적 사례로 자리매김할 수 있을 것이다.

팔림세스트로서의 산업유산화

이 글에서는 슈롭셔 콜브룩데일의 아이언브리지와 블리스츠힐 빅토리안 타운을 중심으로 이 지역의 폐산업유산이 세계유산이 되는 과정을 분석했다. 폐산업시설의 유산화 과정은 지역개발과 관광산업 육성, 유산산업의 성장, 세계유산 지정 등의 요소와 계기가 맞물리면서 해당 지방정부와 주민들이 오랜 시간에 걸쳐 만들어온 것이었다.

산업시설의 유산화에는 폐산업시설의 구조변경과 용도변경이 뒤따른다. 산업시설이 애초의 목적과 다른 용도로 변용되면서 있던 것이 없어지고 없던 것이 새로 더해진다. 그런 의미에서 산업유산화는 팔림세스트(palimsest)와 같은 과정이라고 할 수 있다. 이 지역 산업유산화의 첫 단계에서는 최초의 주철교 아이언브리지를 중심으로 '최초'를 이뤄낸 엘리트 발명가의 혁신과 역할이 강조됐지만, 최근에는 엘리트와 대중 사이에 존재하는 차이와 갈등, 지역사에 대한 해석의 경합과 기억의 정치에 관심이 생겨나고 있었다.

탄광 권양탑과 권양기, 제철소 용광로, 발전소 냉각탑, 가스저장탱크 같은 거대한 규모의 산업유산은 그 존재만으로 깊은 인상을 남긴다. 독일 루르 지역 촐페라인 산업유산과 같은 폐산업시설의 압도적인 물성은 진본성을 증명하는 동시에 산업 숭고미(industrial sublime)라는 독특한 미적 감상의 대상이 되기도 한다. 하지만 아이언브리지 세계유산의 경우는 진본성이나 산업 숭고미를 적용하기에는 거리가 멀고, 거대도시와 거대산업시설에 익숙한 현대인의 눈에 1차 산업혁명 시기의 시설들은 고풍스럽기 짝이 없다. 블리스츠힐 빅토리안 타운은 과거를 낭만화하는 노스탤지어의 상품화에 불과한 것이 아니라 산업유산과 관람자 사이를 매개하며 새로운 의미와 배움을 만들어내고 있다. 아이언브리지 세계유산은 산업유산이 제공하는 소통과 배움의 가치를 어떻게 평가할 것인가에 대해 중요한 선례가 된다고 말할 수 있을 것이다.

2장

사회적 연대의 탈산업화 전략, 루르 산업문화

석탄에서 문화로

2018년 12월 21일, 독일 서부의 보트롭 시에서 루르 지역에 마지막으로 남아 있었던 탄광 프로스퍼 하니엘(Prosper Haniel)의 폐광 행사가 치러졌다. 19세기 말 독일의 산업화를 이끌었고 1950년대 서독 '경제기적'의 주역이었던 루르 광공업의 150년 역사를 마감하는 이 뜻깊은 기념식은 연방정부 인사들이 참석한 가운데 장엄하게 치러졌다. 이듬해인 2019년에 독일 정부는 '탈석탄'을 선언했다. 독일의 탈석탄은 환경운동의 성과로 주목받지만, 그것을 가능케 한 배경에 '조합주의적 탈산업 구조조정'이라는 사민주의 정치기획이 있었다는 사실은 잘 알려지지 않았다. 독일의 탈석탄은 사회적 충격 완화를 위한 합의를 토대로 60년간 지속된 산업과 경제의 구조조정이라는 '질서 있는 후퇴'의 마지막 단계를 생태주의가 추동하고 가속한 결과였다.

19세기 초까지도 한적한 농촌이었던 루르 지역은 19세기 후반 독일의 산업화를 통해 유럽 최대의 공업 지역 가운데 하나가 되었다. 크루프, 만네스만, MAN, 클뢰크너, 티센 등이 이곳의 탄광과 제철소로부터 글로벌 콘체른으로 성장한 기업들이다. 20세기 전반의 양차 대전에서 루르 지역은 독일의 군수공

그림 1. 독일 루르 지역
지도에서 짙은 색으로 표시된 부분이 루르 지역이다. 출처: 위키피디아.

장 노릇을 했다. 종전 후 유럽의 평화는 독일과 프랑스가 루르 지역을 포함해 양국의 철과 석탄 생산을 공동 관리하기로 합의한 것에서 출발했다. 그 결과물로 1951년 탄생한 유럽석탄철강공동체(ECSC: European Coal and Steel Community)가 발전을 거듭한 결과가 오늘날의 유럽연합(EU)이다. 한국인들에게는 1960년대와 1970년대 '파독' 광부들이 갔던 곳으로 친숙하다. 오늘날 베를린과 프랑크푸르트 등 대도시들과 함께 한인들이 많이 사는 지역으로 꼽힌다.

1990년대 이후 루르 지역은 산업유적 재활용 도시재생의 국제적 전범으로 떠올랐다. 1989년부터 1999년까지 10년간 수행된 IBA 엠셔파크 프로젝트는 산업유산의 세계적 성공 모델로 통한다. 이 사업의 중심이었던 에센 촐페라인 탄광 12번 수직갱이 2001년 세계유산에 등재된 것은 이 성공의 증명서로 여겨진다. 덕분에 후속 프로젝트인 '산업유산 탐방로(Route der Industriekultur)'가 힘 있게 추진될 수 있었다.

1997년 시작되어 지금도 꾸준히 지속되고 있는 이 거대한 사업은 '산업관

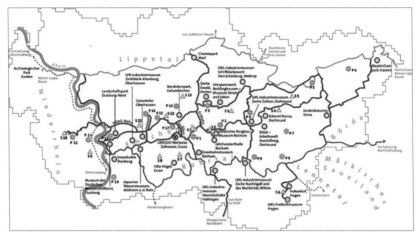

그림 2. 산업유산 탐방로   출처: 루르지역연합.

광(industrial tourism)'을 문화관광의 신생 분야로 추가하며 이 분야의 국제적 전범을 개척하였다. 1,000개가 넘는 산업 문화재를 연결하는 32개의 테마 루트를 도보 400km와 자전거길 1,200km, 그리고 배리어프리 탐방로로 제공한다. 연간 방문객 수는 코로나 전인 2017~2018년 725만 명으로 2억 8,500만 유로를 벌어들였다. 이와 같은 성공에 힘입어 이 사업은 EU 프로젝트인 유럽 산업유산 탐방로(European route of industrial heritage)로 확장되었다.

　'산업유산'의 발상지는 역사적으로 산업화와 탈산업화의 선두주자인 영국이다. 1955년 버밍엄대학이 발간하는 저널 *The Amateur Historian*이 산업 시대 건축물들이 쇠락하고 철거되는 가운데 그것을 기록하고 보존하는 활동을 '산업고고학(industrial archeology)'이라 칭한 것이 시작이다. '고고학'이라는 용어를 가져온 것은 산업화가 시작된 18세기 이래의 생산시설과 교통수단을 과거의 유물로 보호한다는 의미였다. 1973년 영국 텔포드에서 열린 최초의 산업기념물 보존 국제대회는 이미 탈산업화를 시작한 유럽 각국에 큰 영향을 주었다. 그 다음 대회가 1975년 보훔의 독일광산박물관에서 열렸는데, 당시 관장이었던 라

그림 3. 독일 광산박물관

이너 슬로타는 보훔대학교 기술사 교수였던 라인하르트 베버와 함께 산업고
고학 개념을 서독에 소개한 인물이다. 1984년 미국 워싱턴 D.C.에서 열린 제5회
대회에서 '산업유산(industrial heritage)' 용어가 비로소 등장했다.

공업의 경제적 사회적 중요성이 컸던 서독은 유럽에서는 비교적 늦은 1970
년대에 탈산업화 사회로 본격적 이행을 시작하면서 영국의 산업고고학을 수
입했다. 그러나 급진적 민주주의를 지향했던 좌파 문화연구자와 박물관 개혁
가들은 산업고고학 개념이 자신들의 실천적 지향을 담아내지 못한다고 느꼈
고, 자신들의 역사로부터 '산업문화(Industriekultur)'를 발굴하였다. 이 독일어 단어
는 영어의 산업고고학이나 산업유산에 대응하지만 일치하지는 않고, 고유의
사회문화적 배경을 갖는다.

원래 '산업문화'는 1907년 창립된 독일공작연맹(Deutscher Werkbund)이 만든 산
업디자인 용어였다. 그러나 1970년대에 문화연구자인 헤르만 글라저에 의해

산업사회의 인간과 환경을 다루는 포괄적 개념으로 확대되었다.[01] 이 과정에서 '산업문화재(Industriedenkmal)' 개념도 확대되었다. 기계와 공장 등 산업시설이라는 물질적 차원을 넘어 그것을 품은 공간, 즉 주택, 도로, 수로 등 물리적 공간과 이곳에 존재했던 사람들의 일상, 문화, 심성을 포괄하는 추상적 공간으로 나아 갔다. 이렇게 도출된 산업 공간(industrial space), 산업 경관(industrial landscape), 마음 경관(mindscape) 같은 개념은 다학제적 공간 연구의 새로운 차원을 개척하고 있다.

이 과정은 루르 지역이 북반구의 다른 탈산업 지역들처럼 용도를 다한 폐산업시설의 활용과 쇠락한 공업 지역의 재생을 모색하는 노력과 나란히 전개되었다. 현시점에서 루르 지역은 다수의 거대한 산업시설을 문화 공간으로 변신시킴으로써 몰락하는 지저분한 공업 지역으로부터 '탈산업 자연(postindustrial nature)'을 갖춘 첨단 문화지역으로 성공적으로 변신했다고 평가받는다. 한국의 산업유산과 도시재생 전문가들이 주목하는 지점도 여기다. 다만 이런 논의에서 주목받는 것은 성공의 화려한 외관이지 그것을 가능케 한 사회적 토대와 정치적 맥락이 아니다. 그러나 이 글의 관심사는 후자다. 이 글은 루르 지역의 산업유산이 광공업 쇠퇴에 대처하기 위한 경제적 사회적 구조조정의 파생물로서 특수한 정치문화 기획의 결과임을 논한다.

산업화와 탈산업화

이른바 150년 루르 역사의 시작은 석탄 자원이 철강산업을 끌어들이며 독일의 산업화를 선도했던 19세기 중엽이다. 남쪽의 루르 강 주변 노천 탄광들에서는 중세 시대부터 석탄이 채굴된 기록이 있지만, 그 경제적 가치를 인정받은

---

01 Hermann Glaser, *Maschinenwelt und Alltagsleben. Industriekultur in Deutschland vom Biedermeier bis zur Weimarer Republik*, Frankfurt am Main: Fischer, 1981.

것은 동력원으로서 나무와 목탄을 대체한 후의 일이다. 19세기 후반 루르의 석탄산업은 석탄 재가공(코크스 생산)을 거쳐 철강 및 금속 생산과 결합하며 '광공업(Montanindustrie)'으로 성장했다. 이것은 광업 및 원자재 가공 중공업의 명칭이다. 이를 발판으로 독일제국은 제2차 산업혁명을 주도하며 산업화 후발주자로서 제조업 강국의 명성을 쌓았다. 그런 의미에서 루르 지역은 19세기와 20세기 초 산업화를 통해 비로소 탄생한 공간이다.

이곳이 '루르 지역'이라는 이름을 갖게 된 것은 1920년의 일이다. 이 해에 '루르 지역 정주조합(Siedlungsverband Ruhrgebiet, SVR)'이 설립되면서 처음으로 지리적 경계가 설정되었다. 이 기구가 만들어진 이유는 제1차 세계대전 승전국들의 배상 요구에 따라 석탄 생산량을 늘리기 위해서였다. '루르 지역'이란 예나 지금이나 행정 단위가 아니고, 그래서 그 지리적 경계는 유동적이다. 그러나 루르 지역 정주조합이 지역의 하천 관리와 공간 계획 수립 업무를 맡으며 관련 지자체들을 실질적으로 포괄하는 행정기관의 역할을 함으로써 이후로는 조합이 관리하는 지역을 관례적으로 '루르 지역'으로 이해하게 되었다.

정주조합은 현재 '루르 지역 연합(Regionalverband Ruhr, RVR)'으로 이어지고 있다. 자치 행정권을 가진 공기업으로 정부 조직이 아닌 공공 법인이다. 존립 근거는 RVR의 조직 및 업무를 규정한 2004년의 RVR 법이다. 지자체 대표들로 구성된 의회와 자문위원회를 갖추고 11개 시와 4개 군의 공간 계획을 포괄적으로 담당한다. 따라서 산업유산 도시재생 사업인 IBA 엠셔파크나 산업유산 탐방로 등을 수행하고 관리하는 주체다. 에센에 본부를 두고 약 400명의 직원을 고용하고 있다.

산업화 과정에서 탄생한 루르 지역의 사회적 특징은 처음부터 다양한 배경과 출신의 노동 이주자들에 의해 만들어진 '이민 사회(Migrationsgesellschaft)'라는 점이다. 19세기의 마지막 삼분기에 이뤄진 급속한 산업화는 독일제국 전체에서 노동력을 빨아들였다. 당시 프로이센 영토였던 포젠과 슐레지엔에서 폴란드어 사용자들이 대거 유입되며 탄광도시 보훔은 '작은 바르샤바'로 불렸다. 전쟁 중이던 1939년부터 1945년 사이에는 동유럽 출신의 강제 노동자들이 루르 지역의 탄광과 제철소에 투입되었고, 종전 후 돌아갈 수 없거나 돌아갈 의사가 없는 일부가 '실향민(Displaced Persons)'으로 남았다.

제2차 세계대전 이후 서독 경제의 재건은 노동력 수요를 폭증시키며 대규모 노동 이주의 물결을 다시금 반복했다. 첫 번째가 포츠담 조약에 의해 폴란드와 소련으로 넘어간 구(舊)독일제국의 동부 영토 출신인 '추방민과 피난민 (Vertriebene und Flüchtlinge)'이었다. 동독(DDR)을 탈출한 '경제난민(Wirtschaftsflüchtlinge)'이 뒤를 이었다. 마지막이 남유럽과 터키에서 온 '초청 노동자(Gastarbeiter)'였다. 다만 이들은 산업화로 인한 노동력 수요 증가 때문이 아니라 이미 탈산업화가 시작된 시점에서 장기적 구조조정을 버티는 데 필요한 존재였다는 점이 앞의 이주민 집단들과 다르다. 이들은 1950년대 말을 기하여 사양길에 들어선 석탄산업의 점진적 축소와 폐쇄에 따르는 사회적 충격을 완화하기 위한 '완충 노동력'이었다.

광공업 노동자와 그 가족 수백만 명이 밀집된 루르 지역의 정치적 이미지는 전통적으로 '급진'과 '혁명'이었다. 그러나 이는 노동계급에 대한 중간계급 부르주아지의 공포가 반영된 허상이었을 뿐, 실상 루르의 노동자들은 사회문화적으로 보수적이고 정치적으로는 중도 보수를 지향했다. 동유럽 이민자 출신 가톨릭 신자가 많았기 때문이다. 그러나 1945년의 정치적 단절을 경험하고 1950년대에 세속화의 결과 종교의 사회적 영향력이 약해지며 루르 지역의 정치는 가톨릭 중도 보수로부터 사회민주주의로 이동했다. 전후 시대에 설립된 탄광 노조(IG Bergbau)는 단일 노조로 지역에서 가장 강력한 조직이었다. 광부 취업과 노조 가입이 거의 자동으로 이뤄졌기 때문에 탄광 노동자 조직률은 90%

가 넘었다. 철강 노동자는 금속 노조(IG Metall)로 조직되었다. 이 강력한 노조들은 사회민주당과 밀착했다. 그러므로 루르 지역이 사회민주주의의 아성이 된 것은 20세기 후반에 들어서의 일이다.

1950년대 이래 사회민주당이 지역 정치를 장악했다. 사민당은 1966년부터 2005년까지 40년 동안 4명의 주지사를 연임시키며 노르트라인베스트팔렌 연방주 정부를 이끌었다. 이 시기에 서구 산업 국가들에서 석탄과 철강이 지구적 분업의 결과로 줄줄이 위기를 맞으며 본격적인 탈산업화가 진행되었다. 루르 지역에서 중공업 탈산업화의 역사적 임무를 수행한 정치적 행위자는 40년간 안정적으로 집권한 사회민주당 주 정부였다. 수십 년 동안 정책의 일관성이 유지될 수 있었던 이유다. 이 점에서 루르 지역 탈산업화의 특징을 사민주의적 구조조정이라는 정치적 기획으로 규정할 수 있다.

조합주의적 구조조정

전후 시대 서구에서 오래 지속된 경제호황은 1973년에 끝났지만, 루르 지역의 경제위기는 1958년에 이미 시작되었다. 이 해에 루르를 강타한 석탄 위기는 순환적인 경기변동에 의한 일시적 위기가 아니라 에너지원이 석탄에서 석유와 가스로 이행하는 구조적 변화로 인한 것이었다. 서구의 산업사회는 대체로 1950년대 영국을 필두로 경제구조에서 제조업의 비중을 줄이며 탈산업 이행을 시작했다. 제조업 전통이 강한 독일은 비교적 늦게 1970년대에 이 흐름에 합류했다. 서구 국가들의 광공업 쇠퇴는 역행할 수 없는 추세였다. 개별 산업의 합리화 노력으로는 돌파할 수 없는 위기라는 인식이 공유되었다.

이 위기에 대응하는 서독의 정치문화는 질서자유주의(Ordoliberalism)에 기반한 타협이었다. 이것은 1950년 독일의 경제학자 발터 오이켄(Walter Eucken)이 제시한 개념으로, 자유주의 원칙에 입각한 시장의 원활한 작동을 위해 국가의 적극적 개입을 주장한다. 여기에 노사 공동결정제(Mitbestimmung)와 복지제도를 더하여 사회정책을 통한 국가 개입을 강화한 것이 전후 서독의 '사회적 시장경제(sozial Marktwirtschaft)'이다. 아데나워 정부의 경제장관 에어하르트가 이에 입각한 경제정책을 실천함으로써 전후 서독 경제의 부흥을 이루어 냈다. 그런 의미에서 '라인 자본주의(Rheinischer Kapitalismus)'라고도 불리는데 이는 프랑스의 경제학자 미셸 알베르가 대처와 레이건 시대 신자유주의 시장경제의 대안적 자본주의 모델로 1991년 내놓은 개념으로 독일식 사회적 시장경제를 뜻한다. 흔히 '독일 모델' 또는 '유럽 모델'로 알려져 있다.[02]

이는 광공업 기업과 노조의 관계를 조합주의적 협력 관계로 만들었고, 그리하여 기업-노조-정부의 대화에 의한 구조조정 과정을 비교적 순조롭게 해 주었다. 1968년 민영 탄광들이 루르석탄주식회사(Ruhrkohl AG; RAG)로 통폐합되어 사측 주체가 일원화됨으로써 구조조정의 본격 추진을 위한 삼자 대화 구도가 만들어졌다. 주 정부는 연방 정부의 지원을 받는 보조금 정책을 통해 광공업을 향후 수십 년에 걸쳐 단계적으로 연착륙시킬 계획을 세웠다. 수십만 노동자와 그들의 수백만 가족의 삶이 걸린 구조조정이 '사회평화적(sozialverträglich)'으로 이루어져야 했기 때문이다. 계획적이고 순차적인 감원과 그 충격을 완화하기 위한 사회복지(Sozialplan)에는 시간이 필요했다.

이런 결정에 영향을 미친 것은 1966/67년 철강 위기의 경험이었다. 단기적 침체였지만 석탄에 이어 철강 역시 사양산업임이 드러났고, 이 둘의 동반 몰락은 이 분야가 독점해온 루르 지역경제의 파국을 의미했다. 산업구조 개혁은

---

02 Michel Albert, "Die Zukunft der Sozialmodell des europäischen Kontinents", in: Wolfgang Streeck, *Internationale Wirtschaft, nationale Demokratie: Herausforderungen für die Demokratietheorie*, Frankfurt/M: Campus, 1998.

더는 미룰 수 없는 과제가 되었다. 1950년대 말 석탄산업의 위기 때는 서독 경제 전반이 아직 호황기였지만, 오일 쇼크가 장기 호황을 장기 침체로 전환시킨 1970년대에는 상황이 달랐다. 1980년대 중반 하팅겐과 두이스부르크의 대형 제철소들이 폐쇄되었다. 철강 노동자들은 파업과 투쟁으로 맞섰지만, 관대한 사회복지 정책과 완충 정책을 통해 수십만 사양산업 노동자들의 일자리를 보전하는 일은 이제 불가능한 시대가 되었음을 알고 있었다. 노조가 경제적 구조조정 계획에 합의한 이유다.

첫 번째 해법은 탄광과 제철소를 폐쇄한 자리에 대체 산업을 유치하는 일이었다. 그러나 지역사회는 탄광과 제철소 건물의 해체를 반대했다. 1960년대 말에 도르트문트 촐레른 탄광 기계홀(Maschinenhalle)의 철거에 반대하는 시민운동이 일어났다. 예술사가, 도시계획가, 유물 보존 전문가, 대학교수 등 지식인들로부터 시작된 이 운동은 '아래로부터의 역사' 운동과 결합해 산업 과거의 보존을 주장했다. 루르 지역에서 가장 오래된 노동자 주택단지인 아이젠하임(Arbeitersiedlung Eisenheim) 철거 반대 투쟁은 루르 지역 산업유산의 역사에서 중요한 이정표다. 좌파 지식인, 도시계획가, 거주자들의 동맹이 지역 정치가들을 설득하여 역사적인 외관을 유지하되 내부를 현대적으로 리모델링하여 실제 주거가 가능한 방식으로 보존한다는 결정을 끌어냈기 때문이다.

회사와 노조의 입장은 달랐다. 소유권과 생존권이 걸렸기에 산업유적 보존에 반대했다. 예컨대 1986년 에센 촐페라인 탄광 폐쇄를 앞두고 소유자인 루르석탄주식회사(RAG)는 공장을 철거하고 토지를 매각할 계획이었다. 노조의 관심은 일자리 유지이지 일터의 박물관화가 아니었다. 그러나 사민당 주정부는 시민사회의 '산업문화'를 지지했다. 노르트라인베스트팔렌 연방주 건설부장관 크리스토프 최펠(Christoph Zöpel)은 산업 경관을 보존해 현대적 도시계획에 집어넣는 혁신적 구상을 제시했다. 촐페라인이 철거를 면하고 보존될 수 있었던

그림 4. 촐레른 산업박물관

그림 5. 아이젠하임 노동자 주택단지

그림 6. 촐페라인 코크스로(爐)

것은 촐페의 창조성과 혁신성 덕분이라고 해도 과언이 아니다. 촐페은 1979년 탈산업화의 방향성을 '지식'과 '혁신'으로 바꾸었고 그 실천으로 낙후된 북부 지역의 공간 재구조화 프로젝트인 IBA 엠셔파크를 기획하였다. 촐페라인은 이 프로젝트의 핵심 사업이었다. 이것은 루르 지역 탈산업화의 문화전략으로 산업문화의 가능성을 제시한 중요한 분기점이었다.

　IBA 엠셔파크 사업은 위로부터의 단일한 거대 기획이 아니었다. 정부는 틀을 짜고 세부 프로젝트를 민간에 공모해 선정된 개별 사업을 재정적 행정적으로 지원하고 관리하는 감독 겸 지휘자 역할을 맡았다. 촐페의 동료인 칼 간저(Karl Ganser)는 이 거대하고 복잡한 프로젝트 실현에 필요한 지방자치단체 간 협력과 자금 확보에 탁월한 능력을 발휘했다. 그러나 이 프로젝트는 어느 날 갑

자기 나온 것이 아니고 몇몇 사람의 창조물도 아니다. 한 편으로는 1960년대와 1970년대에 산업 사진의 새로운 미학을 발견한 선구적 예술가들의 작업을 통한 산업 경관의 미학화, 다른 한편으로는 지역사회의 '아래로부터의 역사' 운동이라는 기반이 있었다. 사민당 주정부는 산업유산의 우군이었다. 부정적 태도이던 기업과 노조는 시민운동이 성공시킨 상징적 사례들에 설득되어 1980년대에 협조자로 돌아섰다. 그 결과 1990년대 이후 정치, 경제, 사회 분야의 강력한 행위자가 가담하는 통합적 기억경관이 지역사회에 형성되었다.

이것이 가능했던 이유는 심각한 사회적 부담을 동반하는 거친 탈산업화를 막아야 한다는 사회적 합의가 있었기 때문이다. 이 점에서 루르 산업문화의 옹호자들은 스스로를 미국의 러스트벨트나 영국 석탄산업의 신자유주의적 탈산업화와 비교한다.[03] 영국의 경우 대처의 보수당 정부는 석탄산업의 신속한 해체를 위해 강성 노조를 '영국병'의 원인으로 공격하며 속전속결로 탄광폐쇄를 강행했다. 실직자와 지역공동체를 위한 사회적 프로그램 없이 진행된 이 과정이 지역사회에 가한 타격은 파괴적이었고, 그 결과는 현재진행형이다. 탄광도시들의 몰락을 주제로 수많은 영화가 탄생했다. 1997년 개봉된 〈풀 몬티〉가 그렇고, 켄 로치의 최근작 〈나의 올드 오크〉는 몰락한 폐광촌의 공동체 회복이라는 소망을 다룬다.

마찬가지로 극단적인 사례가 20세기 후반 서구 중공업 몰락의 아이콘인 '러스트벨트'다. 오대호 인근 공업지역에서 레이거노믹스에 기반해 진행된 1980년대의 탈산업화는 사회적 충격 완화를 위한 정부 개입 없이 진행되었다.

---

03 Stefan Berger and Christian Wicke, "Deindustrialisation, Heritage, and Representation of Identity", in: Christian Wicke, Stefan Berger and Jana Golombek, eds., Deindustrialization, Heritage, and Representation of Identity, *The Public Historian*, Vol. 39, Issue 4, 2017, pp. 10~20.

몰락한 채 방치된 노동자 백인들은 한층 더 가난한 흑인들로부터 자신들을 구분하는 폐쇄성으로 스스로를 지키려 하였고, 이들이 2016년 트럼프 당선의 일등공신이 되었음은 잘 알려진 사실이다.

산업문화의 노스탤지어

시장경제의 관점에서 보면 루르 지역에서 반세기 동안 진행된 석탄산업의 단계적 폐지는 이해하기 어려운 결정이다. 여기에 투입된 공공자금을 혁신에 쓰는 것이 더 합리적이고 효율적이지 않았을까? 그러나 영국의 경험을 보면 이런 주장의 실효성을 의심하게 된다. 1980년대 중반 대처 정부는 정치적 조치를 수반하지 않은 채 석탄 채굴을 단기간에 감축했고, 그 사회정치적 유탄이 브렉시트 투표에까지 지속적 영향을 남겼다고 평가된다.

반면 루르 지역은 석탄산업의 후퇴를 정치적으로 조직함으로써 급격한 사회정치적 격변을 비교적 피할 수 있었다. 지역 노동조합과 사회민주당은 기업들이 수익을 좇아 다른 지역으로 옮겨가지 않도록 구속함으로써 자본을 지역에 붙잡아두고 일자리를 보존했고 자본 이익은 지역사회에 재분배될 수 있었다. 지역주민은 납세자와 전기회사 고객으로 석탄 보조금이나 분담금이 포함된 전기요금을 냄으로써 석탄산업의 질서 있는 후퇴에 참여했다. 이 과정에서 사양산업의 실직자와 그 가족에 대한 사회적 포기를 비교적 피할 수 있었고 그런 의미에서 '상대적 성공'으로 평가된다. 그 비결을 베르거는 조합주의적 구조에 포섭된 '라인 자본주의'의 관철로 설명했고 이를 유럽이나 독일의 다른 지역들과 비교해 루르 지역의 특성으로 꼽았다.

그러나 루르 지역 탈산업화 '성공'의 또 다른 비결은 산업을 완전히 포기하지 않았다는 점에 있다. 석탄과 철강에 지나치게 의존했던 지역경제구조의 다변화를 목표로 했다는 점에서 이는 산업과 경제의 재구조화(restructuring)였다. '탈산업화(deindustrialisation)'의 독일어 번역어 'Entindustrialisierung'가 있는데도 '구조조정(Strukturwandel)'이라는 용어를 고집하는 이유다. 석탄과 철강이 지역경제를 독점하고 기타 공업과 서비스 산업이 역사적으로 미발달한 이곳에 운송과 보건 등이 지역기업으로 새롭게 들어왔다. 석탄 철강에서 파생된 이른바 '후계 산업(Folgeindustrie)'이 중공업의 빈자리를 채운다. 화학, 기계, 에너지 산업이 대표적이다. 화석연료 기술을 응용해 친환경 재생에너지 산업을 선도한다. 이처럼 첨단 기술을 사용하는 혁신 산업으로의 전환과 이를 위한 산학 인프라 구축이 루르 지역 '구조조정'의 목표인 '산업 지역에서 지식 지역으로'의 내용이다.[04]

무엇보다도 국가가 보조금을 지급하는 사회평화적 폐광을 50년 이상 지속한 것은 세계적으로 유례가 없다. 최초의 석탄 위기로부터 최후의 탄광 폐쇄까지 60년이 걸렸다. 루르 지역의 인구는 전성기였던 1950년대에 비하면 감소했으나 극적인 인구 유출은 일어나지 않았다. 낙후된 인프라 문제가 여전히 해결되지 못하고 있으나 도시의 붕괴나 유령도시화는 없었다. 이 정도면 성공적인 '구조조정'이었다는 지역민의 자축과 자부심이 산업유산을 통해 표현된다. 산업유산은 루르 지역의 재산업화를 견인하면서 동시에 스스로 지역경제 요소 가운데 하나로 자리 잡았다. 이것이 루르 지역의 산업유산을 다른 지역의 비교 대상들과 차별화하는 요소다. 이 점에서 루르의 산업유산은 산업 과거는 물론 '성공적' 탈산업화의 기억도 함께 담고 있다.

그러나 이런 '성공'도 탈산업화의 본질적 문제를 해결하지는 못했다는 비판은 여전히 유효하다. 석탄산업 전성기의 60만 개 일자리는 새로운 일자리로 대체되지 않았다. 루르 지역의 실업률은 여전히 독일 평균에 비해 훨씬 높고,

---

04 Jörg Bogumil and Rolf G. Heinze, "Von der Industrieregion zur Wissensregion", in: *Aus Politik und Zeitgeschichte*, Jg. 69, 1-3/2019, pp. 39~46.

사회적 양극화는 구동독 지역을 제외한 나머지 지역과 비교할 때 가장 심각하다. 그렇다면 루르 지역의 미래는 가망 없는 산업과 결별하고 사회경제적 구조와 정체성을 새롭게 구성하는 데 있지 않을까? 이곳이 산업화 시대였던 19세기 중반부터 20세기 초까지 석탄과 철강에 기반한 중공업 지역으로 창조된 것처럼, 산업 시대를 마감한 이제는 150년 산업 과거를 떠나 새로운 방향의 미래로 갈 수도 있지 않을까? 산업유산의 화려한 성공이 오히려 루르 지역 사람들의 집단기억을 '산업 과거'에 붙잡아 둠으로써 미래지향적 전환을 방해한다는 비판이 이 지점에서 나온다.[05]

또 다른 비판은 산업유산의 과거 재현에서 나타나는 노스탤지어에 관한 것이다. 산업유산 장소들이 산업 과거를 화려하게 연출해 관광자원으로 상업화하면서 '산업 과거'는 감성적으로 소환되고 관음증적으로 재현되며 진부하게 소비되고 역사적 진본성은 휘발되어버린다는 것이다. 그러나 '산업문화'가 탈산업화를 위한 문화적 전략으로 사회적 합의를 끌어내는 과정에서 상업화는 선택의 문제가 아니라 존재를 위한 기반이었다. 대규모의 폐산업시설을 보존하고 재활용하는 일은 기술적으로도 까다롭고 막대한 공공자금의 투입을 지속적으로 필요로 한다. 그 때문에 노르트라인베스트팔렌 주정부는 산업유산 시설물 유지를 위한 국가 기금 조성과 연방정부 지원금 확보를 위해 국립공원 프로젝트에 사활을 걸고 있다. 지역기업과 노조가 산업유산 실천과 연구의 재정적 후원자인 이유이기도 하다.

그렇다면 지역의 미래는 산업유산의 테마파크화에 있을까? 그런 이유로 주 정부는 루르 지역의 산업유산을 산업, 기술, 경제에 토대를 두는 '독일 정체

---

05 Ulrich Heinemann, "Industriekultur: vom Nutzen und Nachteil für das Ruhrgebiet", in: *Forum Industriedenkmalpflege und Geschichtskultur* 1/2003, pp. 56~58.

성'의 대변자로 승격시키려 한다. 그러나 경제적 동기에 의해 추동되는 이런 방향은 애초에 지역정체성 형성과 진작을 목표로 지역사회 시민운동으로 출발한 산업유산 내러티브의 국민국가화를 의미한다. '아래로부터의 역사'와 '저항적 대안문화'를 추구했던 초기와는 정반대 방향이다.

루르 지역을 지금의 모습으로 만든 석탄은 이제 과거가 되었다. 그런데도 이것을 집단기억으로 계속 소환하는 이유는 현재적 요구 때문이다. '산업'이 사라진 자리에서 '산업유산 내러티브'가 루르 지역을 통합하는 역할을 해주길 바라기 때문이다. 산업문화를 통한 탈산업 지역정체성을 형성하고 진작하기 위한 노력이다. 그런데 이 정체성은 누구의 정체성인가? 이 질문은 '산업문화'의 계급성이라는 유행에 뒤떨어진 주제를 다시 불러낸다. 그러나 계급적 관점은 루르 산업문화의 현재와 미래에 대한 중요한 관점을 제공한다.

산업문화의 탄생과 전개의 주역이었던 아래로부터의 시민운동은 루르 지역 지식 중산층의 문화자본이기도 하다. 이들은 1960년대에 사민당 정부의 교육개혁으로 고등교육 불모지였던 루르 지역에 보훔, 도르트문트 등을 비롯한 대학들이 들어서며 전통적 노동자 지역에 새롭게 등장한 사회계층이다. 지역 노동자의 가족적 배경을 가지고 이에 대한 자부심을 자신들의 지적 작업으로 연결해 가족의 기억과 지역의 기억을 산업문화에 불어넣었다. 그 결과물인 공장을 재활용한 문화시설의 각종 음악회와 페스티벌에 가고, 옛 공장 철로를 개조한 자전거 도로에서 여가를 즐기며 대안문화로서 산업문화를 사랑한다. 그렇다면 루르 지역의 '성공적'인 산업유산이란, 노동자가 아니라 이 새로운 지역 교양 중산층의 문화인 것은 아닐까?

탈산업사회의 공통된 난제인 사회적 양극화와 실업, 빈곤 문제는 루르 지역이라고 예외가 아니다. 특히 과거 주민의 90%가 탄광에 생계를 걸었던 북부의 소도시들은 시작부터 무계획적 난개발의 결과였고, 자연 파괴와 환경 오염이 극심했으며, 지금도 지역 내에서도 가장 낙후된 상태로 과거의 그늘에 갇혀 있다. 실업률은 지역 최고이고, 아동 둘 가운데 하나가 상대적 빈곤 상태에 처해 있다. '후계 산업'의 혁신 기업들은 많은 노동자를 필요로 하지 않는다. 필요한 것은 고학력 지식 노동자이거나 숙련된 전문가다. IBA 엠셔파크는 바로 이 낙후된 지역의 도시재생과 재자연화를 목표로 추진된 프로젝트였다. 성공도 거두었지만, 그렇게 생겨난 모던한 구조물들은 낙후된 주변과 조화를 이루지 못하고 생뚱맞은 경관을 연출할 뿐 아니라 지역경제 회생에 이바지하는 바도 제한적이다. 이런 이유로 산업유산 재활용 탈산업화에 대한 평가는 "성취는 많지만, 이득은 적다"로 요약된다.[06]

게다가 2017년 연방의회 선거는 미국 러스트벨트에서 트럼프의 승리나 프랑스 노르파드칼레에서 국민연합의 성공이 루르 지역에서도 현실이 될 수 있다는 두려움을 심었다. 2015년 시리아 난민사태를 시작으로 독일 전체에서 나타난 우경화 바람이 역사적 교훈으로서 정치적 극단주의를 엄격하게 경계해왔던 독일 정치에서 전후 최초로 극우 정당을 연방의회에 보내는 충격적인 결과로 이어졌기 때문이다. 이 선거에서 루르 지역은 동독 일부 지역과 함께 '극우의 새로운 아성'으로 떠올랐으니, 과거 탄광도시였던 보트롭, 겔젠키르헨, 에센 일부 선거구들에서는 극우 포퓰리즘 정당으로 평가된 독일을 위한 대안당(AfD, 이하 대안당) 지지율이 17%에 달했다.[07] 이는 전후 수십 년간 사민당의 아성이었던 루르 지역에서 대안당이 구조조정에서 소외되었다고 느끼는 낙후된 탄광촌의 사회적 취약 계층에 희망을 줌으로써 정치적 입지를 넓혔음을 보여

06 Jörg Bogumil et al., *Viel erreicht – wenig gewonnen. Ein realistischer Blick auf das Ruhrgebiet*, Essen: Klartext, 2012.

07 Jan Dinter, "Rechtspopulismus im Meltingpot? Erklärungsansätze für den Erfolg der AfD im Ruhrgebiet", in: *forum Geschichtskultur Ruhr* 02/2019, pp. 33~37.

준다.

상대적 성공을 자찬하는 사민주의적 해법도 탈산업화의 부정적 유산을 피할 수는 없는 것일까? 이에 대해 보훔대학교 사회운동연구소 소장인 역사학자 베르거는 현시점에서 산업유산의 '노스탤지어'를 문제 삼는다. 다만 핵심은 노스탤지어 자체가 아니라 그 계급성이다.[08] 그에 따르면 루르 산업유산의 최대 지주이며 옹호자인 지식 중간계급의 정신적 지평은 현시점에서 비정치화된 자기만족에 머무르고 있으며, 사민주의 가치인 '연대'나 사회적 불평등에 대한 의미 있는 논의로 연결되지 못하고 있다.

> 이 비교적 성공적인 탈산업 지역에도 소외감을 느끼고 더 이상 제도 정치에 의해 대표되지 않는 사람들이 있다는 사실을 간과해서는 안 된다. 내 생각에 이는 또한 매우 성공적인 '라인 자본주의'의 경제적, 정치적, 문화적 엘리트의 고립 과정 때문이기도 하다. 이들은 매우 획일적이고 대체로 [자신의 성공을—인용자] 축하하며 때로는 다소 자족적으로 '이대로 계속(weiter so)'이라는 정책과 문화를 추진하면서 이 조합주의 거품 밖의 사람들도 같이 안고 가야 한다는 점을 고려하지 않는다."[09]

이는 '성공'을 넘어 '과잉' 비판이 제기되고 있는 루르 지역 산업유산의 미래에 심각한 질문을 던진다. 이는 또한 산업문화의 담지자이며 후원자로서 텃

08　Stefan Berger, "Industrial Heritage and the Ambiguities of Nostalgia for an Industrial Past in the Ruhr Valley", in: *Labor: Studies in Working-Class History of the Americas*, Vol. 16, no. 1, 2019, pp. 36~64.

09　Stefan Berger, "Das Ruhrgebiet im internationalen Vergleich", in: Michael Farrenkopf, Stefan Goch, Manfred Rasch, and Hans-Werner Wehling, eds., *Die Stadt der Städte. Das Ruhrgebiet und seine Umbrüche*, Essen: Klartext, 2019, p. 575.

밭의 지지자들을 극우 정당에 빼앗기고 있는 사민당을 향한 경고다. 그러나 이제는 너무나 제도화되고 덩치가 커진 산업유산은 이런 문제에 어떻게—또는 과연—대응할 수 있을까?

산업문화의 미래

에센의 촐페라인이 유네스코 세계문화유산으로 선정된 당시에도 폐산업시설을 문화자산으로 활용할 수 있다는 생각은 대중적이지 않았다. 그러나 석탄산업이 박물관으로 들어간 2018년에 촐페라인은 산업유산의 세계적 모델이 되어 있었다. 이런 변화는 1980년대에 최펠과 간저가 IBA 엠셔파크 프로젝트의 밑그림을 그리면서 시작된 것이다. 엠셔파크의 성공 이후 산업유산에는 과거 보존을 넘어 생태적 혁신, 경제적 혁신, 도시재생, 문화 융성 등 다양한 요구들이 결합했다. 그리하여 루르 '산업문화'는 산업 시대에 관한 탈산업 시대의 집단기억을 큐레이팅하는 일이 되었다.

그 성공의 비밀은 사민주의가 주도한 조합주의적 탈산업화와 아래로부터의 시민운동의 긍정적 결합이라는 지역적 맥락에 있다. 1970년대에 사회평화적 탈산업화를 위한 사회민주주의 정치기획으로 출발한 '산업문화'는 1980년대에 지역사회의 합의를 거쳐 1990년대 IBA 엠셔파크를 통해 성공적으로 가시화되었고, 2000년대 산업유산 탐방로 프로젝트의 성공을 통해 '산업관광'이라는 신산업을 창조했다. 산업 대신 산업문화가 루르의 브랜드가 되었다. 산업유산 정책은 사민주의를 넘어 초당적 과제가 되었다. 기업과 노조는 폐산업시설 재활용을 반대했던 입장에서 돌아서서 산업과 기술 문화재 보존과 보호 및 노동사, 생활사, 산업문화 연구의 중요한 후원자가 되었다. 세계의 다른 탈산업 지역들과 비교할 때, 루르 지역의 경험은 탈산업화와 산업유산화 과정에서 정치적 접근의 중요성을 부각한다.

이런 분석은 루르 산업문화의 현재에 대한 긍정적 평가를 강화한다. '상대적 성공' 논의는 '산업문화'에 대한 지역사회의 내부적 비판에 대한 답변으로 시도된 것이다. 그러나 여기서 강조해야 하는 쪽은 '성공'이 아니라 '상대적'이다. 루르 지역에서도 탈산업화의 본질적 문제는 해결되지 않았기 때문이다. 최근 이곳에서 대안당의 성공은 이곳의 탈산업화에 낙오자가 있었다는 명백한 신호다. 국제적 비교가 보여주는 것은, 탈산업을 경제적인 관점으로만 보지 않은 것이 결국은 더 작은 사회적 고통을 수반했다는 점이다. 경제적 관점에서 보더라도 사민주의적 접근이 더 작은 경제적 손실을 결과했다. 정치적 틀은 순수하게 경제적 과정보다 더 중요한 결과를 만드는 경우가 많다. 탈산업화 과정의 핵심은 경제적 전환이지만, 이를 위한 가용 자원을 고려해 장기 전략을 세우는 것은 정치의 역할이다.

이 점에서, 루르 산업유산의 비판적 지지자인 베르거는 상업화보다도 중산층화와 탈정치화를 더 우려한다. 전통적 노동자 지역인 루르 지역에서 1960년대 말부터 전개된 '산업문화'가 대변하는 가치와 규범은 노동자의 역사로부터 끌어낸 사회적 연대라고 할 수 있다. 그러나 제도화된 '성공적'인 산업유산에는 더 이상 이에 대한 의미 있는 논의가 없다. 애초의 저항적 대안 문화의 성격을 잃고 중산층 주류문화로 소비되기 때문이다. 이 점에서 '노스탤지어'에 대한 비판은 그 탈정치성에 관한 것이다. 그런데 문제는 이것이야말로 화려한 성공의 비밀이었다는 점이다. 이 딜레마를 다루는 일이 산업문화의 재정치화 논의의 핵심이다.

루르 지역의 '산업문화'는 산업과 기술, 그리고 노동으로 표상되는 모더니티의, 현재의 관점과 필요로 추동되는 재현이다. 기억문화로서의 접근이 강조되는 이유다. 베르거는 산업유산이 "대항 헤게모니의 경합 기억(counterhegemonic agonistic memory)"을 적극적으로 지향함으로써 부정적 정치화에 맞설 힘의 원천이

그림 7. 촐레른 산업박물관 임금홀 상설전 '연대의 끈' 섹션

1997년 2월 14일 금요일, 독일 광업 및 에너지 노조(Industriegewerkschaft Bergbau und Energie, IGBCE)는 루르 지역의 탄광 폐쇄에 항의하는 시위를 조직했다. 22만 명이 노이키르헨-블린에서 뤼넨까지 93킬로미터에 이르는 인간 사슬을 만들어 탄광 산업의 일자리를 지키기 위한 연대와 투쟁을 보여주었다. 참가자들은 주황색과 검은색이 섞인 길다란 끈으로 서로를 연결하고 여기에 '연대의 끈'이라는 문구를 새겼다.

되어야 한다고 주장한다.[10] 사회적 연대야말로 루르 '산업문화'의 출발점이었기 때문이다. 이는 지난 수십 년간 루르 지역주민들의 정치적 대변자였지만 이제 전통적 지지자들을 극우 포퓰리즘에 빼앗기고 있는 사민당을 향한 충고다.[11] 과거 이 공간의 주인공이었던 노동자들의, 그 자부심과 투쟁과 승리와 타

---

10 Berger, "Industrial Heritage", p. 41.

11 Stefan Berger, "Was ist das Ruhrgebiet? Eine historische Standortbestimmung", in: *Aus Politik und Zeitgeschichte*, Jg. 69, 1-3/2019, pp. 10~11.

협과 패배가 모순적으로 뒤섞인 삶의 감각과 기억을 담은 '마음 풍경(mindscape)'을 담은 산업문화가 현재의 불평등과 양극화에 눈감지 말고 그 감각을 일깨우기를, 그럼으로써 새로운 의미의 노동자 문화가 되어야 한다는 것이다. 이것이 가능하다면, 산업유산은 과거의 기억을 통해 현재를 미래와 연결하는 역사적 사고의 공간적 실천이 될 수 있다.

탄광은 박물관으로 들어갔지만 루르의 '구조조정'은 아직 끝나지 않았다. 이 탈산업 지역이 온전히 살아 있는지, 아니면 좀비가 되는 길을 남들보다 천천히 가고 있을 뿐인지는 열린 질문으로 남아 있다. 구조조정의 현존하는 부정적인 사회정치적 결과는 결코 사소하게 여길 수 없다. 탈산업화는 어디에서나 노동자들을 주변으로 밀어냈다. 일자리를 잃고 자신들의 공간에서 밀려났으며, 그 외에 삶의 모든 면에서 하락에 하락을 거듭했다. 이들은 사회적으로 소외되고 배제된 것을 넘어 '내팽개쳐졌다'고 느낀다. 한때 산업이 가져온 번영과 부를 누렸던 사회들의 탈산업 이행은 미완의 거대한 정치적 난제를 남겼다. 산업유산은 이를 해결하려 노력하는 과정에 각 사회나 국가의 역사적 정치적 사회적 조건이 복합적으로 작용한 결과다. 유산화 과정에서 이런 개별적 맥락의 중요성은 국제적 비교를 통해 더욱 분명해진다. 이 점에서 산업유산의 과거 재현은 각각의 사회가 이 문제를 어떻게 해결하려 하는지를 보여주는 거울이기도 하다.

3장

'총조사 사업'과 다시 태어난 파리의 세 공장

탈산업화와 '산업고고학'의 시작

프랑스의 산업화는 19세기 후반부터 본격화되기 시작했고, 제1차 세계대전 이후에는 기존의 농촌 지역도 산업화의 영향을 받았다. '영광의 30년(Trente Glorieuses)'이라 불리는 제2차 세계대전 직후부터 1970년대 중반까지 프랑스는 전후 복구 사업에 따른 산업발전과 경제성장, 그리고 이로 인한 물질적 삶의 향상을 경험했다. 하지만 '영광의 30년'은 1973년 석유파동으로 인한 경제위기로 끝이 났고, 수많은 산업체가 폐업하거나 지방 또는 외국으로 공장을 이전했다. 그 결과 1970년대 중반부터 탈산업화가 본격적으로 이루어졌고, 기존의 공장지대는 말 그대로 '산업화의 황무지'가 되었다. 과거 산업화의 흔적은 이러한 경제적 변동과 이후 도시 구조의 변화로 인해 오늘날 거의 사라졌지만, 19~20세기 산업화는 프랑스를 비롯한 유럽과 세계 역사의 중요한 한 국면이었다.

초기 산업유산 연구자에게 생산 활동을 중단한 채 오랫동안 방치된 산업시설은 청동기 시대 무덤과 비교될 수 있는 것처럼 보였다.[01] 이 둘은 '고고학'

---

01 Nuria Sanz Gallego, "Invention de L'archéologie industrielle", in *Patrimoine industriel et reconversion*, Bègles:

이라는 공통의 단어와 연관되었다. 폐업한 산업시설에 대한 연구를 시도하던 '산업고고학'은 과거 산업화 시대의 "물질적 흔적을 조사했기 때문에, 고고학이라는 단어 선택은 정당하다"[02]고 여겨졌다. 이들은 "1982년부터 발굴이 시작되었고, 1987년 공장의 구역 전체로 확산되었다"[03]고 표현함으로써, 폐업한 산업시설에 관한 연구 조사에 '발굴'이라는 고고학적 용어를 사용했다. 프랑스에서 산업유산에 관한 연구를 처음으로 대중에게 알리려고 시도했던 모리스 도마(Maurice Daumas)는 '산업고고학'을 "발굴로 인해 드러났거나 땅에 대한 관찰로 드러난"[04] 비문헌 자료인 산업시설에 관한 연구라고 표현했다.

모리스 도마에게 있어 산업화의 역사는 단순히 국내외 상업에 공급하기 위해 제조된 생산품의 역사가 아니다. 그것은 제조업자, 기업 대표, 그리고 거기서 이익을 추구하는 금융회사의 역사이며, 해당 시기의 생산수단, 노동자의 노동조건, 가족을 먹여 살리는 재원, 주택, 그리고 지역의 사회적 관계에 관한 역사이기도 하다. 나아가 문학, 음악, 그림 등에 영감을 제공하는 특정 시기의 문화의 역사이기도 하다.[05] 하지만 무엇보다도 '산업고고학'의 대상은 생산의 장소와 생산수단이다. 달리 말하면, '산업고고학'의 주요 목적은 생산 활동이 전개되었던 장소와 이 장소에 여전히 존재하는 산업시설에 관한 연구이며, 폐업한 산업경관에 대한 관심과 산업의 역사의 증거물을 남기려는 의지라고 할 수 있다.

Editions confluences, 2002, p. 21.

02 Maurice Daumas, *L'Archéologie industrielle en France*, Paris: Robert Laffont, 1980, p. 430.

03 Jean-Yves Andrieux, *Le Patrimoine Industriel*, Paris: PUF, 1992, p. 33.

04 Maurice Daumas, *L'Archéologie industrielle en France*, pp. 428~430.

05 Ibid.

폐산업시설과 관련된 역사는 사회사, 도시사, 건축사뿐만 아니라 기술사, 노동운동사, 경제사의 연구 대상이 되었지만, 프랑스에서 가장 먼저 '산업고고학'에 관심을 보인 학문 분야는 건축학이었다. 건축가들이 오래 방치된 또는 여전히 생산 중이었던 산업시설의 예술적, 역사적 가치를 알아봤고, 1970년대 '산업의 성'이나 '기차역의 시대' 같은 주제로 전시회를 개최했다. 다음으로 '산업고고학'에 뛰어든 이들은 사회과학, 특히 민속학을 연구하는 이들이었다. 민속학자들의 연구 활동과 성과의 대표적인 결과물 중 하나가 프랑스 '산업고고학의 요람'으로 평가받는 '크뢰조 생태박물관'이었다. 같은 시기 역사학자 중에서도 방치된 산업시설에 관심을 가지고 그 유산의 가치에 주목하는 이들이 나타났는데, 기술의 역사를 연구하던 모리스 도마는 프랑스 '산업고고학'의 선구자로 간주된다.

'산업고고학'의 시작은 산업시설을 보존하여, 산업 활동에 대한 기억의 장소로 남기려는 의지라고 할 수 있다. 또한 문화시설이나 박물관으로 전환된 산업시설은 과거 산업 활동의 장소에 대한 기억을 상기시킬 뿐만 아니라 새로운 삶의 장소가 될 수 있었다. 따라서 '산업고고학'은 역사학의 새로운 분야가 아니라 산업에 대한 새로운 역사적 접근이며,[06] 한 공간의 변화, 그리고 그 공간과 노동의 관계에 관해 연구하는 학문이라고 할 수 있다. 산업 활동이 전개되었던 장소와 그곳에 세워진 산업시설에 대한 조사와 연구는 과거의 건축물과 시설의 가치를 식별하고 역사성을 결정하며 보존을 결정하기 위한 특성을 알아내도록 하는 것이었다. 결국 '산업고고학'의 연구는 산업시설 가운데 탁월한 것으로 간주될 수 있는 것을 더욱 정확하게 인식하게 하는 작업이기도 했다.

---

06 Denis Woronoff, "L'archéologie industrielle en France : un nouveau chantier", *Histoire, économie & société*, Vol. 8, No. 3, 1989, p. 448.

'산업고고학'에서 산업유산으로: 초기 산업유산 연구와 관련 위원회 설립

프랑스에서 폐업한 산업시설 보존을 위한 움직임은 1970년대 초 지역 단위로 시작되었다. 지역의 공동체나 협회는 사용 중단된 철도시설, 기업의 산업시설, 그리고 기술장비를 보존하기 위한 운동을 이끌었다. 대표적인 사례로 '크뢰조 몽소 생태박물관(Écomusée du Creusot-Montceau)'을 들 수 있다. 프랑스 동부에 위치한 도(道, département)인 사온에루아르(Saône-et-Loire)의 도지사는 1970년 이 도에 소속된 각 코뮌(commune, 도시)의 시장에게 '크뢰조 몽소 도시 공동체(Communauté urbaine Creusot-Montceau)' 설립을 요청했고, 이 도시 공동체의 주도로 '크뢰조 몽소 생태박물관'이 설립되었다. 이 생태박물관은 사온에루아르 도의 코뮌인 르크뢰조(Le Creusot)의 제철회사 슈네드르(Schneider)의 부지에 설립되었다(그림 1 참조). 르크뢰조의 경제를 좌우했던 슈네드르 가문은 1960년 샤를 슈네드르 사망 이후 어려움을 겪었고, 결국 이 부지를 1969년 르크뢰조 시에 팔았다. 르크뢰조 시는 박물관학자이자 생태박물관의 선구자 중 한 명인 조르주 앙리 리비에르(Gerges-Henri Rivière)가 구상한 생태박물관을 이곳에 설립하기로 결정했다. 역사가, 건축가, 그리고 문서보관소 담당자 등이 작업에 동원되어 설립된 '크뢰조 몽소 생태박물관'은 1984년 프랑스 '역사유산'으로 지정되었다.[07]

지역 단위로 진행되었던 산업시설 보호 움직임의 다른 사례로 프랑스 북부의 대표적인 탄광 지역인 노르파드칼레(Nord-Pas-de-Calais)의 경우를 들 수 있다. 1971년 탄광 작업이 중단된 후, 지역적 차원에서 광산의 작업 도구들과 문서들을 보관하기 위해 갱도 하나를 보존하기로 결정했다. 노르파드칼레 지역 탄광회사들이 1946년 국유화를 통해 설립한 공사인 '노르와 파드칼레 분지 탄광(Houillères du Bassin du Nord et du Pas-de-Calais, HBNPC)'의 경영위원회는 1973년 '광산 역

---

07   Emmanuel de Roux, *Patrimoine Industriel*, Paris: Éditions Scala, 2000, pp. 92~104.

그림 1. 르크뢰조의 증기 망치
출처: 위키 백과

사 센터(Centre Historique Minier, 광산 역사박물관)'를 설립하기로 결정했다. '광산 역사 센터'는 '크뢰조 몽소 생태박물관'의 영향을 받아 노르 도(道)의 도시 르와르드 (Lewarde)에 설립되었다(그림 2). 1976년 센터 설립을 후원하기 위한 협회인 '광산 역사 센터 친목회'가 조직되었고, 기술자, 사회학자, 민속학자, 역사가의 활동 으로 1978년경 산업유산 지정이 공고화되기 시작했다. '광산 역사 센터'는 1979 년부터 정부와 지자체로부터 보조금을 받으며 운영되었고, 1980년대부터는 대 규모 재생 사업에 들어갔다.

르크뢰조의 '생태박물관'과 노르의 '광산 역사 센터'는 1970년대 지역적 단 위에서 이루어진 산업유산화 작업의 대표적인 사례들이다. 다만 초창기 산업

그림 2. 르와르드의 광산 역사 센터 출처: 위키 백과.

유산화 작업은 두 사례와 같이 지역별로 고립되어 이루어졌다. 산업유산화 작업의 '중앙화'를 시도한 사람은 앞서 언급한 모리스 도마였다. 노르 지역의 산업유산 연구자들은 '광산 역사 센터' 설립 전에 '국립 공예원(Conservatoire national des arts et métiers, CNAM)'의 교수였던 모리스 도마에게 자문을 구하기도 했다. 1975년 모리스 도마는 한 연구 계약에 의해 18세기와 19세기 산업 건축물들을 연구하게 되었고, 이를 계기로 모리스 도마에 의해 설립된 '기술사 자료 센터(Centre de documentation d'histoire des techniques, CDHT)'가 산업유산 연구에 발을 들이게 되었다. 모리스 도마는 산업유산 연구를 위해 '기술사 자료 센터' 내부에 '산업고고학 지부'를 설립했는데, 이 지부의 연구자들은 대체로 대학에서 연구하는 사람들이거나 무보수 봉사자들이었다. 초기 '산업고고학 지부'의 목적은 산업시설 보호 활동을 대중에게 알리는 것이었고, 이 지부는 체계적인 산업시설 보호 활동을 하기보다 방치된 산업시설에 대한 단순한 정보 수집을 했다. 이 시기 프랑스에서는 '산업고고학'에 대한 대중의 관심이 거의 없었고, 소수의 개인들과 지역의 소규모 그룹들만이 역사적·예술적 가치가 있는 산업시설 보호운동을 주도했다. 이러한 개인별 또는 지역별 그룹 활동은 고립되어 있었기 때문에 서로 정보를 공유하지 못했다. 따라서 '산업고고학 지부'의 업무는 관심 있는 연구자에게 정보를 제공하고 지역 언론이나 전국 방송을 통해 산업유산을 알리는 것이었고, 나아가 지속적인 연구를 위해 자금을 획득하는 것이었다.

1976년 모리스 도마는 잡지 『프랑스 산업고고학(L'Archéologie Industrielle en France)』[08] 창간호를 발행했다. 그는 창간호에서 산업고고학의 목적, 산업고고학 활동의 확산, '기술사 자료 센터'의 '산업고고학 지부'의 작업 그리고 그들 활동의 결과를 소개했다. 또한 아주 오래된 문명의 유적을 연구하는 고고학이 점차 그 대상이 근대의 성, 가옥, 도시 구역 그리고 17~18세기 운하로 확대되고 있음을 지적했다. 나아가 프랑스에서는 역사적 가치를 지니는 건축물에 대한 대중적 관심이 부족하고, 방치된 산업시설이 그 가치를 평가받지 못한 채 예산 부족 평계로 대부분 파괴될 예정이므로 제철소, 제분소, 석회 가마, 직물 작업장 등 산업시설에 대한 보호가 시급하다고 밝히고 있다.[09]

1978년 5월 모리스 도마는 '산업유산에 대한 고고학, 연구 그리고 가치화를 위한 정보 및 연결 위원회(Comité d'Information et de liaison pour L'archéologie, L'étude et la mise en valeur du patrimoine industiel, CILAC)'를 창설했다. 이 위원회의 설립 목적은 산업유산 보호와 산업유산 연구를 지원하기 것이었고, 모든 보호 활동을 직접 관리하

---

08 이 잡지는 2014년 12월 『산업유산(Patrimoine Industriel)』으로 개칭되었다.

09 Maurice Daumas, *L'Archéologie industrielle en France*, 창간호, 1976, pp. 1~3.

는 것은 아니었다. 1984년부터 잡지 『프랑스 산업고고학』은 이 위원회의 기관지가 되어 산업유산에 관한 논문을 싣고 학술대회를 소개했다. 위원회의 구성원은 대학, 사회과학고등연구원(EHESS), 기술사 자료 센터(CDHT), 국립공예원(CNAM), 크뢰조 생태박물관, '산업 문명의 물질 역사협회(Association Histoire Matérielle de la Civilisation Industrielle)' 등이었고, 이후 수많은 직업협회, 연구 및 보존 기관, 박물관이 여기에 참여했다. 이 위원회는 이후 20여 년간 산업유산에 관한 13개의 학술대회를 개최했고, 점차 전국적 성격의 산업유산 협회가 되어 문화부의 교섭 상대 역할을 했다. 나아가 철거 위기에 놓인 산업시설에 대한 대중의 관심을 끌고, 산업시설들을 보호하기 위해 정부나 지자체 정책에 개입했다.

1979년 4월 보르도에서 개최된 제104회 '전국 지식인협회 대회(Congrès national des Sociétés savantes)'에서 프랑스 최초로 '산업고고학 콜로키움'이 개최되었다. '산업고고학 콜로키움'은 산업유산에 관심이 있는 다양한 학문 분야의 연구자들이 정보 교환 및 관계망 형성을 한 후에 개최될 수 있었다. 이 학회에서 장 클로드 가르시아(Jean-Claude Garcia)와 장 자크 트뢰텔(Jean-Jacques Treuttel)은 '산업유산의 확장, 역사유산 개념의 발전'에 관한 발표를 했는데, 그들은 "산업고고학은 그의 계모인 '역사유산 제도'의 신랄한 비판을 기반으로 기능할 수 있을 것"[10]이라며, 산업시설이 '역사유산'으로 보호받기 위해서는 역사유산 보호 체제에 포용될 필요가 있음을 강조했다. 나아가 그들은 기존의 종교·문화유산에 주로 국한되었던 역사유산 개념을 산업유산으로 확장시킬 것을 주장했다. 같은 해 10월 노르파드칼레 지역 문화사무국이 '산업유산, 미래를 위한 전략'이라는 주제로 릴(Lille)에서 개최한 심포지엄에서는 산업유산에 대한 더 성숙한 인식을 보여주었다. 릴 회의에서 노르파드칼레 지역의 정치적·행정적 기관들은 프랑스에서 처

10　Maurice Daumas, *L'Archéologie industrielle en France*, p. 440.

음으로 산업유산 보존을 위한 지역 활동을 지원할 것이라고 선포했다. 이 회의는 지자체의 산업유산에 대한 구체적 지원을 요구했고, 나아가 지자체의 산업유산 지원 방침을 전국적으로 확대시켜야 한다고 선언했다. 10월에 개최된 릴 회의는 4월의 보르도 회의와는 달리, '산업고고학'이라는 용어 대신 '산업유산'이라는 용어를 사용하고 있다.

설립 초기 '산업유산에 대한 고고학, 연구 그리고 가치화를 위한 정보 및 연결 위원회'는 1981년으로 예정되어 있던 제4차 산업유산 보전을 위한 국제회의(International Conference for the Conservation of the Industrial Inheritage)를 프랑스에서 개최하기 위해 활동했던 소규모 인원으로 구성되어 있었다. 이들은 국제 산업유산 보전 위원회(The International Committee for the Conservation of the Industrial Inheritage, TICCII)와 함께 이 국제회의를 프랑스에서 개최함으로써 산업유산 보호운동의 기틀을 마련하기를 원했다. 제4차 산업유산 보전을 위한 국제회의는 1981년 9월 14일에서 20일까지 리옹(Lyon)과 그르노블(Grenoble)에서 개최되었고, 전 세계 23개국에서 250명의 대표들이 참석했다. 1983년 발간된 잡지 『프랑스 산업고고학』 8호에 따르면, 리옹에서는 프랑슈콩테(Franche-Comté)의 제염소, 부르고뉴(Bourgogne)의 금속 및 탄광 시설, 생테티엔(Saint-Étienne)의 직물 공업, 그리고 론알프(Rhône-Alpes)의 전기 화학을 주제로, 그르노블에서는 기술 교육과 산업유산, 산업고고학의 문서 자료, 오래된 건물 재사용의 의미와 실행 등 11개의 주제로 발표가 진행되었다.

문화부의 '산업유산 지부' 설립과 산업유산 총조사 사업

프랑스에서 산업시설이 법적 보호를 받으며 보존되기 위해 가장 좋은 방법은 '역사유산(Momument historique, MH)'으로 지정되는 것이다. 산업유산 중 일부는 '역사유산'에 속해 있는데, 높은 단계인 '지정(dassement)'과 낮은 단계인 '등재(inscription)'로 구분되어 보호받는다. 위기에 처한 문화유산을 '역사유산'으로 지정해서 보호하려는 움직임은 1830년까지 거슬러 올라가는데, 당시 '역사유산 총조사관'이라는 직무가 창설되었다. 1834년 2대 총조사관 임무를 수행한 사람은 역사가이자 고고학자였던 프로스페 메리메(Prosper Mérimée)였고, '역사유산' 보존에 있어 그의 역할이 중요했기 때문에 1978년부터 프랑스의 역사유산 자료를 '메리메 자료(Base Mérimée, 메리메 데이터베이스)'라고 한다. 1959년 창설된 문화부는 '공공교육부'가 담당했던 '역사유산 조사 사업'을 맡게 되었고, 1964년 문화부 산하에 '프랑스 유산 및 예술 자산 총조사국(L'Inventaire général des monuments et des richesses artistiques de la France)'을 설립했다. 당시 문화부장관이었던 앙드레 말로는 이 '총조사국'에 "교회부터 작은 숟가락까지 국가유산을 구성할 수 있는 모든 공적을 조사하고, 연구하고, 알게 하라"는 임무를 지시했다. 1978년 문화부에 '유산국(Direction du Patrimoine)'이 창설된 후, '역사유산 조사 사업'은 이 '유산국'이 담당하게 되었다.

1981년 제4차 산업유산 보전을 위한 국제회의에서 논의된 것 중 하나는 산업유산으로 지정될 만한 산업시설을 엄격하게, 그리고 합리적으로 선별하기 위한 총체적인 조사 사업을 시행하는 것이었다. 이에 따라 1981년 '역사유산' 조사를 담당했던 '프랑스 유산 및 예술 자산 총조사국' 내부에 산업유산에 관해 연구하는 임시 기구가 만들어졌다. 이 임시 기구는 약 1년 반 동안 '총조사국'의 지역위원회뿐 아니라 유산보존협회, 기술박물관, 대학연구소, 자료센터와 함께 방치된 산업시설을 조사했다. 또한 조사한 시설의 특징과 규모, 조사에 참가했던 기관, 진행 중인 작업 및 연구 방법에 관한 상황을 작성한 후에 적임의 기구 설치와 연구 프로그램 설립에 관한 안건을 제시했다. 1983년 문화부는 이 임시 기구를 상설기구화해서 '산업유산 지부(cellule du patrimoine industriel)'를 설립했다. '산업유산 지부'의 임무는 지부 내부와 외부에서 진행되었던 산업유산에 관한 조사 작업을 고무시키고 조직화하는 것이었고, 앙드레 말로에 의해 시작된 '프랑스 유산 및 예술 자산 총조사국'의 '역사유산'을 조사하는 방식을 이어받아 진행되었다. 1998년 '산업유산 지부'는 문화부 산하 '건축-문화유산국'에 통합되었고, 산업유산 관련 자료들도 '메리메 자료'에 포함되었다.

'산업유산 지부'의 임무는 지역 협회에 맡겨진 조사 활동을 지원하고 평가하는 것이었고, 나아가 지역별로 조사된 산업시설을 조합해서 지도에 표시하고 즉각적인 철거에 직면한 산업시설들과 선도적인 산업 기술을 지녔던 산업시설을 조사에 반영하는 것이었다. 산업시설을 지도에 표시하는 작업은 빠르게 이루어졌지만, 본격적인 조사 작업은 느리지만 철저하게 진행되었다. 이러한 작업은 처음에는 지역 협회의 도움으로 이루어졌지만, 점차 지역 협회의 도움 없이 독립적으로 이루어졌다. 당시 조사 사업은 주로 두 가지 주제에 집중되었는데, 하나는 '산업유산에 대한 고고학 연구, 그리고 가치화를 위한 정보 및 연결 위원회'가 1981년 이후 연구하고 있었던 수력시설과 관련 공장에 관한 조사였다. 다른 하나는 용광로와 제철소에 관한 조사였다. 두 조사는 산업시설의 기술적 측면과 건물의 건축학적 측면에 관한 조사뿐 아니라 산업시설이 세워진 장소 및 지역의 역사에 관한 연구도 포함했다.[11]

문화부가 주도한 조사 작업으로 1986년 '공장의 상징'과 같은 대표적인 산업시설에 대한 자료가 수집되었고, 다양한 산업유산 관련 전집이 출판되었다. 주제별 산업시설 조사와 연구물 출판은 조사의 전면에 나선 문화부에 의해 연구의 전문화가 이루어진 것을 반영했다. '산업유산 지부'는 프랑스 22개 지역의 '지역문화사업국(Direction régionale des affaires culturelles, DRAC)'을 중심으로 산업유산 조사 임무를 수행할 인원을 모집했고, 이 사업국의 주요 임무는 주제별 조사와

---

11 Jean-François Belhoste, Gérard Emptoz et Claudine Cartier, "Création de la Cellule du Patrimoine Industriel à L'Inventaire général", *L'Archéologie industrielle en France*, Vol. 8, 1983, p. 14.

산업유산 조사의 전국적 프로그램 설립이었다. 1985년 '역사적, 고고학적, 민족학적 유산 지역위원회(Commissions régionales du patrimoine historique, archéologique et ethnologique, COREPHAE)'와 '역사유산 고등 위원회(commission supérieure des Monuments Historiques)'의 창설은 수많은 산업시설을 '역사유산'으로 인정하는 데 이바지했다.

1983년 시작된 첫 산업시설 조사는 당시 프랑스 100개의 도 가운데 가장 산업이 발달했던 16개 도를 대상으로 이루어졌다. 1990년대 들어 문화부의 조사 방법이 진전되면서 도시 전체를 유산으로 지정하는 새로운 접근법이 고안되었다. '도시 및 자연경관유산 보호 구역(Zones de Protection du Patrimoine Urbain et Paysager, ZPPUP)'이 설립되었고, 보호 구역은 산업시설의 흔적이 있는 도시의 일부 구역뿐만 아니라 여러 도시를 포함하는 대규모 지역 단위로 확산되었다. 2002년부터 이루어진 2차 산업체 조사는 조사 대상을 항공, 자동차, 화학 공업을 비롯한 거대 산업체를 넘어, 중소 규모의 공장, 도시 구역, 산업 경관 등으로 확대했다. 한편 2004년 8월 13일 탈중앙화와 관련된 법으로 인해 문화부의 업무는 각 지역에 이전되었다. 이전에 지역은 유산의 보호와 보수를 위한 프로젝트에 보조금을 지급하는 정도의 역할이었지만, 이후 지역 유산에 대한 다양한 정보 및 지식을 보유하게 되었다.

이 작업을 수행하기 위해 프랑스의 가장 큰 지역 단위인 레지옹(région)은 그 하위 단위인 도(道), 코뮌(市), 그리고 코뮌의 협회 같은 지역 공동체와 협력했다. '건축, 도시계획, 환경 위원회(Conseil d'achitecture, d'urbanisme et de L'environnement)'(이하 'CAUE')는 도별로 조직되었는데, 93개의 도에 CAUE가 설립되었다. CAUE의 임무는 공장 지구 조사 사업, 코뮌 문서보관소 및 도 문서보관소와 연계된 산업체들 및 산업노조 분과 기증 자료의 문서화 작업 등이었다. 지역 문서보관소는 1980년대 CAUE의 제안으로 산업유산 조사에 참여하게 되는데, 특히 1985년부터 산업시설에 대한 사진 작업에 참여했다. 이 사진은 조사 작업의 결과물로 연구서가 출판될 때 삽입되었다. 또한 문서보관소는 기업 내부의 문서, 기업 노조 지부의 자료, 지역 건축 관련 자료를 수집해 산업시설 조사 사업에 이용되도록 했다.

이러한 총조사 사업에도 불구하고 '역사유산'으로 지정 또는 등재되어 법적으로 보호받는 산업유산의 비율은 극히 미미했다. 산업유산 보호의 기준이 되는 총조사 작업에는 많은 시간이 걸렸고, 신속하게 이루어지는 철거로부터 산업시설들을 보호하는 것은 쉽지 않았다. 게다가 조사 작업의 결과로 보호할 수 있는 산업시설은 제한되어 있었다. 2012년 문화통신부의 자료에 따르면 '역사유산' 중 산업유산은 단지 1%였다. '역사유산'으로 보호받는 산업유산의 비율이 이렇게 낮은 이유는 다양하다. 우선 보호의 고려 대상인 산업시설이 생산활동을 하든 그렇지 않고 방치되든 간에 개인 재산인 경우가 많기 때문이다. 다음으로 '역사유산' 선별의 기준이 '미술사 또는 건축사에서 미적, 예술적 가치를 추구'하는데, 산업시설은 이 전통적인 미적 기준에서 벗어나 있다고 여겨졌기 때문이다. 1999년 '건축 유산국'의 국장 프랑수아 바레(François Barré)는 "이러한 종류의 건축물이 우리 사회의 산업화와 관련된 새로운 양식을 가졌기 때문에, 그것의 중요성을 평가하는 것이 어렵다"[12]고 지적했다. 그리고 일부 산업시설은 토지 가격이 높은 도심에 넓은 부지를 차지했기 때문에 부동산 투기로부터 안전하지 못한 경우가 많았다.

일부 산업유산의 '역사유산' 등재와 성공적인 재탄생에도 불구하고, 여전히 많은 산업시설은 그 가치를 이해하지 못한 소유주, 그리고 무관심한 정부와 지자체로 인해 철거 위협에 직면해 있다. 한편 산업유산을 옹호하는 이들은 산업화 시대를 대변하는 건축물이 주차장, 대형마트, 은행영업소 등으로 대체되

---

12 Emmanuel de Roux, *Patrimoine Industriel*, p. 13.

기 위해 철거 직전에 있다고 호소한다. 폐산업시설이 모두 문화유산으로서의 가치가 있는 것은 아니지만, 이러한 시설은 사회적, 문화적, 그리고 경제적 역사를 반영한다. 프랑스 산업유산 연구의 선구자 중 한 명인 루이 베르주롱(Louis Bergeron)은 1992년 "산업에 대한 기억은 건물들의 계보학에 달려 있다"며, 급진적인 경제 변화의 시기에 우리 세대에 의해 '산업과 기술의 과거'를 보여주는 산업시설을 더 늦기 전에 보호해야 한다고 주장했다.[13]

파리 지역 산업유산의 보존과 활용

1983년 1차 산업유산 총조사 사업 또는 2000년대 2차 총조사 사업 당시 조사 대상에 올랐고, 이후 '역사유산'으로 지정된 후 다른 용도로 이용되고 있는 건물은 흔하지 않다. 철거에서 살아남은 산업시설 자체가 드물었고, '역사유산'으로 보호받는 것은 더 힘든 과정이었다. 파리와 파리 교외를 포함하는 '파리 지역(Région Parisienne)'은 19세기 후반부터 20세기 중반까지 프랑스의 대표적인 산업 지구였고, 이 지역의 산업화와 탈산업화 과정은 프랑스를 대표하는 사례들을 보여준다고 할 수 있다. 다음의 세 가지 사례들은 탈산업화 이후 산업시설의 산업유산화 과정의 한 단면을 제시한다.

파리 서부 교외에 위치한 오드센(Hauts-de-Seine) 도(道)의 '콜롱브 양수공장 (Usine élévatrice des eaux de Colombes)'은 파리에서 사용한 하수를 처리할 목적으로 1895년 센(Seine) 도(道) 도지사 외젠 푸벨(Eugène Poubelle)에 의해 설립되었다(그림 3). 센 도는 당시 파리와 파리 근교를 포함하는 도였고, 파리의 팽창으로 인해 증가한 생활하수를 처리하기를 원했다. 결국 센 도는 파리의 오수를 지하관을 통해 파리 서부 근교 도시들인 클리쉬(Clichy)에서 에르블레(Herblay)까지 흘려보낸 후, 파

---

13   Louis Bergeron, "L'âge industriel", *Les lieux de mémoire, la République, tome* 1, Paris: Gaiilimard, 1984.

그림 3. 콜롱브 양수공장   출처: 에마누엘 드 루의 『산업유산』.

리시 소유인 아쉐르(Achères) 평야에서 처리하기로 결정했다. 이 경로는 센 강을 두 번 가로질러야 했는데, 그 첫 번째 지점에 설립된 클리쉬의 양수공장은 지하관을 통해 오수를 콜롱브까지 보냈다. 두 번째 지점에 설립된 콜롱브의 양수공장은 4개의 거대한 관이 설치된 콜롱브 수도교를 통해 이곳에서 센 강 건너편의 아르장퇴이로 오수를 보낸 후, 지하관을 통해 에르블레에 이르게 했다.[14]

콜롱브 양수공장은 크뢰조의 슈네드르 공장에서 제작된 철제 구조물과 다양한 색깔의 벽돌로 건축되었다. 12개의 증기 양수기를 가지고 있던 A홀에 이어, 1899년 두 번째 공장이 설립되었는데, B홀이라 불리던 이 공장은 1926년부터 1933년 사이 전기 동력으로 바뀌었다. 제2차 세계대전 중 콜롱브 수도교는 여러 차례 폭격을 당했고, 1949년부터 1953년 사이 재건축되었다. 폭격으로

---

14   Jean-Baptiste Rendu, *Le Patrimoine industriel de Pari et ses environs*, Issy-les-Moulineaux: Éditons Massin, 2017. pp. 124~128.

가장 많은 피해를 입은 공장 부분은 1948년 철거되었고, B홀만 1996년까지 유지되었다. 콜롱브 양수공장은 1983년 1차 산업유산 총조사 사업의 대상이었고, 1992년 '역사유산'으로 등재되었다. 1993~1998년 새로운 공장이 콜롱브 양수공장 본 건물의 동쪽에 설립되었고, 19세기 말에 설립된 이 공장은 양수공장으로서의 역할을 상실했다. '파리 지역 정화작업을 위한 도 연합조합(Syndicat interdépartemental pour L'assainissement de L'agglomération parisienne, SIAAP)'은 그들의 역사와 밀접한 연관을 가지는 이 공장을 '물과 정화의 도시(Cité de l'eau et de L'assainissement)', 자료센터, 그리고 그들의 직원 교육소로 이용할 것을 결정했다. 양수공장의 작은 건물에는 연구소와 사무실이 설립되었고, 대형 홀은 대중에게 개방되어 이벤트 장소, 안내소, 그리고 초중고 교육 현장으로 이용되고 있다.

한편 1983년 1차 산업유산 총조사 당시, 파리 남쪽 교외의 도인 발드마른(Val de Marne)에서는 우선 가장 산업화된 파리 인근의 5개 코뮌을 중심으로 조사가 이루어졌다. 이브리쉬르센(Ivry-sur-Seine)은 이 5개 코뮌 중 하나였고, 이 코뮌의 그로밋 공장(Manufacture des œillets)은 115개의 조사 대상 중 구체적인 조사 과정을 거친 45개 공장 중 하나였다(그림 4). 신발 또는 서류의 끈을 꿰는 구멍에 끼우는 금속제품인 그로밋을 생산하던 이 공장을 설립한 사람은 샤를 바크(Charles Bac)로, 파리에서 공장을 이전하여 1894년 펜촉, 펜대, 잉크통 등 사무용품과 그로밋을 생산했다. 1899년 245명의 노동자를 고용했던 이 공장은 불로뉴쉬르메르(Boulogne-sur-Mer)의 한 금속 펜촉 제조회사와 합병했다. 1904년부터 펜촉을 생산하던 작업장은 불로뉴쉬르메르 공장으로 이전했고, 이브리의 공장은 주로 그로밋 생산에 집중하면서 회사명을 프랑스 금속 그로밋 공장(Manufacture française d'œillets métalliques)으로 개칭했다. 1905년 이 공장은 미국계 신발회사인 유나이티드 슈(United Shoe)의 자회사가 되었고, 신발공장에 그로밋을 공급함으로써 회사를 성장시켜 1913년부터 이브리 공장은 확장되었다. 1923년 그로밋 공장은 신규

그림 4. 그로밋 공장
출처: 장바스티에 랑뒤의 『파리 지역의 산업유산』.

건물로 이전했고, 기존의 건물에는 가죽을 무두질하는 기계를 제조하는 터너 태닝 기계공장(Turner Tanning Machinery)이 설립되었다. 1930년대 공장들은 성장했고 노동자 수는 600명으로 증가했지만, 제2차 세계대전 중 폭격으로 공장 일부가 피해를 입었다.

1980년대 이 공장들은 쇠퇴기에 접어들었고, 여기서 배출되는 오염물질은 인근 주민들의 민원의 대상이 되었다. 1988년 공장 일부는 한 예술가 공동체가 이용하기 시작했고, 1995년 공장의 또 다른 구역은 다양한 전공 분야를 위한 사적 문화 공간으로 재탄생했다. 1996년 이 공장 단지의 일부 건물은 '역사유산'에 등재되었다. 2001년 이곳에 파리시의 '고등 그래픽 예술 및 건축 직업학교

(École professionnelle supérieure d'arts graphiques et d'architecture)가 설립되었다. 2009년 이브리 시가 이곳을 인수한 후 연극의 대중화를 위해 2015년 국립 연극원(Centre dramatique national)을 개원했다. 2011년에는 이브리 예술센터(Centre d'art d'Ivry)가 이곳으로 이전했고, 2016년 이브리 구역 극장(Théâtre des Quartiers d'Ivry)이 설립되어, 그로밋 공장은 다양한 문화시설의 중심지로 재탄생했다.[15]

산업시설의 탈산업화가 같은 시기에 이루어지지 않은 것처럼, 산업유산을 경제 활동이 아닌 다른 용도로 활용하는 과정도 개별 공장마다 다르다. 파리 시내 동쪽에 위치한 11구에서 트럼펫 등 악기를 생산하던 고트로-쿠에농(Gautrot-Couesnon)은 다른 산업체와 달리 생산 활동을 완전히 중지하기 전에 공장의 일부를 문화시설로 변경했다. 잠시 이 예외적인 사례를 살펴보자. 19세기 말 11구는 파리에서 가장 산업화된 구역 중 하나였고, 대표 산업은 금속 산업이었다. 금속 산업의 발달은 이 시기 파리의 대표적인 산업 지구였던 생탕투안(faubourg Saint-Antoine) 구역에서 제작되었던 가구에 금속 부품을 공급하기 위한 것일 뿐만 아니라, 19세기 말 기계 산업의 발달에 기인한 것이기도 했다. 최초의 고트로 공장은 파리 중심가인 마래(Marais) 지구에 설립되었다. 하지만 넓은 부지를 확보하는 동시에 생탕투안 구역에서 성장했던 목재 공장의 목재를 이용하기 위해, 1881년 11구의 벨빌(Belleville) 지구로 이전했다. 1882년 고트로의 사망 이후 그의 사위인 쿠에농이 경영을 맡게 되어, 1883년 공장은 고트로-쿠에농으로 명칭이 변경되었다. 1920년대 수공업적인 악기 제조는 일명 '포드주의'의 생산 합리화를 겪게 되었다. 그럼에도 불구하고 19세기 말부터 1920년대 말까지 쿠에농 공장은 번성기를 맞이했고, 프랑스 북부의 도(道)인 엔(Aisne)에 설립된

---

15 Clotilde Bost, Mathieu Froissart, *Découvrir le patimoine industriel du Val-de-Marne*, Champigny-sur-Marne: Scérén, 2004, pp. 79~92.

그림 5. 쿠에농 공장
출처: 장바스티에 랑뒤의 『파리 지역의 산업유산』.

이 공장의 자회사는 노동자들을 포함해 천여 명의 작업자들을 고용했다.

쿠에농 공장 부지의 일부는 1883년부터 1906년까지 식당 겸 술집인 뤼에 (Ruet)에 의해 임대되었고, 뤼에는 노동자들의 모임의 장소가 되었다. 1906년 이후 뤼에는 폐업했지만, 쿠에농 공장 소유 건물의 일부는 계속해서 다양한 음악협회들이 이용했고, 연극이나 공연을 위한 홀이 설립되기도 했다. 급진사회당 의원이기도 했던 아메데(Amédée) 쿠에농은 1921년부터 노동자들을 위한 출산수당, 공동 구매, 직원 식당 등 다양한 복지를 추구했다. 하지만 쿠에농 공장은 1929년 대공황으로 경제적 어려움을 겪었고, 1936년 결국 폐업했다.

쿠에농 공장은 폐업 후 프랑스의 전국 노조인 노동총동맹(Confédération générale du travail, CGT)의 산하 기관인 '금속노동자 상호부조회 연합(Union Fraternelle des Métallurgistes)'에 매각되어 '메종 데 메탈로(Maison des métallos, 금속노동자들의 집)'라 불리게 되었다. 메종 데 메탈로는 1999년 철거 위기까지 이르렀다. 하지만 '금속 위원회(Comité métallos)'를 비롯한 다양한 협회들과 시민들의 활동으로, 메종 데 메탈로는 추가 조사 사업을 거친 후 2000년 역사유산으로 등재되었다. 특히 이 건물의 지붕과 정문, 그리고 안뜰로 향한 문의 역사적 가치가 인정되었고, 건물의 골조와 구(舊) 자료실은 수공업적 제조업체에서 점차 근대적 형식의 공장으로 변모해간 한 기업의 사례를 제시한다는 평가를 받았다. 한편 메종 데 메탈로는 금속 노동자의 모임 장소로서 가치가 있으며, 파리 11구 금속 산업 역사의 특별한 흔적 중 하나이기도 하다. 메종 데 메탈로 건물은 2001년 파리시가 소유하게 되었고, 산업유산으로 지정된 후 음악, 연극, 무용 등 다양한 문화 행사가 개최되는 장소가 되었다. 이로써 산업 활동의 역할은 사라졌지만, 메종 데 메탈로는 문화와 교육의 장소로 새롭게 태어나게 되었다.[16]

산업유산의 식별에서 산업유산 보호로

산업화는 유럽뿐만 아니라 전 세계에 영향을 미쳤고, 탈산업화도 유럽과 세계의 많은 나라에서 진척된 상태이다. 탈산업화는 앞으로도 세계 여러 나라에서 진행될 것이고, 따라서 나라마다 지역마다 차이점은 있겠지만 산업시설을 보존하거나 변형시키기 위한 유사한 접근이 요구될 것이다. 프랑스에서 방치된 산업시설에 대한 관심은 1970년대에 시작되었고, 1980년대 1차 총조사 사업과 2000년대 2차 총조사 사업을 거쳐 산업유산 식별 작업은 거의 마무리되었다. 하지만 단순히 두 차례에 걸친 총조사 사업으로 인한 식별 작업에 그쳐

---

16 Thomas Le Roux, "Le patrimoine industriel à Paris entre artisanat et industrie : le facteur d'instruments de musique Couesnon dans la Maison des métallos (1881~1936)", *Le Mouvement Social*, N. 199, 2002, pp. 11~12; Thomas Le Roux, *La Maison des métallos et le bas Belleville: histoire et patrimoine industriel à Paris*, Paris: Créaphis, 2003, pp. 39~53.

서는 안 되었으며, 산업시설의 역사성을 결정하고 그 이익을 평가하고 보존하도록 해야 했다.

1980년을 전후로 산업유산 연구를 막 시작한 프랑스의 학자들은 프랑스의 산업유산 연구가 영국에 비해 20년이나 뒤쳐졌고, 영국의 내셔널 트러스트(National Trust)처럼 산업유산을 보호하지 않는다고 쓴소리를 했다. 그 후 산업유산 연구와 보호를 위한 위원회들이 설립되고, 문화부를 중심으로 산업유산 총조사 사업이 시작되어 산업유산에 대한 자료들이 수집되고 연구가 진척되었다. 하지만 연구가 진행되는 동안에도 계속 파괴되는 산업유산을 지켜보며, 그리고 조사 작업 후에 충분히 역사적 가치가 있음에도 역사유산으로 보호되지 않는 산업시설들을 보며 학자들은 한탄했다. 이들의 끊임없는 요구와 일부 지자체나 협회의 보호운동으로 소수의 산업시설들은 비록 역사유산으로 지정되지 않았지만 살아남을 수 있었다. 산업유산의 재전환(reversion), 즉 문화 시설이나 교육 시설 등으로의 용도변경으로 인해, 19세기 산업화가 남긴 흔적들이 사회에, 시민의 곁에 남아 있게 되었다.

4장

브루클린 수변 지구 재개발의 세 갈래 길

뉴욕시의 여섯 번째 자치구

2011년 뉴욕시장 마이클 블룸버그(Michael Bloomberg)는 뉴욕시에 기존 다섯 개 자치구(borough), 즉 맨해튼(Manhattan), 브롱스(the Bronx), 브루클린(Brooklyn), 퀸즈(Queens), 스태튼 아일랜드(Staten Island), 이외에 여섯 번째 자치구가 있다고 선언했다. 그것은 바로 520마일에 달하는 뉴욕시의 수변지구(waterfront)이다. 이 선언에서 그는 물가의 땅을 자치구의 경계와 무관하게 하나의 공간으로 볼 수 있다는 사실을 일깨우면서, 뉴욕 시민에게 수변지구를 하나의 거대한 공유지로 상상해보자고 주문했다. 수변지구의 개발에 대한 시 정부의 적극적 의지를 밝힌 것이다.

수변지구는 21세기 도시의 화두로, 전 세계 각 도시에서 가장 주목받는 공간이다. 뉴욕에서도 수변지구는 블룸버그가 시장이 되기 훨씬 전부터 재개발 사업의 최적지로 여겨져, 적어도 이미 30~40여 년간 뉴욕의 자치구별로 수변지구의 활용 및 개발 사업이 진행되고 있었다. 다만 블룸버그가 공원화를 강조한 것과는 달리, 그간의 수변지구 재개발은 일부 공원 조성을 포함하기는 했지만 주로 도시재생사업과 일자리창출을 주요 목표로 추진되었다.

이 장에서는 뉴욕시, 그중에서도 브루클린 자치구 수변지구의 산업시설 재활용 및 재개발의 역사와 현황을 살펴보려고 한다. 브루클린은 뉴욕시에서 가장 인구가 많은 자치구로, 맨해튼의 동남쪽 방향, 브롱스의 남쪽에 위치한다. 전통적으로 이민 노동자들이 다수 거주하는 지역으로, 맨해튼의 동쪽 경계인 이스트(East) 강 건너편에서 뉴욕만으로 이어지는 물길을 따라 남쪽으로 이어진 거대한 영토를 아우르고 있다. 기본적으로 수로 이용이 중요했던 산업화 시기에 활발하게 개발되면서 특히 서쪽의 해안을 따라 다양한 경중공업 생산 공장과 물류 창고를 유치했던 곳이다.

제2차 세계대전 이후 중공업과 거대 제조업이 대도시를 빠져나가면서 뉴욕시도 탈산업 시기를 겪게 되었고, 한때 산업시설들이 즐비하던 브루클린 역시 같은 운명을 맞이하게 되었다. 그렇게 언젠가부터 브루클린은 뉴욕시의 황량한 뒷동네, 버려진 공장과 창고, 폐허가 된 부두의 이미지와 동일시되었다. 그러다 1970년대로부터 맨해튼을 시작으로 도시재생 사업이 시작되었고, 뒤따라 브루클린의 일부 지역도 서서히 그 재개발의 물살을 타기 시작했다.

브루클린 수변의 본격적인 재개발은 1990년대부터 시작되었다고 볼 수 있다. 원래 뉴욕의 도시 발전의 양상으로 보자면 수변은 공업부지, 부두시설, 오·폐수 처리 및 쓰레기 관련 시설, 그리고 값싼 임대주택이 자리 잡았던 거친 구역이다. 그러던 물가의 땅은 새로운 시대를 맞이해 새로운 가치와 매력을 지닌 곳으로 인식되기 시작했다. 그리고 이러한 인식의 변화로 인해 기존 수변시설의 재구성과 개조의 필요성이 대두했다. 교통로와 운송로, 오폐물과 연관되던 수변이 오늘날에는 수려한 경관과 자연 친화적 삶을 제공하는 공간으로 주목받고 있기 때문이다.

이 장에서는 바로 그 과정에서 브루클린의 수변 산업시설에 벌어진 일들을 살펴보려 한다. 특히 브루클린의 수변 마을 중에서도 재개발의 양상과 그 결과 면에서 서로 달랐던 세 구역을 선택하여 그 진행 과정과 현황을 비교 검토할 것이다. 이를 통해 재개발 사업 추진 주체, 방향성, 그리고 각 지역의 조건 등이 어떻게 다른 발전의 양상으로 귀결되었는지 밝히려 한다.

브루클린 네이비 야드(Navy Yard)

브루클린 네이비 야드(이하 'BNY')는 맨해튼에서 이스트 강 건너편 월라바웃 만(Wallabout Bay), 맨해튼교와 윌리엄스버그교 사이에 위치한다. 맨해튼의 로어이스트사이드(Lower East Side)와 이스트 강을 사이에 두고 마주 보고 있는 네이비 야드는 1801년 이래 연방정부의 소유지로 그 해에 구축한 조선소에서 165년간 미국 해군용 군함을 생산하던 곳이다.

BNY가 가장 크게 성장한 것은 제2차 세계대전기였다. 당시 선박 건조와 수리를 하는 드라이독 여섯 개가 쉴 없이 돌아갔으며, 18동의 건물이 새로 건설되었고, 노동자는 70,000명까지 증가했을 정도였다. 이곳에서 전투함 3척과 부양 작업선 2척, 여덟 척의 대형 상륙함 등이 건조되었고, 그 밖에도 250여 척의 전투함이 장착되었으며 약 5천 척의 선박이 수리되었으니, 산업시설로서의 역사성은 미국사에 영원히 남을 만하다.[01]

하지만 미 해군은 전쟁 후 예산 감축 차원에서 국내 군비 생산을 줄여 나가려는 계획을 수립했다. 이에 따라 네이비 야드의 예산은 1945년을 기준으로 점진적으로 축소되었고, 한국전쟁이 종결된 1953년경에는 이미 고용인원이 최대였던 시절의 절반 정도로 감소한 상태였다. 그리고 최종적으로 1966년 브루클린의 해군 조선소 폐쇄가 결정되었고, 드라이독과 생산시설물을 포함한 거대

---

01 B. Y. Docks, *Building the Navy's Bases in World War II: History of the Bureau of Yards and Docks, 1940~1946*, Volume 1, U. S. Navy Seabee Museum.

한 건물들은 1969년에 뉴욕시의 소유로 넘어가게 되었다.

BNY의 소유권을 갖게 된 뉴욕시는 기존 시설을 활용할 수 있는 대형 제조업을 유치하겠다는 활용 방법을 내놓았다. 그러나 이와 같은 계획은 대규모 제조 산업이 해외로 빠져나가고 있던 시대적 흐름 때문에 성공으로 이어지기 어려웠고, 1980년대 중반까지 계속된 일자리 감소와 업체의 탈주를 막을 수 없었다. BNY의 활용과 고용이 저점을 찍은 것으로 기록되는 1985년, 산업단지 내에 공실이 눈에 띄게 많아진 가운데 30개 업체 1,000명 정도의 노동자만 남은 상태로 전락하게 되었다.

위기에 처한 BNY가 전환의 국면을 맞이하게 된 데는 크게 두 가지 요소가 작용했다고 평가된다. 첫 번째 요소는 1990년대로 접어들면서 소규모 경공업과 틈새 산업들이 약진하기 시작했다는 점이다. BNY 개발공사는 시장조사를 통해 뉴욕시의 용도지역조례(zoning) 아래서는 소규모 제조업체들이 임대를 구하기가 매우 어려운 상황에 놓여 있다는 상황을 파악하였다. 바로 이 소규모 제조업체들로 유치 대상을 전환시킨 것이 유효했다.

두 번째 요소는 시정부의 전폭적인 지원이 시작되었다는 것이다. 19세기부터 사용된 노후 시설은 새로운 소규모 제조업이 이용하기에 적합하지 않은 경우가 많았다. 이에 시 정부는 지표면 아래에 설치되어 있는 수도, 전기, 가스 배관 등과 같은 노후 기반시설을 다시 정비하고 건물도 개보수하기 위한 지원금을 책정하기 시작했다. 특히 뉴욕시 전반의 재개발에 앞장섰던 루돌프 줄리아니(Rudolph Giuliani) 시장은 특별히 네이비 야드 개선을 위한 재정적인 지원을 추진했다.[02]

---

02 *Brooklyn Navy Yard: An Analysis of Its Economic Impact and Opportunities for Replication*, Pratt Center for Community Development, 2013, p. 8.

그림 1. 네이비 야드의 대표적인 공장 건물군

그림 2. 네이비 야드의 선박수리용 도크 이스트 강 너머 맨해튼 전경이 보인다.

새로운 방향이 맞아떨어져 BNY는 1998년에는 200여 업체, 2000년대 들어서 300개 이상의 업체에 6,000명 이상의 노동자가 출근하는 곳으로 활기를 되찾게 되었다. 2015년 현재 330개 이상의 업체에 7,000명을 고용하는 사업장으로 확고한 입지를 다지고 있다. 입주 업체들은 가구, 장비, 건축 부재료, 직물 등 전통적인 제조업과 유통산업의 보관시설부터 예술품 공방이나 하이엔드 하이테크 신사업까지 다양하며, 필름 산업도 단지 내에서 그 존재감을 키우고 있다. 공실률이 매우 낮은 데다가 입주를 희망하는 업체가 100여 곳 이상 대기 중일 정도로 지난 20여 년은 성공담이 지속되고 있다.

계속된 성공을 기록할 수 있는 데는 무엇보다도 BNY가 지향하는 공공성이라는 요소가 크게 작용하였다. BNY 개발공사는 시장이 임명하는 이사회에 의해 운영되는 비영리기구(nonprofit)이자 임무지향적(mission-oriented) 개발공사이다. 사적인 개발사업과 부동산 투자를 추진하지만 그 목적은 공공적이다. 이윤보다는 가치 추구와 지속성에 중점을 두며, 생성된 이윤은 시설 개선에 재투자하게 되어 있다. 임대 수익의 극대화보다는 공익적 가치에 중심을 두고 사업을 추진할 수 있다. 사업체의 다양성을 지향하며, 인기 종목에 의한 임대 상승을 차단하고 친환경 사업장이자 지속가능한 발전에 기여하는 상품 생산에 관심을 기울일 수 있다. 따라서 부지 안정성 역시 BNY의 안정적 발전에 큰 보탬이 되는 요소이다.[03]

BNY의 재개발은 미국 경제의 핵심이 제조업에 있다고 보고 제조업을 부흥시키는 것에 주요 목표를 두고 추진된 사례이다. 즉 BNY는 제조업 부흥의 물리적 공간으로서 도시 재생에 접근하고 있는 것이다. 오랫동안 사용되지 않

---

03   윤준혁·이강준, 「브루클린 네이비 야드 산업단지의 공공성에 대한 연구—도시·건축적 대응을 중심으로」, 『문화공간연구』 통권74호, 2021. 5, 171쪽.

고 버려졌던 산업 공간을 지역 제조업에 쓰일 수 있는 곳으로 활용 또는 개조하고 지역민의 일자리 창출하는 것을 목적으로, 대규모 조선소에서 복합적 산업단지로의 전환이 성공적으로 이루어졌다고 평가할 수 있다. 산업을 지켜내면서 도시 공간의 개선을 초래했다는 점에서 성공 사례로 꼽힌다.

그린포인트(Greenpoint)

두 번째로 살펴볼 동네는 브루클린의 북서쪽에 위치한 그린포인트이다. 이곳은 북쪽으로는 뉴크릭(New Creek) 강을 경계로 브롱스 자치구와 마주하고, 서쪽으로는 맨해튼을 이스트 강 너머로 조망한다. 그린포인트는 수변을 따라 중공업, 조선 및 해양산업 관련 제조업 공장과 창고가 자리 잡고, 안쪽으로는 폴란드 출신 이민 노동자들이 주거지가 형성되어 있는 마을이다. 오늘날까지 정교회 예배당과 폴란드어 간판이 심심치 않게 보여 '리틀 폴란드'로 불릴 정도이며, 이들의 언어, 종교, 상업적 특성이 비교적 잘 유지되고 있다.

낙후되었던 그린포인트는 맨해튼에서 밀려난 인구를 수용하면서 2000년대 들어 재개발 대상지로 떠오르기 시작했다. 강 건너이기는 하지만 맨해튼과 전철 한 정거장 거리의 근접 지역이었기 때문에 충분히 개발 가치가 있었다. 특히 버려지다시피 했던 수변 지역은 사실 맨해튼의 근사한 경관을 가장 잘 조망할 수 있는 매력적인 곳으로 각광받기 시작했다. 이곳이 고급 주거단지를 조성할 수 있는 잠재력 넘치는 곳이라는 깨달음과 더불어 부동산 가격과 임대료 상승이 시작되었다.[04]

이미 진행 중이던 젠트리피케이션이 더욱 급물살을 타고 브루클린 수변

---

04 Filip Stabrowski, "New-Build Gentrification and the Everyday Displacement of Polish Immigrant Tenants in Greenpoint, Brooklyn", Antipode, Vol. 46, No. 3, 2014, pp. 794~815.

그림 3. 그린포인트의 '리틀 폴란드' 거리

지역의 대대적 변화를 일으킨 것은 2005년 뉴욕 시정부에서 발표한 두 가지 정책 때문이었다. 첫 번째는 산업개발구역(Industrial Development Zones: IBZ)을 설정하여 행정적 보조 서비스를 제공하고 이 지역으로 옮겨오는 생산업체들에 절세 혜택을 주는 정책이었다. 두 번째 정책은 용도지역재조정(rezoning waterfront)으로, 그린포인트와 이웃 윌리엄스버그를 하나의 덩어리로 재개발을 활성화하는 방안이었다.

이 두 가지 정책의 결합으로 인해 파생된 문제가 바로 부동산 투기로 인한 가격상승을 막을 수 없다는 것이었다. 용도지역이 재조정되면서 산업부지가 주거지로 개발될 통로를 열어준 데다가, 산업 분야 중에서도 비제조업 분야, 특히 호텔, 대형마트(big-box retail), 셀프 스토리지 형태의 창고 보관업체 등의 유입을 막을 수 없었다. 이렇게 되면 지역주민에게는 뚜렷한 이점이 없는 사업에 정부가 절세 혜택을 줬다는 비난, 그리고 고급 부동산 임대업을 키우고 일부 기업에 큰 이익을 주는 사업을 편파적으로 추진했다는 비난을 면치 못하게 된다.

　뉴욕시립대 도시계획과 교수인 톰 앤거티에 따르면 용도지역재조정은 주민들이 원했던 도시계획이 아니다. 그에 따르면 주민들은 지역 활성화를 위한 여러 제안들을 했고, 그것을 정책 판단을 통해 정부에서 방향성을 가지고 추진해주기를 바랐던 것인데, 결과적으로 정부는 "그린포인트 197-a 계획"에서 용도지역재조정만을 떼내어 실행했다는 것이다. 이는 그린포인트의 공공성을 포기하고 사적인 개발에 그 미래를 맡겨두는 무책임함이라고 그는 비난한다.[05]

　그린포인트의 수변 지역은 이제 완전히 탈바꿈하고 있다. 옛 공장과 부두가 사라진 물가에 30~40층에 달하는 주거용 빌딩들이 줄지어 건설되었고, 고급 아파트와 더불어 업그레이드된 상가들이 들어서고 있다. 2005년에만 브루클린에서 철거 허가가 난 건물은 1,924동을 헤아렸고, 건설 허가를 받아 신축된 건물은 1,740동에 달했다. 이는 5년 전과 비교하면 두 배 정도로 증가한 것이다. 이 지역의 산업유산을 철거함으로써 역사성을 지워버리는 이와 같은 상황 속에서 2007년 6월 14일자 뉴욕타임즈 기사는 내셔널 트러스트(National Trust for Historic Preservation)에서 브루클린의 수변 산업지구(industrial waterfront)를 "사라질 위험에 처한 역사적 장소(endangered historic places)"로 지정했다는 소식을 전하고 있다.[06]

05　Tom Angotti, "Zoning Instead of Planning in Williamsburg and Greenpoint", *Gotham Gazette: The Place for New York Policy and Politics*, May 17, 2005, at https://www.gothamgazette.com/development/2767-zoning-instead-of-planning-in-williamsburg-and-greenpoint (검색일자: 2023. 4. 10).

06　Nathan Kensinger, "Exploring the Last Vestiges of Greenpoint's Post-Industrial Waterfront", *Curbed New York*, April 12, 2018, at https://ny.curbed.com/2018/4/12/17227386/greenpoint-brooklyn-industrial-

그림 4. 고층 건물군으로 재개발이 활발히 진행 중인 그린포인트의 수변

그린포인트의 물리적 환경의 급격한 변화 자체에 대한 우려보다도 더 큰 비판은, 그 변화가 산업유산의 핵심 요소인 이민자들의 역사를 삭제하고 그들의 삶을 밀어낸다는 점에 있다. 젠트리피케이션의 결과 높아진 임대료를 지불하는 인구층이 주민이 되면서, 그들이 선호하는 소매 유흥 요식업체들이 동반하여 진출한다. 원거주자들에게 낯선 환경이 조성되면서 이른바 "일상생활의 박탈"이라 일컬어지는 현상이 발생하여 전통적 생활 방식과는 다른 문화가 공간을 점령하게 된다. "너희들의 호사는 우리에겐 박탈이다(your luxury is our

waterfront-rezoning-photo-essay (검색일자: 2022. 1. 30); Robin Pogrebin, "Brooklyn Waterfront Called Endangered Site", *The New York Times*, June 14, 2007.

displacement)"라는 구호는 바로 그런 상황을 묘사하고 있다.[07]

하지만 그럼에도 불구하고 과연 그린포인트의 젠트리피케이션이 그저 부정적인 결과만 만들었는지 생각해볼 필요가 있다. 우선 환경이 정비되면서 동네가 더 안전한 곳이 되었다는 데는 누구도 이견을 제시할 수 없다. 또한 시 정부에서는 젠트리피케이션의 충격을 완화시키기 위해 최소 20%의 주거지를 저소득용으로 건설하게 하는 한편, 그린포인트의 역사적 정체성을 보존하기 위해 2005년의 수변 용도지역재조정에 포함되지 않은 안쪽 동네의 재개발에 일정정도 제한을 가했다. 새로 건설되는 건물의 고도를 제한함으로써, 19세기에 목재 혹은 벽돌로 건설된 3~4층 정도의 로우하우스 또는 타운하우스로 이루어진 오래된 동네 분위기를 해치지 못하도록 했다.[08]

물론 그린포인트 도시재생은 네이비 야드와 같은 공공성을 보장하지는 못했다. 두 사례의 가장 큰 차이는 그린포인트는 어디까지나 사유지의 개발이었다는 점이다. 특히 수변은 고층 주거지 개발로 인해 고도화, 고급화, 그리고 원주민의 소외를 초래했다는 지적에서 자유로울 수 없다. 하지만 그로 인해 동네가 전반적으로 안전하고 위생적인 공간으로 정리되었다는 점, 재개발 덕분에 공원이 마련되어 주민들이 요청했던 수변으로의 접근성 문제를 개선했다는 점, 그리고 안쪽 동네는 수변과 용도지역재조정을 별도로 하여 동네의 정체성도 어느 정도 지켜냈다는 점 등도 간과할 수 없다.

---

07 Chiara Valli, "A Sense of Displacement: Long-time Residents' Feelings of Displacement in Gentrifying Bushwick, New York", *International Journal of Urban and Regional Research* 39(6), November 2015, pp. 1191~1208.

08 "Greenpoint-Williamsburg Contextual Rezoning, Department of City Planning", City of New York, July 29. 2009, at https://www.nyc.gov/assets/planning/download/pdf/plans/greenpoint-williamsburg-contextual/greenpointwill_con.pdf (검색일자: 2023. 4. 10).

레드 훅(Red Hook)

레드 훅은 BNY의 남쪽에 위치한 공업-주거 복합 지역으로, 브루클린에서 흑인과 라티노 인구 비율이 높은 편에 속하는 마을이다. 19세기에 건설된 해양업 관련 제조시설, 드라이독, 그리고 이리 운하(Erie Canal)로 이어지는 뱃길에 필요했던 물류시설 등이 해안가에 위치한 전형적인 해안 마을이다. 탈산업화 시기에 제조업이 빠져나가기 시작했고, 고속도로로 물류가 이동하면서 뱃길 역시 뜸해졌다. 1990년대에는 뉴욕시에서 가장 높은 실업율과 빈민 비율을 기록할 정도로 대표적인 빈민촌에 낙후 지역으로 꼽히게 되었다.

레드 훅도 브루클린의 다른 동네와 마찬가지로 1990년대부터 재개발의 필요성을 논의하였으며, 그린포인트보다도 이른 1996년에 「197-a 계획」을 제출한 바 있었다. 그러나 이 계획은 도시계획위원회에서 통과되지 못한 채 표류하게 되었고, 그 결과 곧바로 재개발과 젠트리피케이션의 물결에 휩싸인 다른 동네와는 달리 레드 훅은 여전히 개발이 가능한 유력 후보, 뉴욕시 젠트리피케이션의 다음 예정지로 언급되고 있을 뿐, 확실한 변화를 시작하지 않았다.

브루클린의 다른 동네와 달리 레드 훅에 전면적인 변화가 일어나지 않은 이유 가운데 하나는 지역주민의 갈등과 비협조적 태도를 꼽을 수 있다. "레드 훅 197-a 계획" 제정을 위한 공청회와 계획위원회의 논의에서 레드 훅의 주민과 사업가들은 크게 두 파로 나뉘어 싸웠다. 레드 훅의 부흥을 위해 필요한 변화라며 계획을 쌍수 들어 환영했던 주민회와 사업가들이 있었고, 그와 반대로 산업 지역의 혼합 용도로의 용도지역재조정은 이 지역의 특성인 산업시설들을 축출할 것이며 이는 레드 훅의 사업가들에게 불리한 변화를 의미한다고 주장하는 세력이 있었다.[09]

---

09 Joe Sexton, "Standoff Over Red Hook Renewal; Businesses Fear a Plan to Remake a Neighborhood", *The*

주민 갈등의 중심에서 「197-a」식 재개발에 적극적으로 반대하던 그렉 오코넬(Greg O'Connell)은 매우 흥미로운 인물이다. 지역 토박이이자 경찰관으로 오랫동안 근무했던 오코넬은 형사 시절이었던 1980년대에 매우 저렴했던 레드 훅의 부동산을 사 모으기 시작했다. 은퇴하면서 부동산 사업가이자 개발업자로 전환한 그는 레드 훅 수변 지역에 19세기에 세워진 거대한 건물 네 개를 포함하여 도합 37동, 자산가치 약 4억 달러 규모에 달하는 방대한 규모의 부동산을 소유하게 되었다. 그는 쉬운 부동산 개발로 큰돈을 벌 수 있는 위치에 있지만 산업시설의 용도전환에 반대하고 있다.

오코넬은 레드 훅 수변의 옛 건물들을 부수지 말고 재활용해야 한다고 주장한다. 이곳의 역사적 정체성을 유지하면서 새로운 상업과 경공업 제조시설을 유치하는 것이 바람직하다는 것이다. 실제로 그가 소유한 창고 건물은 최소한의 리노베이션을 거쳐 수공업 공방과 판매 상점 등으로 임대되고 있다. 그는 이것이 용도지역재조정될 경우 그린포인트 수변에 일어난 변화와 같은 상황이 벌어질 것이라 보고 있으며, 이는 레드 훅의 정체성을 망가뜨리는 일이라고 생각한다. 지역의 대표적 부동산 소유주가 용도지역재조정으로 대표되는 도시 재생사업의 방향성에 이의를 제기하고 있는 것이다.[10]

「레드 훅 197-a」의 채택과 용도지역재조정을 통한 전면적 개발을 원하는 주민 세력에는 레드 훅 인구의 70%를 차지하는 공공주택 거주자들 대부분이 속해 있다. 이들은 도시재생사업이 레드 훅에 부족한 주거지 개발을 촉진시킬 것이며, 새로운 일자리를 가져다줄 것이라 생각한다. 이들은 오코넬이 오랜 기간 뉴욕 경찰로 복무했기 때문에 시정부나 지역 유력인사들과 줄이 닿아 있고,

---

New York Times, January 5, 1996.

10 John Grobler, "The Baron of Red Hook", *The New York Times*, November 17, 1996.

이 때문에 자신의 사업에 유리한 방향으로 과도한 영향력을 행사하는 것은 아닌지 우려를 표명한다.[11]

그동안 레드 훅에 대규모 재개발이 일어나지 못한 또 다른 이유는 바로 교통편의 문제이다. 그린포인트를 비롯한 브루클린의 대부분의 지역이 지하철이나 전철로 맨해튼과 쉽게 연결되는 데 반해, 레드 훅은 직통 연결 수단이 없다. 맨해튼으로의 접근성이 매우 떨어져 출퇴근이 어렵다는 사실은 재개발 시장에서도 감점 요소로 작용하여 레드 훅 부동산 시장을 오랫동안 침체시키는 이유가 되었다.

장기간 지체된 재개발과 지역민의 저항은 레드 훅의 불균형적인 개발로 이어졌다. 그 문제를 가장 적나라하게 보여준 예는 바로 이케아(IKEA)의 진출이다. 세계적으로 인기 높은 스웨덴 가구회사 이케아는 2004년에 뉴욕시에 첫 진출을 앞두고 레드 훅의 조선소(New York Shipyard) 부지를 점찍었다. 이케아는 매우 활발히 시정부 및 레드 훅 주민과 소통하면서 진출에 대한 보상으로 새로운 진입 도로의 건설, 지역주민 고용을 통한 일자리 창출, 그리고 맨해튼과의 셔틀 페리의 운영 등을 약속했다.

지역주민들은 또다시 두 파로 나뉘어 찬반 논쟁을 이어갔고, 보존주의자들은 남북전쟁 이전에 건설된 양수장을 비롯한 다섯 동의 사적 건물과 드라이독을 보존해야 한다고 주장했다. 그러나 이케아의 적극적인 태도와 시정부의 긍정적 수용으로 정세는 기울었다. 2004년 10월 시의회에서는 이케아 건설에 필요한 허가를 통과시켰고, 드라이독은 매립되었으며, 이로써 마침내 뉴욕시 최초의 이케아가 레드 훅에 들어서게 되었다. 이 결정을 환영했던 부류는 공공주

---

11 Nikhita Venugopal, "MAP: How Red Hook's White Population Surge Is Changing the Neighborhood", *DNAinfo New York*, November 18, 2016.

그림 5. 매립된 드라이독의 흔적 오른편의 이케아 건물 왼편에 위치한 주차장에는 옛 드라이독 형태가 그대로 남아 있다(구글 지도).

택 거주 주민들로 저소득층 비정규직이 많았다. 이들은 이케아의 입주가 지역경제를 활성화하고 일자리를 제공해줄 것이라 기대를 걸었다.

개장에 즈음한 2008년, 브루클린에 선박 수선용 드라이독이 부족하다는 사실이 알려지면서, 많은 반대에도 불구하고 매립된 드라이독에 대한 논쟁이 다시 일었다. 주변 시설물의 방해로 인해 네이비 야드까지 가지 못하는 선박이 레드 훅에서 수선되는 것이 바람직하기 때문이다. 하지만 이미 레드 훅의 드라이독은 매립되어버렸고, 이케아 측은 이곳을 주차장으로 이용할 것이기 때문에 내놓을 생각이 없었다. 결국 뉴욕시는 엄청난 비용을 들여 새로운 입지에 드라이독을 건설해야 하는 상황에 놓이게 되었다. 이케아는 드라이독을 그대로 둔 채 매립만 했기 때문에 현재 이케아의 야외주차장에는 그 윤곽이 그대로 남아 있다.

이케아 외에도 그 사이 레드 훅에는 크루즈 선들이 정박할 수 있는 항구 터미널이 만들어졌고, 대형 체인 슈퍼마켓인 페어웨이(Fairway)가 들어왔다. 이 세 가지 대규모 상업시설이 현재까지 외부 자본의 진출로 진행된 레드 훅의 눈에 띄는 변화를 대표한다. 그러나 그 세 개의 거대 시설물들이 전면적인 재개발의 활기찬 분위기가 조성되었다고 보기 어렵고, 그것들을 연결 지을 하나의 마을로서의 대대적인 도시재생으로 이어지지는 않았다. 때문에, 오히려 그 세 개의 거대 개발사업은 레드 훅 마을과는 괴리된 불균형적인 발전으로 보인다.

그나마 이케아 등의 진출로 부양되었던 개발 의지를 꺼뜨린 또 하나의 요소는 자연재해였다. 2012년 뉴욕시를 강타한 허리케인 샌디(Sandy)는 특히 레드 훅에 엄청난 피해를 입혔다. 그렉 오코넬의 모든 부동산이 수해를 당했고, 그때까지 점진적이나마 진행되던 개보수 및 신축 건설 현장이 붕괴하거나 침수되어 오늘날까지도 완전히 복구되지 않았을 정도이다. 이 지역이 기후변화에 취약하다는 지적은 샌디가 입힌 피해상으로 인해 입증되었고, 오늘날까지 레드 훅에 대한 투자를 주저하게 만드는 요소로 작용하게 되었다. 레드 훅은 20여 년째 뉴욕 젠트리피케이션의 다음 후보지로 남아 있다.

개발 주체 및 산업시설 소유주의 차이와 재개발 사업의 방향

앞에서 살펴본 브루클린의 세 동네, 네이비 야드, 그린포인트, 그리고 레드 훅은 여러 가지 면에서 비교할 만하다. 우선 세 동네 모두 수변 산업 지역으로서 탈산업화 시기에 그 활용 가치를 잃어버리고 낙후된 곳들이다. 이 지역들에 약간의 시차는 있을지 모르지만 모두 90년대 후반부터 도시재생의 필요성이 대두되었고, 2000년대 들어 본격적인 재개발 사업들이 유치되기 시작했다는 점에서도 비교 가능한 대상이 된다.

하지만 세 동네는 그 이후로 매우 다른 길을 걸어왔다는 점에서 또한 대도시 산업시설의 다양한 재개발 사례로 시사하는 바가 크다. 첫 번째로 살펴본 네이비야드는 정부 소유의 단지를 공익적인 관점에서 재활용하는 데 성공한 경우이다. 산업도시의 역사성을 이어 나가면서 현대 도시에서 요구되는 새로운 영역을 구축하려 노력했고, 그 과정에서 지역민에게 기여하고 산업단지 자체의 성장에도 실질적으로 재투자가 돌아가는 방식으로 경영해왔다.

그린포인트는 사유지 개발이라는 점에서 네이비 야드와는 달랐다. 수변 지역은 상업적인 주거지 개발로 인한 젠트리피케이션을 막을 수 없었으나, 원 거주자들의 요구도 꾸준히 조율하여 수변에서 내륙으로 들어간 지역은 이전 동네의 역사성을 유지하면서 점진적인 도시재생을 견인할 수 있도록 후속 조치들이 취해질 수 있었다. 전반적인 부동산 및 임대 가격이 상승해왔지만 피할 수 없었던 젠트리피케이션의 부정적 효과와 더불어 정리된 수변 지역을 주민들이 함께 이용할 수 있다는 점에서 긍정적인 효과도 일부 누릴 수 있게 되었다고 평가할 수 있다.

마지막으로 살펴본 레드 훅은 그린포인트 식 개발에 반대한 원주민 부동산업자, 대중교통의 불편성, 그리고 허리케인의 재앙과 같은 요소들 때문에 활발한 도시재생이 일어나지 않고 있는 곳이다. 매각된 공장을 철거하고 이케아, 페어웨이, 크루즈 선착장 같은 대형 개발사업이 이루어졌지만, 이것이 레드 훅 전체의 대대적인 변화를 이끌지는 못했다. 레드 훅은 여전히 브루클린 내에서도 낙후하고 동떨어진 동네로 젠트리피케이션의 다음 전선으로 일컬어진다.

브루클린 산업시설의 재개발에는 공통적으로 영향을 미친 요소가 존재했다. 탈산업 도시에 대한 관심이나 수변의 중요성을 대두시킨 환경 담론의 변화, 그리고 세계적인 경제의 흐름 등은 모든 동네에서 고려해야 하는 거시적인 배경을 제공한다. 또한 분명한 것은 정부의 역할이 어느 경우에나 매우 중요하다는 것이다. 브루클린 수변 산업시설 재생사업에서도 용도구역제 활용 방식이나 산업개발 정책 등이 매우 중요하게 작용했다. 재개발 참여 기업에 대한 세금 정책 역시 사업의 방향성을 결정하는 데 큰 역할을 해왔다.

그러나 그럼에도 불구하고 브루클린의 산업시설 재개발은 동네별로 상이한 결과를 나타내게 되었다. 특히 개발 주체와 산업시설의 소유주가 기업인지 개인인지, 혹은 정부인지에 따라 재개발은 다른 양상을 띠었다. 또한 사업의 방향이 공공성에 중점을 둔 경우와 사적인 개발에 초점을 맞춘 경우는 원 거주자들의 삶에 끼치게 된 영향이 매우 달랐다. 젠트리피케이션은 재개발의 불가피한 효과라 볼 수 있지만, 그 정도와 속도는 동네별로 다르게 조절되었다.

2부

보존 vs 활용, 산업유산 정책의 현재_동아시아

5장

북한에는 산업유산이 존재하는가?

북한의 '유산' 관리와 산업시설

북한은 해방 직후부터 문화유산의 보호와 관리, 복원 등에 많은 관심을 가지고 이에 관한 제도와 기구를 마련해 체계적으로 관리하고 있다. 과거 문화유산에 사회주의적 의미를 부여하면서도 '민족성'과 '전통성'을 강조하여 독창성을 만들어왔다. 특히 혁명역사와 세습적인 지배체제를 공고화하기 위해 전근대 시기 민족문화와 현재 주체사상 간에 연속성을 강조하는 연구가 많이 진행되었다. 국내에서도 이 같은 북한의 연구 경향을 지적한 연구 성과가 다수 발표되었다. 이에 반해 산업유산에 관한 연구와 분석은 없다고 해도 무방할 정도이다. 그렇다 보니 가동을 멈춘 폐산업시설이나 폐공장의 역사적인 함의를 찾아 이를 보존하고 활용하려는 움직임이 북한에서 이루어지고 있는지, 나아가 북한에는 산업유산이 존재하는지에 대하여 의문을 가질 수밖에 없다.

해방 이전까지 같은 역사를 공유한 남북한은 산업화 과정이 크게 다르지 않았다. 일제 시기 산업화가 시작되었기 때문에 산업시설이 식민지근대화론의 증표로 오해받지 않도록 하기 위해 당시의 기억과 흔적을 지우고 물리적 시설과 공간만을 활용하려는 경향 또한 비슷하게 나타났다. 하지만 한국전쟁 이후 남한에서는 경제가 발전하고 산업의 형태가 변화하면서 과거의 산업시설을 기억하고 보존하려는 움직임이 나타났고 현재까지도 산업유산을 지정하고 보호하기 위한 노력을 진행하고 있다. 반면 산업과 경제체제가 한국과 달랐던 북한에서는 과거 산업시설들을 보존하거나 기념하려는 움직임을 아직 찾아볼 수 없다.

현재 북한의 산업시설은 확인 및 답사가 불가능하다. 따라서 산업유산뿐 아니라 근현대 건축물 등을 어떻게 관리하고 있는지 알 수 없는 상태이다. 앞서 언급한 바와 같이 일제 시기를 부정적으로 인식하고 단절된 시기로 언급하는 북한의 특성상 근대유산의 보호와 관리가 제대로 되고 있지 않다. 김정은 시기에 평양에서 진행되었던 미래과학자거리(2015), 여명거리(2017)의 개발사업에서 근대 건축물과 전후 재건 시기에 조성한 건축물을 보호하지 않고 새 건물로 거리를 조성한 것이 그 방증이라고 할 수 있다.

따라서 산업유산화의 과정으로서 거버넌스와 산업유산을 활용한 투어리즘, 시민사회의 여론 등 기존의 산업유산 연구가 집중해온 시각에서 북한의 산업유산을 분석하기는 힘든 것이 현실이다. 다만 산업유산에 내재된 기억과 북한의 '유산'과 '기념'에 대한 인식을 통해 살펴보면, 기억저장소로서 산업유산의 의의와 가치에 대해 북한에서도 고민한 흔적을 찾을 수 있다. 그리고 이 흔적을 따라가다 보면 일제 시기 형성된 산업유산에 대한 불편한 기억을 어떻게 치환해왔는지, 북한의 역사 속에서 산업시설을 어떻게 인식하고 있는지 확인할 수 있을 것이다.

이 장에서는 이러한 연구 지형의 상황을 염두에 두고 북한에서 '유산'에 대한 개념이 어떠한지, '산업'과 '산업화'에 대해서는 어떻게 인식하는지에 대한 질문으로 연구를 시작하고자 한다. 북한은 해방 직후부터 건국의 정당성 확보와 체제 유지를 위해 여러 국가 정책에 나름의 의미를 부여하고 있는데, 유산을 보호하고 관리하는 부분에서도 마찬가지이다. 이에 따라 북한의 산업유산을 분석하기 전에 먼저 북한의 문화유산 관리 제도와 변천 과정을 통해 유산에 대한 인식을 먼저 살펴보고, 북한이 산업시설을 바라보는 관점과 그 가치의 미래에 대해 조명할 것이다. 산업시설을 분석하는 공간은 평양으로 한정한다. 북한의 여러 지역 가운데 평양이 시기별 자료가 가장 풍부하게 남아 있으며, 일제 시기부터 산업화와 도시화의 과정을 뚜렷하게 확인할 수 있기 때문이다. 결과적으로 이러한 시도를 통해 북한 산업유산 연구에 대한 방법론과 개념이 명확해지기를 희망한다.

북한의 '산업국유화'에 대한 기억과 산업유산의 현재성

아직까지 북한은 정책적으로 산업유산을 보호·보존하고 있지 않지만, 북한에서 산업시설을 어떻게 언급하고 있는지, 어떻게 기억하고 있는지를 살펴봄으로써 산업시설을 향후 어떻게 유산화시킬지에 대하여 고찰해볼 수 있을 것이다. 해방 이후 북한에서 산업시설이 처음 언급되고 관련 제도가 만들어진 것은 1946년 8월 10일 북조선임시인민위원회가 발표한 「산업국유화」 법령이다. 산업국유화를 통해 1946년 8월부터 10월 30일까지 일본인들 소유였던 1,034개의 철도, 해상, 교통, 통신기관, 은행, 상업, 문화기관 등의 산업체를 무상으로 국유화하였으며 이는 산업국과 상업국에 인계되어 경제계획을 수립하는 기초가 되었다.[01] 해방 이전 동해안을 따라 형성되어 있던 중공업 지대와 평양을 중심으로 하는 서선 경공업 지대 공장의 생산품들이 북한 경제계획에 중요한 요소로 작용하였기 때문에, 빠른 국유화와 빠른 공장의 재가동은 반드시 선결되어야 하는 과제였다.

---

01 김광운, 『북조선 실록 연표와 사료 1(1945. 8. 15~12. 31)』, 코리아 데이터 프로젝트, 2018, 571쪽.

때문에 산업유산 연구뿐만 아니라 해방 직후 북한의 경제를 이해하기 위해서도 산업국유화 정책은 반드시 검토되어야 할 요소이다. 하지만 산업국유화 정책은 해방 직후 북한이 진행한 '인민민주주의' 혁명 과정에 대한 연구에서 소외되어온 경향이 있다. 기존 연구들은 주로 계급해방과 현물세, 토지개혁 과정 등을 중심으로 서술되었고 산업국유화 정책은 경제와 노동체계를 구성하는 요소로만 다루어졌다. 하지만 북한에서는 산업국유화 정책 또한 아주 중요한 사회경제 개혁임을 강조하고 있다.

북한 산업시설의 관리는 산업국유화 정책에서 시작되었다. 해방 직후 일제가 소유했던 공장들은 대부분 노동자·기술자·사무원의 대표로 구성된 공장위원회에 의해 관리되었다. 하지만 공장위원회 위원들이 공장의 실무를 이해하는 상황이 아니었기 때문에 무질서한 상황이 계속되었다. 게다가 각 시·도·군에 공업시설을 관리하는 체계가 없었기 때문에 생산을 중단한 공장들도 많았다. 이러한 상황을 해결하기 위해 중앙에서 공업시설들을 관리하는 체계가 필요해졌고, 공장과 더불어 산업 분과의 전체를 관리하는 중앙기관 창설을 계획하게 되었다.

북한의 산업국유화 과정은 북한에서 서술하는 바와 달리 순탄하지만은 않았다. 우선 소련이 과거 일제가 소유했던 중공업 공장들을 소련군의 전리품으로 간주하고 생산설비 일부를 소련으로 반출해 갔으며, 특히 군수공업 기업들은 북한의 국유화 대상에서 제외되었다. 소련의 원조를 통해 공장을 재건하고 운영하던 북한 입장에서는 소련 정부의 의견을 무시할 수 없는 상황이었다. 하지만 북한에서의 반소 정서를 의식한 스티코프가 일제가 소유했던 모든 공장을 조선인에게 양도해야 한다고 제안하였고, 이를 통해 1946년 8월 10일 산업국유화 법령이 무사히 발표될 수 있었다.

당시 산업국유화에 대하여 서술한 『산업국유화 독본』을 살펴보면, 조선에서 중요산업국유화가 ① 인민이 잘살기 위해, ② 민주주의적 완전자주독립을 보장하는 민족자립의 경제 기초 마련을 위해 필요하다고 언급되었다. 결론적으로 산업국유화 정책으로 인해 '인민'들이 국가의 경제권을 확보하고 향후 인민경제를 계획적으로 부흥 및 발전시키는 토대가 된다는 것이었다. 다시 말해 국유화=전 인민의 소유=사회주의=노동계급의 이익보장이라는 논리구조인데, 이 논리는 사실상 해방 직후 사회주의 이전의 단계로 인민민주주의를 설정했던 북한의 국가 건설상과 모순되는 것이었다. 하지만 이러한 생산시설에 대한 강조는 당시 인민들을 설득해야 했던 초기 북한의 현실적인 모습을 잘 보여주고 있다.

산업국유화는 국가 건설기 북한이 경제적인 부분에서 인민들을 설득하는 선전체로도 활용되었지만, 실제로 산업국유화 과정을 통해 소련으로부터 일본인들의 소유 재산들을 접수하면서 경제적인 이익도 취할 수 있었다. 이러한 내용은 북한의 기관지에서 긍정적인 부분을 강조하여 보도되었고, 이는 여론으로 이어졌다. 하지만 실제로 산업국유화 실시 이후 공장 운영이 완벽하게 실행되지는 못했으며, 당시 인민경제의 수요에 맞는 공산품을 생산하지도 못하는 상황이었다. 게다가 공업상품의 상시적 부족은 생필품 가격의 상승으로 이어져 근로대중의 생활수준에 부정적인 영향을 미쳤다.

그럼에도 불구하고 북한의 각종 산업시설들은 향후 북한의 국가 건설 과정의 경제적 기반임과 동시에 인민생활·경제와 가장 밀접게 닿아 있는 요소였다. 때문에 국가의 보도와 실제 상황의 괴리가 있다 하더라도 국가 건설기 북한에서 산업국유화 정책은 인민들을 위한 정책으로 선전되어야만 했다.

이처럼 북한에서 정치·경제적으로 중요한 역할을 담당한 산업시설과 산업국유화 정책은 이후에도 꾸준히 인민을 위한 사업으로 기념되고 있다. 실제로

그림 1. 조선혁명박물관의 중요산업국유화 전시　출처 : 북한 영상자료 「연속참관기, 위대한 력사 빛나는 전통의 일부—조선혁명박물관을 찾아서: 중요산업국유화」

산업국유화 법령 발표 이후 매년 8월 10일 기념행사를 진행하고 있으며[02] 2021년까지도 중요산업국유화 법령 75주년을 기념하는 논설이 등장하는 것을 확인할 수 있다. 만수대의 조선혁명박물관에서도 산업국유화 정책에 대한 상설전시가 이루어지고 있다.[03]

　그렇다면 이렇게 현재도 기념되고 있는 산업국유화 정책이 북한의 언론에서 어떻게 인식되고 있는지 살펴볼 필요가 있다(그림 2 참조).

　여러 신문기사와 논설을 통해 살펴보면, 산업국유화 법령은 1950년대 후반 중공업 우선 노선을 채택하고 공업을 통해 경제성장과 자력갱생 정책을 이루려 했던 북한으로서는 매우 중요한 법령이었다. 이들 논설은 공통적으로 중요산업국유화를 통해 1960년대에 공업 총 생산량이 1944년과 비교해 약 8배 가까

02　「중요산업국유화 법령 실시 15주년 평양시 기념대회 진행」, 『노동신문』 1961. 8. 10.

03　「인민의 권익을 담보한 75년 전의 역사적인 법령들」, 『조선중앙통신』 2021. 8. 14.

그림 2. 1961년 산업국유화 법령 실시 15주년 기사　출처:「중요산업국유화 법령 실시 15주년 평양시
기념대회 진행」,『노동신문』1961. 8. 10.

이 증가했으며 북한에서 현재까지 N개년 계획으로 세우고 있는 경제계획의
토대가 이 산업국유화 정책이 있었기 때문에 가능했다고 평가하고 있다.

　　이러한 경제적 중요성을 가지고 있는 산업시설이기 때문에 북한은 문화유
산 정책과 개념을 정치적으로 활용하듯 산업국유화에 대해서도 1980년대까지
지속적으로 정치적 내러티브를 통해 선전해왔다. 북한에서의 산업시설은 "계
급해방과 토지국유화, 남녀평등권 등 자유와 근로 인민대중의 권리를 보장하
고 제반 인민주의적 시책들을 실현하기 위한 필수적인 물질적 담보, 자립적 민
족경제를 만드는 수단"이라고 해석되고 있다.[04] 경제시설로 단편적으로 해석

04　손전후,『산업국유화경험』, 사회과학출판사, 1985, 3쪽.

하는 것이 아니라 인민민주주의 혁명, 사회주의 개혁을 진행하는 데 필수적인 물질적 담보였다고 본 것이다.

이처럼 북한의 사회·경제적으로 중요 수단이었던 산업시설과 산업국유화 정책은 문화유산 정책과 마찬가지로 국제·국내 정세의 변화에 따라 그 의미를 달리했는데, 가장 먼저 '불편한 기억의 치환'의 수단으로 활용되었다. 대표적인 것은 일본 제국주의의 부정적 기억을 치환한 것이다. 해방 직후 산업시설에서 일했던 친일 인력이나 일본인 고위관료들을 '오랜 인테리'로 치환하여 활용했다는 점은 이미 많은 연구들에서 밝혀진 바 있는데, 그런 활용은 산업시설 또한 마찬가지였다.

북한에서 주장하는 바에 따르면, 일제 시기 일본 자본에 의해 형성된 산업시설들은 「회사령」, 「어업령」, 「광업령」 등의 식민지법을 통해 산업을 기형적으로 독점하였고, 「관세령」을 통해 다른 나라의 자본도 침투하지 못하였다고 한다. 뿐만 아니라 부당한 노동력 착취 때문에 노동자들이 노예와 같은 삶을 살았음을 강조한다.

이러한 서술은 사실에 기반하고는 있지만, 정확한 수치와 사실관계에 기반한 분석이 아니기 때문에 비판적으로 독해할 필요가 있다. 북한의 의도는 해방 직후 생산수단(산업시설)이 모두 북한의 소유가 되고 노동계급이 국가의 주인이 되면서 모두 변화했다는 사실과 민주개혁들을 성공적으로 진행했다는 사실을 부정적 기억을 강조함을 통해 선전하려 하는 것이다.

일제 시기 부정적인 기억을 치환하려는 것 외에 해방 직후 진행된 민주개혁들이 성공적으로 이루어진 것 또한 산업시설이 국유화되었기 때문이라고 서술된다. 산업국유화 정책이 노동계급의 민주주의적 해방과 노동법령의 실시와 깊은 연관이 있다는 것이다. 북한은 해방 직후 노동법령 실시를 통해 노동자들의 노동권을 법적으로 보장했다. 과거 노동권 착취의 상징이던 산업시

<표 1> 북한 문헌에 서술된 민족별 공업자본 비율

	일본인		조선인	
	금액(원)	비율(%)	금액(원)	비율(%)
금속공업	373,000	98.3	6,100	1.7
기계기구공업	85,050	58	61,500	42
화학공업	276,250	99.6	1,000	0.4
요업	53,245	100	-	0
가스 및 전기업	553,030	100	-	0
방직공업	76,600	85	14,000	15
식료품공업	73,800	93	5,250	7
목재 및 목재 가공업	47,000	90	5,500	10
인쇄 제본업	2,000	57	1,500	43
기타	83,500	92	7,000	8
합계	1,623,475	94	101,850	6

* 출처 : 손전후, 『산업국유화경험』, 사회과학출판사, 1985, 9쪽.

설들이 오히려 국가의 소유가 됨으로써 노동권을 보장하는 수단이 되었다는 것이다. 또한 토지개혁으로만은 해결할 수 없었던 국내 반동계급과 제국주의자들을 청산하는 수단이 된 것도 산업국유화 정책이었다.

산업국유화 정책에 대한 기억은 한국전쟁 이후에도 '좋은 선례'로 남아 공업 복구 발전의 모델이 되었다. 해방 직후에는 제국주의 일본을 비판했다면 한국전쟁 이후에는 제국주의 미국과 남한을 비판 대상으로 삼았으며, 그들의 무력 침범에 대항하여 인민 경제를 복구해야 한다는 논리를 펼쳤다. 더불어 산업국유화를 통한 경제적 기반이 없었다면 전쟁 이후 중공업을 중심으로 진행된 3개년 경제계획, 5개년 경제계획 또한 성과를 낼 수 없었다는 것이 북한의 입장이다.

북한의 과거 산업시설들은 '유산'이라 표현할 수 없을 정도로 현재성과 경제성을 가지고 있는 시설이다. 한국전쟁 이후 보수 및 재건의 단계를 거쳤다

그림 3. 한국전쟁 시기 선교리 공장 지대 폭격 피해 현황

할지라도 그 생산시설과 품목, 장소성은 일제 시기의 것에서 크게 변화하지 않았다. 공장시설뿐만 아니라 철도, 학교, 광산 등도 유지되고 있는 시설이 다수이다. 즉 역사성이 있지만, 현재 폐시설이 되거나 '쓸모없어진' 시설이 적기 때문에 산업시설이 산업유산화되거나 산업유산에 대한 논의가 진행된 경험은 찾아볼 수 없다. 그러나 자본주의 국가들과는 달리 사회주의 국가에서 산업시설을 국유화하고 이를 기념하고 기억하는 방식을 통해 살펴보면 근대 시기 형성된 산업시설들이 비록 제국주의와 식민경험을 통해 형성되었지만, 탈식민 과정에서 노동계급의 상징이 되었고 경제성장의 담보로 치환되었다는 사실을 확인할 수 있다.

북한이 과거 산업시설들을 유산화시킬 수 없었던 또 다른 이유를 추측해보면, 한국전쟁이라는 변수를 빼놓을 수 없다. 예컨대 공장 근처에 세워졌던 대규모 사택 부지들(남한에서 비슷한 예를 찾는다면 부평에 형성된 노무자 주택단지를 들 수 있겠다)도 산업유산으로서 가치를 가지고 있을 텐데, 이러한 시설들 역시 산업시설이 폭격당하면서 함께 폭격의 피해를 입게 되었다.

이는 산업지구뿐만 아니라 비행장 등의 시설도 마찬가지였다. 대규모 폭격의 피해를 받았던 지역은 기존에 산업시설이 있었다 하더라도 폐허가 되었기 때문에 새롭게 도시계획을 진행하거나 공간의 용도를 변경할 수밖에 없었다. 철도 노선의 일부가 변경된 것과 현재 문수 지구인 평양비행장 지역이 주거지로 바뀌면서 그 지역 공장들 또한 주택용지로 전환된 것이 대표적인 예라고 할 수 있다. 다만 산업시설의 경우에는 한국전쟁 이전에 있었던 공장들의 부지와 생산물품들을 유지한 채 복구 사업에 돌입했다는 점에서 차이가 있다. 그렇다면 이렇게 건설-파괴-재건을 거친 북한의 산업시설들을 어떻게 보존해야 할지 다음 절에서 유형화해보겠다.

평양의 산업시설 현황과 유형

앞서 언급한 바와 같이 북한에는 산업유산이라는 개념이 아직 도입되지 않았기 때문에 유네스코나 문화유산학에서 명명하고 있는 산업유산의 유형에 속하는 시설이 명확하지 않다. 하지만 향후 북한에서 진행될 산업유산의 보존과 보호를 위해 역사, 공간, 기억, 현재성의 관점에서, 그리고 북한이 '유산'에서 강조하는 지점들을 고려하여 평양의 산업시설을 유형별로 분류해보면 세 가지로 나눌 수 있다.

첫 번째는 일제 시기 산업시설을 복구·개조하여 사용하는 경우이다. 여기에는 공장부지는 그대로 사용하면서 시설의 성격을 바꾼 경우가 있고, 시설 또한 유지하되 파괴된 시설을 복구하여 사용하는 경우가 있다. 실제로 해방 직후 산업국유화 정책에 의해 북한의 소유가 된 공장들은 설비와 시설은 유지한 채 명칭을 바꾸어 사용하였다. 평양도 산업시설의 분포는 크게 변화하지 않았다(그림 4 참조). 선교리의 여러 공장시설과 평천리 근처의 군사시설 및 철도시설, 서평양의 평양조차장 등에 큰 파괴가 있었지만, 장소성을 그대로 살린 채 현재

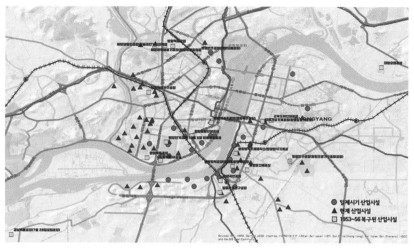

그림 4. 평양의 산업시설 분포도(일제 시기~1956년~현재)　출처 : 김태윤, 『근현대 평양의 도시계획과 공간변화 연구(1937~1960)』, 서울시립대학교 박사학위논문, 2022, 182쪽 재인용.

까지도 사용되고 있다.

　다만 북한의 관점에서는 이들과 같은 산업시설에서 식민지 시기의 기억을 극복해야 한다는 과제가 남아 있다. 국가의 이념이 문화유산이나 산업유산·유적 등에 강하게 투영되어 있는 북한의 특성상, 이러한 문제점은 한국전쟁과 전후복구 과정을 통해 살펴보면 또 다른 해석이 가능하다. 예를 들면 일제 시기부터 선교리에 자리하고 있던 평양방직공장은 일제 시기에는 가네가후치 방적공장으로 활용되다가 해방 이후 평양방직공장으로 재건되었다. 방직공장이 위치하고 있던 선교리 자체가 공장지대였기 때문에 한국전쟁 당시 폭격의 주요 목표일 수밖에 없었고, 이후 평양방직공장은 소련의 기계와 기술로 재건되어 평양방직기계공장과 견방직공장으로 재탄생했다.

　평양방직공장은 일제 시기와 국가의 위기를 극복한 소위 '국난극복'의 서사로 의미부여가 가능하다. 문화유산의 경우 북한이 유네스코에 등재한 두 가지 유산은 '고구려의 고분군'과 고려의 도성이었던 '개성역사유적지구'이며 현

그림 5. 한국전쟁 당시 평양방직공장과 재건된 견방직공장 출처: (좌) 『Air Force Activities Korea 1950 Bombing』, 1950(NARA, NASM 4A 38951), (우) 국립미술출판사, 『조선의 방직공업』, 국립미술출판사, 1959, 4쪽.

그림 6. 평양 선교리 방직기계공장 부근 출처 : 구글어스

재 잠정 목록을 살펴봐도 금강산과 묘향산, 평양역사 유적지 등 북한의 '찬란한 역사'를 강조하는 유산으로 이루어져 있다. 즉 북한이 강조하고 싶은 역사가 투영되어 있는 것이다. 이러한 점을 고려하여 향후 북한이 산업유산을 등재하게 된다면 평양방직공장은 장소성 면에서 근대에서 현대까지 이어지는 북한 지역 경공업의 역사 저장소이면서도 일제 시기부터 지속적인 보수, 복구를

통해 현재까지도 경공업 중심지로 유지되고 있다는 점에서 의미가 있을 것이다.

특히 지역명과 건물명을 선정할 때 인물이나 사건, 지역의 역사를 투영하는 북한의 특성상 선교구역 강안동 일대에는 경공업, 특히 방직공업과 관련된 지역명, 건물, 학교명이 많으며 지역 자체가 경공업과 방직업에 집중하고 있는 모습을 보인다. 평양방직기계공장 가까이에 경공업대학이 있으며 견방직공장 남쪽에 있는 김정숙평양방직공장 부근에도 평양방직공업대학이 위치해 있는 것을 통해서도 알 수 있다. 이와 더불어 북한 내부에서는 일제 시기의 기술력과 한국전쟁의 피해를 극복해낸 산업시설로 의미부여가 가능할 것이다.

두 번째는 폭격으로 인한 피해를 극복하고 방직공장사례처럼 복구한 시설도 있지만, 반면 이전 시설을 복구하지 못하였거나 아예 새로운 시설을 만든 경우이다. 그림 7의 지도에서 음영처리가 되어 있는 지역이 폭격으로 인한 피해가 심했던 공간인데, 선교리와 평천리 공장지대의 경우 공장시설이 복구되었지만 그렇지 못한 공간도 있었다.

대표적인 예가 문수 지구, 현재의 대동강 구역이다. 기존에 평양비행장이었던 문수 지구는 폭격으로 인해 평양 재건시기 주택지구로 계획되었고, 현재 당창건기념탑이 있는 평양의 대표공간이되었다. 전차시설 및 관공서, 은행 등이 밀집해 있던 남문동, 경림동 일대도 마찬가지로 김일성광장과 스탈린거리로 새롭게 계획되었다.

이와 같은 지역에 새롭게 건설된 건설물, 시설들 또한 사실 2023년 현재 약 70여 년이 넘은 건축물이며 남한과는 다른 건축 양식으로 건물들과 경관들이 조성되었던 공간이다. 전쟁으로 인한 경관 변화와 새롭게 형성되었던 문수거리의 여러 시설 또한 현재 평양에 대규모 신도시가 형성되는 과정에서 보호 및 보존되지 못하고 사라져가고 있다.

그림 7. 한국전쟁 시기 폭격으로 인한 피해가 심했던 공간 출처: 김태윤, 『근현대 평양의 도시계획과 공간변화 연구(1937~1960)』, 서울시립대학교 박사학위논문, 2022, 126쪽 재인용.

현재 남아 있는 시설을 살펴보면 동대원 구역의 조선적십자병원과 중구역의 대동문영화관과 같은 것들이 있다. 적십자병원은 해방 직후인 1949년 설립되었으나 한국전쟁 시기 일부가 파괴되었는데, 이를 소련의 원조로 재건하여 현재까지 그 모습을 유지하고 있다. 대동문영화관은 전후복구 과정에서 1955년 완공된 건물로 노출된 굵은 기둥과 장식성이 강한 2층 처마, 상부에 올려진 박공지붕, 반원아치 등에서 1950년대 동구 사회주의 국가의 영향을 받은 건물

그림 8. 전후 재건된 시설들의 과거와 현재　(위) 조선중앙적십자병원, (아래) 대동문영화관의 과거와 현재 모습이다.

임을 알 수 있다.[05]

이와 같은 평양의 각종 시설은 해방, 전쟁, 전후복구, 냉전이라는 지구사적, 역사적 기억을 보존할 수 있는 유산들로 현재 신도시화가 진행되고 있는 평양에서 보호되어야 하는 시설들이라고 할 수 있다.

세 번째는 전쟁 이후 사라졌다가 다시금 조성된 시설이다. 대표적인 예가 전차인데, 남한에서는 일제 시기부터 운행해왔던 전차시설이 자동차와 버스의 등장으로 사라졌지만, 북한의 경우 한국전쟁 이후 전차 노선과 차량을 사용할 수 없게 되자 전차 시설을 사용하지 않았다. 그러나 대동강 지하터널 공사를 거듭 실패하고 북한에 수입되는 유류가 주로 군에 보급되면서, 평양에서는

05　이왕기, 『북한 건축, 또 하나의 우리 모습』, 서울포럼, 2000, 193쪽.

그림 9. 평양의 노면전차 (좌) 일제 시기 전차, (우) 현재 평양에서 운행 중인 전차.

전기로 구동되는 트롤리버스와 지하철이 주된 대중교통수단으로 자리 잡았다. 하지만 트롤리버스 노선이 포화 상태에 이르면서, 평양에서는 다시금 노면전차 도입을 결정하게 되었다. 일제 시기에 사라졌던 노면전차는 1991년에 다시금 등장하게 되는데, 노선은 일제 시기의 것과 크게 다르지 않다. 즉 북한이 의도한 바와 달리 석유의 수급과 대북제제 등 현실 북한이 처한 경제 상황이 과거의 산업시설을 다시금 활용하게 한 것이다.

철도와 탄광, 기간시설 등 추가적인 조사가 더 이루어져야 하겠지만, 평양에서는 현재 빠른 속도로 도시화가 진행되고 있기 때문에 도시에 남아 있는 여러 유산들이 사라지는 경우가 왕왕 발생하고 있다. '신도시' 건설뿐 아니라 올해 2월부터 김정은의 담화에서 재생에너지에 대한 언급이 자주 등장하는 것으로 보아 화력발전시설 또한 폐시설이 될 확률이 높을 것으로 보인다. 그리고 석유 수급이 원활하지 않기 때문에 노면전차도 언제 폐시설이 될지 모르는 일이다. 개성공단이 문을 닫은 이후 북한은 공단 부지 내에서 사용 중이던 전기버스를 무단으로 사용하고 있다. 대북 제재가 해소되면 전기버스와 전기차 등을 북한으로 보내는 일도 가능할 수 있다. 전기버스가 도입된다면, 경제 사정으로 다시 사용되었던 노면전차는 산업유산으로 돌아갈 가능성이 있다.

그림 10. 개성에서 운행중인 전기버스 　출처 : 「현대차 로고 자리에 페인트칠… 개성의 시내버스, 익숙하다 했더니」, 『조선일보』 2022. 7. 6.

이 장에서는 평양에 한정하여 연구를 진행하였지만, 북한의 산업시설에 대해 지속적인 관심을 가지고 기록을 남겨놓을 필요가 있다. 담화나 교시에 따라 시시각각 변화하는 평양을 중심으로 아직 개발의 논의가 깊게 침투하지 않은 지방 도시까지 추이를 지켜보아야 한다.

북한에 산업유산 개념이 생겨난다면?

만약 북한에서 자국의 산업유산을 지정하여 보호하고 연구를 진행한다면 이러한 문화유산의 발자취를 따르게 될 것이다. 따라서 북한이 산업시설을 통해 무엇을 강조하고 싶어 하는지 역사적으로 살펴보아야 한다. 북한이 산업시설에 대하여 어떤 내러티브를 가지고 있으며, 어떤 상징성을 가졌는지는 산업국유화 법령에 대한 해석을 통해 그 실마리를 찾아볼 수 있다.

북한에서는 산업국유화 법령이 발표된 8월 10일을 현재까지도 토지개혁과 함께 기념하고 있다. 산업국유화 법령은 북한에서 "계급해방과 토지국유화, 남녀평등권 등 자유와 근로 인민대중의 권리를 보장하고 제반 인민주의적 시책들을 실현하기 위한 필수적인 물질적 담보, 자립적 민족경제를 만드는 수단"으로 기억되고 있다. 이러한 산업시설을 바라보는 시선은 향후 북한에서 산업시설을 유산화 하는 과정에서도 강조될 것이기 때문에 북한에서 '기념·기억할 만한' 산업시설이 현재 어느 정도 분포되어 있는지 살펴볼 필요가 있다.

하지만 북한 연구에서 산업유산을 개념화하고 연구하는 것은 애로사항이 많다. 시민사회가 따로 존재하지 않으며 국가 차원에서 산업유산에 대한 언급이 전혀 없기 때문이다. 북한의 산업시설들은 1950~60년대의 흔적을 간직한 채 현재도 운영되고 있다. 운영되지 않고 있는 산업시설의 경우 국가 개발 논리에 따라 흔적이 없어지거나 방치된 채로 있을 것이다.

북한의 산업유산 연구는 직접 현장을 가보지 못한다는 큰 한계를 시작부터 안고 출발할 수밖에 없다. 때문에 더욱 방법론을 발굴할 필요가 있으며, 산업시설 자체가 전부 국유시설인 경우 거버넌스 연구가 가능할지 역시 살펴보아야 할 문제이다. 이 외에도 북한은 경제·산업에서의 성과를 프로파간다로 활용하는 경우가 있는데, 대표적인 것이 '평양속도', '비날론 속도', '천리마 속도' 등이다. 이러한 성과는 1950년대 말~1960년대의 것이지만 현재까지도 인민들을 독려하는 선전 수단으로 사용되고 있다. 이러한 성과 또한 '유산'으로 생각할 수 있는지 고민이 필요하다.

6장

보존과 활용 사이에서, 중국 공업유산 법제화 과정

올림픽 경기장이 된 폐철강공업단지

2022년 베이징 동계올림픽에서 프리스타일 스키와 스노보드 빅에어 경기가 열린 '빅에어 서우강' 경기장은 1919년에 건설한 서우강(首鋼) 제철소 단지에 세워졌다. 그림 1에서와 같이 '베이징 2022' 로고가 그려진 폐냉각탑과 굴뚝을 배경으로 올림픽 선수들이 스키 점프를 하는 모습은 예전에 이곳이 중국 최대의 제철공장이었다는 역사를 상기시켜주었다. 이제 과거의 산업현장은 세계 최초로 영구적으로 사용하게 될 빅에어 경기장이 되어, 폐산업시설을 창조적으로 활용하면서 동시에 산업유산으로 보존하는 방안을 고민할 때 반드시 참고해야 할 훌륭한 예가 되었다.

서우강(首鋼) 제철 단지에 세워진 '빅에어 서우강'처럼 폐산업시설을 보존, 활용하여 도시를 재생시키려는 공간기획은 비단 베이징뿐만 아니라 중국 곳곳에서 찾아볼 수 있다. 이는 도시개발 논리에 따라 훼손되거나 철거되던 폐산업시설을 새로운 공간 자원으로 인식하기 시작한 것과 관련이 깊다. 폐산업시설은 관광자원이 되어 지역경제를 활성화할 수 있다. 또한 그 공간에 담긴 과거 지역민들의 기억과 정서는 오늘의 국가, 지역 공동체의 기억으로 재구성할

수 있는 자원이기도 했다. 더욱이 문화가 국가경쟁력의 잣대가 된 오늘날, 세계 각국은 자국의 산업유산을 유네스코 세계유산으로 등재하고자 열망한다. 이는 중국 역시 마찬가지다. 낡은 산업시설이 국가의 위상을 드높일 수 있는 세계유산이 될 수 있다. 낡은 산업시설과 그 유휴공간을 선별하여 '공업유산'[01]으로 삼고 이를 보호하는 것은 점점 더 중요한 문제가 되었다.

다만 무엇을 유산으로 삼을 것인지는 결국 무엇을 기억하고 보존하려는 것인가라는 문제와 관련된다. 이런 점에서 공업유산의 법제화는 국가 차원에서 집단기억을 만들어가는 과정이라고 말할 수 있다. 이 장에서는 이 같은 문제의식에서 중국의 공업유산 보호 법제화 과정을 살펴보고자 한다. 다시 말해 중국에서 공업유산 관련 입법이 필요한 이유는 무엇 때문인지, 그리고 어떠한 과정을 거쳐 관련 행정 법규가 제정되었는지, 현재 어느 단계까지 법제화가 진행되었는지를 구체적으로 알아볼 것이다.

유산의 원형 보호와 공간 활용

도시의 대규모 확장과 더불어 건축물의 철거와 신축이 이루어지는 가운데 유산의 가치를 지닌 공업 건축물이 대거 파괴되곤 했다. 이에 따라 중국에서는 1990년대부터 폐산업시설과 도심재생을 연계한 공업시설 보호 활동이 전개되기 시작했다. 공업유산을 보호하기 위한 국가 차원의 법적 시스템이 필요하다

01 우리나라에서는 산업유산이라는 용어를 사용하지만, 중국에서는 산업유산을 공업과 관련된 것에 한정하고 산업유산이란 용어 대신에 공업유산(工業遺産)이란 용어를 사용한다. 중국의 공업유산은 난징조약 이후 조성된 역사적, 기술적, 사회적, 건축적 또는 과학적 가치를 가지고 있는 산업문화의 유산으로서, 근대공업유산(1840~1949)과 현대공업유산(1949 이후 ~1980년대의 공업시설)으로 구분한다. 박재민·성종상, 「산업유산 개념의 변천과 그 함의에 관한 연구」, 『건축역사연구』 제21권 1호, 2012. 이 글에서도 중국의 사례에 대해서는 공업유산이란 표현을 사용한다.

는 인식 또한 높아졌다.

중국에서 폐산업시설을 유산으로 보호하는 것은 원형을 보호하는 것과 장소를 지켜서 활용하는 것 두 가지 차원에서 전개되었다. 원형을 보호하는 것은 문물(문화재) 보호의 일환으로서 시작되었다. 장소를 지켜 활용하는 것은 문화 창의산업으로 나타났다.

다만 낡은 산업시설이 문물로서 인정받기란 쉬운 일이 아니었다. 국가 문물은 대체로 시기적으로 고대에 속하는 것들이었다.[02] 상대적으로 현재와 가까운 시기에 속하는 근대 공업시설은 문물로서 그 가치를 인정받아 국가문물로 선정되기 어려웠다. 그런데 2001년에 새로운 계기가 마련되었다. 헤이룽장성 '다칭(大慶)의 제1차 유정(大慶第一口油井, 1959)'과 '칭하이(青海)의 첫 번째 핵무기 연구 제작 기지터(第一个核武器研制基地旧址, 1957~1995)'가 「전국 중점문물보호단위」로 선정된 것이다. 이제 현대 중국의 공업 관련 시설이 문물의 범위에 포

---

02 현재 「중화인민공화국문물보호법」(2017년 개정) 2조에 따르면, 국가의 보호를 받는 문물은 ① 역사, 예술, 과학적 가치를 지닌 고문화유적, 고분, 고건축, 석굴사, 석각 및 벽화, ② 중대한 역사적 사건, 혁명 운동 또는 저명한 인물과 관련되고 중요한 기념비적 가치, 교육적 가치, 또는 사료적 가치를 지닌 근현대 중요 사적, 실물, 대표적 건축물, ③ 역사상 각 시대의 귀중한 예술품, 공예미술품, ④ 역사상 각 시대의 중요한 문헌자료 및 역사, 예술, 과학적 가치를 지닌 저작 초고와 도서 자료 등, ⑤ 역사상 각 시대, 각 민족의 사회 제도, 사회생산, 사회생활을 반영하는 대표적 실물이다. 문물은 고대와 근현대 문물로 나눌 수 있고, ②항에 근거하여 국가의 보호를 받을 수 있는 문물에 공업유산을 포함할 수 있다. 그러나 이 법이 처음 제정되던 1982년 당시 2조의 ②에는 "근현대(近代現代)"라고 시기를 적시하지 않고 "중대 역사적 사건, 혁명 운동 또는 저명한 인물과 관련되고 중요한 기념비적 가치, 교육적 가치, 또는 사료적 가치를 지닌 건축물, 유적, 기념물"이라고만 되어 있었다. 2002년 개정 때 비로소 2조 ②항에 "근현대"라는 시기가 적시되었다. 물론 「중화인민공화국국가문물보호법」 초판(1982)에서도 ⑤항에 "역사상 각 시대, 각 민족의 사회 제도, 사회생산, 사회생활을 반영하는 대표적 실물"이라고 했기 때문에, 근현대 시기의 공업유산이 포함될 가능성이 없지 않았다. 그러나 아무래도 문화재(文物)는 오래된 것을 떠올리기 마련이어서 국가의 보호를 받는 문물은 대체로 전통 시대의 것들 위주로 선정되었던 것으로 보인다.

그림 2. 1960년대 다칭 유정 시추 장비를 운반하는 노동자들의 모습이다. 출처: *Beijing Review*.

함될 수 있고, 낡은 공업시설이 국가급 문물로서 보호받을 수도 있게 되었다.

이러한 성과에 고무된 중국 내 여러 지방에서는 옛 산업시설이 문물로 선정될 수 있도록 노력을 기울였다. 낡은 산업시설을 보호하는 활동에 힘이 실렸다. 향후 공업유산화 및 보호체계의 기초를 형성하기 시작한 것으로 볼 수 있다. 그러나 아직 공업유산이 독립적인 지위를 확보하지는 못했다.

2006년에는 공업유산이 문물과 구분되는 독자성을 확보할 수 있게 되었다. 그 계기는 「우시건의(無錫建議)」다. 그해 4월에 중국고적유지보호협회와 장쑤성 문물국, 그리고 우시(無錫)시 문화국이 함께 "중국공업유산보호논단"을 개최했는데, 이는 중국 최초의 공업유산 보호 관련 회의였다.[03] 이 회의에서 경제

---

03   국제기념물유적협의회(ICOMOS)는 2005년도 15차 회의에서 2006년 4월 18일 "국제고적유지일"의 주제를 "공업유산 보호"로 정했다.

가 고속 발전하는 시기에 공업유산의 보호를 중시하고 유산보호의 기준과 관리 방법에 대한 명확한 규정을 통해 유산을 합리적으로 이용할 것을 제안하는 「우시건의」가 통과되었다. 두 달 뒤 6월에 국가문물국은 「우시건의」를 공식화했다. 이후 「우시건의」는 공업유산을 보호하기 위한 중요한 지표가 되었다. 이와 더불어 공업유산은 학자들에게도 주목받게 되었고 공업유산 보호를 위한 법제화를 촉구하는 연구도 축적되기 시작했다.[04]

아직 공업유산 보호를 법제화하기 이전에 국가 차원의 공업유산 보호 정책에는 보호와 개발의 측면이 혼재되어 있었다.[05] 공업유산을 있는 그대로 보존하거나 그 역사적 문화적 의미를 기억한다기보다는 공업유산을 이용함으로써 그 장소를 지킨다는 태도가 뚜렷했다. 이는 문화창의산업 정책에서 잘 나타난다.

'문화창의'는 도시재생을 촉진시키는 역할을 했다. 영국의 셰필드시나 미국 뉴욕의 소호 구역처럼 도시재생과 문화사업을 결합시키는 것은 세계적인 추세가 되었다. 이들 도시는 중국 전역에서 창의 단지를 조성하고자 할 때 모델이 되기도 했다. 과거의 산업시설을 문화공간으로 바꾼 베이징의 다산쯔(大山子) 798 예술구, 상하이의 텐쯔팡(田子坊), 중산시의 치장공원(岐江公園) 등이 문

04 聶武鋼·孟佳, 『工業遺産與法律保護』, 北京: 人民法院出版社, 2009; 李莉, 「我國工業遺産的立法保護研究」, 『蘭州教育學院學報』 第26卷 第6期, 2010; 李莉, 「淺論國工業遺産的立法保護」, 『人民論壇』 2011年 2期; 劉伯英, 「工业建筑遗产保护发展综述」, 『建築學報』 2012年1期; 丁芳·徐子琳, 「中國國工業遺産的法律保護研究」, 『科技信息』 2012年 第1期; 張亦弛·蔡明倫, 「地方工業遺産保護的立法實踐探析」, 『湖北師範大學學報(哲學社會科學版)』 2017年 第3期; 鄧君韜·陳玉昕, 「工業遺産法律保護論綱」, 『中國明城』 2018年 第3期; 呂啓國·儲石韋·帥新元, 「我國工業遺産的立法保護與利用地方法律法規及政策比較研究」, 『工業建設』 第52卷 第11期, 2022 등.

05 관련된 대표적인 연구로는 다음을 참조. 韓强·安幸·鄧金花, 「中國工業遺産保護發展歷程」, 『工業建設』 第48卷 第8期, 2018.

그림 3. 베이징 798 스페이스 갤러리   천장 아치에 "마오 주석 만세 만만세"라는 슬로건이 남아 있다. 중국 최초로 원자탄의 부품을 생산하기도 했던 대단위 공업 지역이 문화예술 공간으로 재탄생했다. 출처: 위키미디어.

화창의산업 정책의 대표적 사례들이다.

중국의 문화창의 산업은 공업유산을 이용 개발할 때 여전히 두드러진 경향 중 하나이다. 2000~2006년간 일련의 국가 정책들은 공업유산을 문화창의산업 부지로 개조하려는 방향을 제시했다. 즉 공업유산을 문화산업에 활용하려는 것이었다. 2000년 10월 11일, 중국공산당 제15회 중앙위원회 제5차 전체회의를 통과한 「중국공산당 중앙위원회의 국민경제와 사회발전을 위한 제10차 5개년계획 제정에 관한 건의(中共中央關於制定國民經濟和社會發展第十個五年計劃的建議)」는 "국가 경제의 지속가능하고 빠른 발전을 실현하기 위해 경제적 이익을 향상시킬 것을 중점에 두고 경제 구조를 전략적으로 조정"할 것을 주장하며, "문화산업 정책을 완벽히 하고 문화시장 건설과 관리를 강화하여 문화산업 발전을 촉진한다"고 하여, 문화산업 발전의 필요성을 제기했다. 이어서 2001년 12월 20일의 「국무원판공청의 "10차 5개년 계획" 기간 동안 서비스 산업의 발전을 가속화하기 위한 몇 가지 정책 조치 의견을 국가계획위원회에 전달하는 통지(國務院辦公廳轉發國家計委關於"十五"期間加快發展服務業若干政策措施意見的通知)」에서는 "퇴이진삼(退二進三)" 정책을 고려하여 다수의 공장 건물을 옮기고, 공업 기업이 퇴출한 부지는 먼저 서비스업 용지로 사용할 것을 제시했다. 퇴이진삼 정책은 1990년대에 경제 구조조정을 가속화하기 위해 상품시장이 없거나 파산위기에 처한 중소형 국유기업 중에 2차 산업에 속한 것들을 3차 산업에 종사하도록 장려한 것이다. 오염이 심하고 수익성이 낮은 2차 산업은 도시 지역에서 퇴출시키고 상업과 서비스업 등을 발전시키려 했다. 낡은 공업시설을 문화창의산업 부지로 개조하여 활용하고자 했다. 2006년 9월의 「국가 "11차 5개년" 시기 문화발전계획 요강(國家"十一五"時期文化發展計劃綱要)」에서는 문화창의산업이 문화와 경제, 정치, 사회의 조화로운 발전을 촉진할 수 있다고 적극 표명했다. 즉 이러한 일련의 국가 정책들은 낡은 산업시설이나 그 부지를 문화산업에 활용하고자 한 의도를 보여준다.

이처럼 문화창의산업 정책들은 탈산업화 시대에 산업구조의 재편에 따른 공간변화와 폐산업시설이나 그 유휴부지의 개발 이용이 결합된 모습을 보여준다. 따라서 과거 공업시설의 의미나 기억을 보존, 보호하고자 할 때 한계로서 작용할 수도 있었다. 문화창의산업 정책에서는 아직 폐산업시설을 '유산'으로 만들려는 문제의식은 나타나지 않는다. 즉 새로운 경제적 효용을 창조할 수 있는지에 따라, 폐산업시설은 새로운 산업 공간으로 탈바꿈하거나 사라지는 것이다.

이러한 한계를 극복하고 공업유산이 그 자체로 독자성을 확립하게 된 것은 「우시건의」 덕분이었다. 또한 이후 공업유산에 대한 새로운 인식이 엿보이는 중앙정부의 공업 관련 정책들이 발표되었다. 2015년부터 중앙정부는 공업유산을 보호, 재이용하는 일이 새로운 공업화와 생산력의 발전을 촉진하는 중요한 경로라고 인식하기 시작했다.

공업유산이 문물에서 분리되어 독자성을 확보하게 된 이상, 공업유산을 보호하기 위한 전문법의 입법이 필요해졌다. 법률적 보호가 가장 강력한 보호 방법이기 때문이다. 공업유산의 보호 주체를 확정하고, 공업유산을 분류하고, 보호 등급의 인정 기준을 확정하고, 공업유산 인정 절차를 세워 공업유산과 관련된 제반 사항 등을 전면적으로 법제화해야 했다. 특히 공업유산 보호에 관한 법률적 책임을 명백히 하기 위해 공업유산에 대한 중앙정부 차원의 법제화에 대한 요구가 더욱 커졌다.

지방의 공업유산 보호 법제화

중국에서 공업유산 보호의 법제화는 중앙보다 지방에서 신속히 적극적으로 추진되었다. 경제 활성화, 도시 활력화를 모색하는 차원에서 공업유산화가 전개되었기 때문이다.

지방 단위에서 공업유산 법제화의 선진 지역은 중국의 대표적 근대 개항 도시인 상하이다. 중국 공업유산 보호 법제화는 사실 상하이에서 시작되었다고 보아도 무방하다. 중국 학계에서는 공업유산 보호의 입법이 2006년 「우시건의」로부터 시작되었다고 보거나, 정식으로 지방 인민대표대회 상무위원회를 통과함으로써 전문적, 실체적 입법이 이루어진 「황스시 공업유산보호조례(黃石市工業遺産保護條例)」가 제정된 2015년부터라고 하기도 한다. 그러나 중국 공업유산 보호 법제화의 출발점은 1991년 상하이에서 실시된 「상하이시 우수근대 건축 보호관리 판법(上海市优秀近代建筑保護管理辦法)」에 있다고 생각한다. 근대 건축에 근대 공업건축이 포함될 수 있었기 때문이다.

「상하이시 우수근대건축 보호관리 판법」은 중국 최초의 근대 건축 보호 규정이다. 그 법규의 제3조를 보면, 우수근대건축을 역사, 예술, 과학적 가치에 근거하여 ① 전국중점문물 보호단위, ② 상하이시문물 보호단위, ③ 상하이시건축 보호단위의 3개 등급으로 구분하였다. 이 행정 법규는 공업유산을 별도로 명기하지는 않았다. 그러나 중국 역사상 처음으로 근대 건축물의 보호를 규정했다. 당시 중국의 대부분 지역에서 국가 차원에서 보호받는 문물은 전통 시대의 유산이었고, 근대 건축물은 국가 차원의 문물로서 그 가치를 인정받기 어려웠다. 반면에 「상하이시 우수근대건축 보호관리 판법」은 우수한 근대 건축을 보호하자는 행정 법규였고, 근대 공업시설도 근대 건축물로서 법적 보호의 대상이 될 수 있었다. 「상하이시 우수근대건축 보호관리 판법」을 통해 공업유산 법제화의 길이 열린 것이다. 「중화인민공화국문물보호법」은 2002년 개정에 이르러 비로소 법조문 안에 "근현대"라는 시기를 명문화했다. 이에 비해 상하이에서는 1991년에 이미 공업건축도 포함될 수 있는 근대 건축 보호를 결정, 법제화했으니 매우 선진적이었다.

그러나 「상하이시 우수근대건축 보호관리 판법」은 행정 법규이기 때문에 법적 강제력 면에서 한계가 있었다. 1990년대 상하이에서는 도시 곳곳에서 대규모 개발이 시행되었다. 당시 폐산업시설은 대규모 철거 위기에 직면했는데, 이러한 상황에 이 법규가 대응하기에는 어려움이 컸다. 이를 보완하기 위해 상하이시는 2002년 인민대표대회에서 「상하이시 역사문화풍모구와 우수역사건축 보호 조례(上海市历史文化風貌區和优秀歷史建築保護條例)」를 제정하여 도시 내 역사 건축물의 보호를 정식 법규를 통해 규정하였다. 이때 중국의 산업발전 역사에서 대표성을 갖는 작업장, 상점, 공장, 창고 등이 보호 대상이 되었다. 중국 역사상 처음으로 공업 건축물에 대한 보호 개념이 제시된 것이다. 중국 학계에서는 공업유산보호 법제화와 관련해서 2006년의 「우시건의」 이전까지는 유의미한 입법이 없었다고 보기도 한다. 그러나 2002년에 제정된 「상하이시 역사문화풍모구와 우수역사건축 보호조례」는 비록 건축물에 한정된 것이기는 해도 중국의 공업유산 법제화의 중요한 과정으로서 기억할 만하다.

그런데 「상하이시 역사문화풍모구와 우수역사건축 보호 조례」는 문물 보호단위보다는 보호 기준이 느슨해서 우수 근대 건축물의 공간 기능을 개조, 변경하는 데 유리했다. 예를 들어 상하이 항공기 제조 공장 수리 작업장 부지는 위더야오 미술관이 되었고, 베이퍄오 부두는 용 미술관이 되었으며, 난시 발전소는 상하이 당대 예술박물관이 되었다. 게다가 공업유산의 전문적 평가 기준과 관리 규범이 미흡했기 때문에 개조 후의 용도 변경 요구에 부응하기 위해 개조 과정에서 원래 유적을 훼손하거나 유적의 가치를 무시하곤 했다. 공업유산 보호를 위해서 「문물보호법」처럼 좀 더 엄격하고 강력한 법제가 시급해졌다.

한편 1996년부터 지방 차원의 공업유산 보호가 상하이를 벗어나 확대되었다. 중국 내 여러 지방에서 그해 전국중점문물 보호단위 심사에 근현대 시기의 사적과 건축을 신청해 선정되기 시작한 것이다. 이때부터 공업유산이 문물 보호의 단위가 되어 법적 보호를 받는 길도 열렸다. 비록 '문물'로서 보호받는 것이기는 했으나, 공업유산의 위상은 이전에 비해 더욱 높아졌다.

1996년 「제4차 전국중점문물 보호단위」의 목록을 보면, 5번 항목에 근현대 중요사적 및 대표적 건물 50곳이 선정되었다. 기존의 문물 보호단위가 전통 시대에 집중되었던 것에 비해, 이제 근현대 시기의 건축물과 사적이 포함되어 문물 보호 대상의 연대 하한이 근현대까지 내려왔다. 보호할 가치가 있는 문물이라고 하면 우선 전통 시대 문화재를 떠올리던 것에서 벗어나 근현대 시기의 것도 포함되었다.

그런데 상하이 와이탄의 건축군(1936~1937), 상하이 우정총국(上海邮政总局, 1929), 다롄의 러시아 건축(1900), 난징의 중국공산당대표단 사무실 옛터[中国共产党代表团办事处旧址(梅园新村, 1947)] 등이 그 선정 대상이었던 것을 보면, 근현대 시기 건축물과 중국 혁명사 등 역사적 의미가 있는 사적 등이 포함된 것에 지나지 않았다. 근대 이후의 공업유산도 문물로서 강력한 법적 보호를 받을 수 있는 기회는 생겼으나, 아직 공업유산이라 할 만한 것이 선정된 것은 아니었다.

그러던 중 2001년은 공업유산 보호의 중요한 변곡점이 되었다. 1996년의 「제4차 전국중점문물 보호단위」는 선정 대상의 시기가 근현대까지 확장된 것에 불과했다면, 2001년 「제5차 전국중점문물 보호단위」에서는 실제로 근현대 시기 공업시설, 유휴지가 선정된 것이다. 제5차 전국 중점문물 보호단위 5항 '근현대 중요사적 및 대표적 건물'에 선정된 총 40곳 중에 다칭의 제1유정과 칭하이(青海)의 제1핵무기 연구제작기지 옛터가 포함되었다. 2001년에 비로소 공업유산이라 할 수 있는 것이 처음으로 국가 문물보호 대상에 선정되었다. 그리고 이 사실은 지방에서 공업유산을 보호하는 데 큰 동력을 제공해주었다.

앞에서 살펴보았듯이, 2006년 국가문물국의 「우시건의」 공식화를 계기로 중국은 국가 차원에서 공업유산 보호의 중요성을 인정했다. 국가 차원의 공업유산 법제화와 지방에서 공업 유산 관련 법률, 법규를 제정하는 데 필요한 기초 및 근거를 제공할 수 있게 된 것이다.

이때부터 공업유산은 본격적으로 그 자체로서 법제화의 대상이 될 수 있었다고 본다. 또한 2015년 이후 중국 정부의 공업발전 정책과 공업유산의 보호, 재이용이 중요하게 연계되면서, 공업유산 보호에 관한 구체적 법령 제정은 더욱 촉구되었다.

직접적인 공업유산보호법 제정도 중앙보다 지방이 더 빨랐다. 아직 「중화인민공화국 문물보호법」과 같이 독립된 공업유산 보호법이 만들어지지 않은

그림 4. 다예철광 노천광산 옛터　황스시 채광야금 공업유산 중 다예철광(大冶鐵鑛) 동쪽 노천광산 옛터. 전체 마루는 동서 길이 2,400m, 남북 폭 900m, 고저차 444m, 구덩이 입구 면적이 108만m³에 이른다. 삼국시대에 처음으로 채굴되었고, 2003년까지 노천채굴이 계속되었다. 출처: 황스시 문물 보호중심 홈페이지.

상황에서 지방정부가 자신의 필요 때문에 먼저 입법을 추진했던 것이다.

　　그런데 중국의 하급 단위 지방은 원래 입법권이 없었다. 국가가 입법권을 개방하지 않았기 때문이다. 하급 단위 지방에서 공업유산 보호 관련 입법을 추진하는 것은 제도적으로 막혀 있었던 것이다. 이러한 상황에서 어떻게 지방정부가 공업유산보호 관련 입법을 정식으로 추진할 수 있었을까?

　　지방에서 공업유산보호법 입법을 위한 돌파구는 의외의 상황에서 마련되었다. 2012년에 황스시의 채광야금 공업유산이 중국 세계문화유산 예비 명단에 선정된 것이다. 그런데 공업유산보호 관련 법규가 없다는 점이 유네스코 세계문화유산 신청 과정에서 장애가 되었다.

유네스코 세계유산에 등재되면 해당 유산은 인류가 공동으로 보호해야 하는 가치가 있는 귀중한 유산임이 증명되었다. 세계유산이 되어 국제적인 지명도가 높아지면 관광객 증가에 따른 경제적 효과를 기대할 수 있을 뿐 아니라 지역발전에도 도움이 될 수 있다고 기대받았다. 더구나 세계유산을 보유한다는 것은 강력한 국가경쟁력을 과시할 수 있는 길이기도 했다. 유네스코 세계유산 등재는 지방의 영광이면서 동시의 국가의 영광이었다. 입법법을 수정할 필요가 생겼다.

결국 2015년 3월에 중국 중앙정부는 입법법을 수정하여 성, 자치주, 직할시에만 부여하던 입법권을 그보다 하급 단위의 지방에도 개방하였다. 그 결과 2016년 8월 30일에 「황스시 공업유산보호조례」가 황스시 인민대표대회 상무위원회를 거쳐 그해 9월 14일에 제33차 후베이성 제12차 회의를 통과, 인민대표대회 상무위원회 제24차 회의에서 승인받아 「황스시 공업유산보호조례」는 마침내 법적 효력을 갖게 되었다.

「황스시 공업유산보호조례」가 인민대표대회 상무위원회를 통과함으로써, 공업유산은 전문법을 통해 유산화 및 법적 보호를 받을 수 있게 되었다. 이로써 지방에서 먼저 정식으로 공업유산 법제화가 이루어졌다. 「황스시 공업유산보호조례」는 중국 공업유산 법제화 과정에서 의미있는 획기점이라고 할 수 있겠다.

「황스시 공업유산보호조례」는 그 법조문에 공업유산을 직접 명기한 최초의 지방 법규다. 그 내용을 통해 중국 지방정부에서 공업유산의 개념과 보호를 어떻게 공식적 법률로 제정했는지 살펴볼 만하다. 2017년 1월 1일부터 시행된 「황스시 공업유산보호조례」를 보면, 이 조례는 공업유산의 보호, 공업문명의 전승, 역사문화를 더욱 발전시키기 위해 관련 법률, 법규에 근거하여 시의 실제 상황과 결합하여 제정한다고 밝힌다. 이 법률의 보호 대상이 공업유산임을 명시한 것이다. 2조에서는 이 조례가 황스시의 공업유산을 일제조사, 확정, 보호, 이용할 때 근거가 됨을 규정한다. 3조에서는 공업유산의 개념을 정의한다. 공업유산은 "역사, 과학기술, 문화, 예술, 사회 등의 가치를 지닌 것"으로서 "물질 공업유산과 비물질 공업유산"을 포함한다. 물질 공업유산은 이동 가능한 것과 이동 불가능한 것으로 나뉘고, 비물질 공업유산은 공업문화를 포함한다. 비물질 공업유산이 규정되어, 건축물뿐만 아니라 공업 관련 제도, 문화와 같은 것들도 공업유산으로 선정, 보호받을 수 있게 되었다. 공업유산 규정과 관련하여 특히 15조 4항은 "중요한 역사적 과정, 사건, 인물과 관련되거나 민족 정체성 및 지역적 소속감을 담고 있으며 집단기억과 정서와 관련이 뚜렷한 것"이라고 했다. 공업유산화에서 무엇을 유산으로서 기억하고 계승할 것인가의 문제와 결부되므로 눈여겨볼 지점이다.

공업유산을 보호 이용함으로써 도시사회경제의 발전을 도모한다는 것과 사회, 대중의 참여를 중시한다는 내용도 눈길을 끈다. 그러나 대중의 참여를 중시한다는 것이 공업시설을 공업유산화하는 과정에서 대중이 적극적으로 참여하고 그 의견을 반영하는 것이 가능하다는 것인지, 아니면 공업유산의 보호가 필요함을 알고 시민이 이에 적극 협력하는 것이 더 중요하다는 것인지는 분명치 않다. 중국에서 공업유산화는 정부 주도의 면모가 역력한데, 「황스공업유산보호조례」에서 말하는 대중의 참여가 어떠한 것인지는 아직 분명치 않다.

이후 다른 여러 지방에서도 공업유산 법제화 요구가 더욱 강해졌다. 그런데 지방 단위에서 공업유산 보호를 법제화하고자 할 때 공통적으로 지적되는 몇 가지 문제가 있었다. 우선 근거로 삼을 상위 법률이 거의 부재해서 지방에서 법제화의 어려움이 크다는 점이다. 다음으로 강령 통지 및 행정규정이 권위를 갖기는 하지만, 법적 관점에서 볼 때 그 효력이 실제 법률과 규정에 미치지 못한다는 점이다. 전반성, 전면성이 부족하다는 것이다. 통일된 평가 기준이 없고 관리 주체가 중복되고 입법 단계가 중복되거나 내용이 불완전하여, 지방에서 공업유산 보호 관리를 효율적으로 진행하기도 어렵고 지속적으로 하기도 어렵다는 것이다. 이러한 문제로 인해 국가 차원의 법 제정은 더욱더 중요한 문제가 되었다.

중앙정부의 공업유산 보호 법제화

1990년대부터 도시개발 권리 권한이 중앙에서 지방으로 이양되면서 공업유산이 유실될 가능성이 높아졌다. 이때 공업유산의 법제화는 지방 차원에서 먼저 추진, 실현되었다. 그러나 지방 차원의 법제화는 그 법적 효력에 한계가 있었다. 따라서 중앙 차원의 법제화를 통해서만 해결될 수 있다는 사회적 인식이 강해졌다. 국가 차원의 법제화 요구는 더욱 심화되었고, 중앙정부가 법제화에 나서는 것은 피할 수 없는 일처럼 되었다.

중국 중앙정부도 이러한 법제화 요구에 호응하게 되는데, 중국 정부가 공업유산 보호 법제화에 관심을 기울이게 된 데 크게 두 가지 요인이 있었다고 본다. 공업유산을 유네스코 세계문화유산으로 등재하여 국가 위상을 과시하는 것과 공업유산을 새로운 공업 정책에 활용하는 것이다.

먼저 공업유산 법제화에 정부가 적극적으로 나서게 된 데는 유네스코 세계문화유산 선정에 대한 기대가 매우 중요한 요소였던 것으로 보인다. 유네스코 세계문화유산을 보유한다는 것은 해당 국가가 국제사회에서 위상을 드높이는 데 매우 효과적이었기 때문이다.

국제사회에서 공업유산 보호를 중시하고, 세계 각국이 유네스코 세계유산에 자국의 공업유산을 신청하고 선정된 것에 중국도 자극받기 시작했다. 이러한 분위기는 2021년 5월 공업정보화부와 국가발전계획위원회, 교육부, 국가문물국 등 8개 기관이 공동으로 발표한 「공업문화 발전 추진 시행 방안(2021~2025)」

에서 확인할 수 있다. 이 방안에서는 성급 및 시급 공업유산을 조사, 평가 및 식별하는 것을 장려하여 계층적으로 보호하고 활용하는 시스템을 형성할 것을 제시했다. 특히 "조건에 부합하는 공업유산은 문물 보호 체계에 포함시켜야 하며, 가치가 뛰어난 것은 세계문화유산으로 추천해야 한다"라고 하였다. 세계유산의 보유는 국가경쟁력의 잣대가 될 수 있었다. 국가가 직접 공업유산을 관리하는 것은 결국 "중국 문화의 영향력을 제고한다"는 목표에 부응하는 것이었다.

다음으로 중앙정부의 공업유산에 대한 관점은 국가 공업 정책과 연계되고 있었다. 2015년 중국 정부는 '인터넷+쌍창[雙創은 대중적 창업과 모두에 의한 혁신이란 의미의 "대중창업, 만중창신(大衆創業, 萬衆創新)"의 간칭이다]+중국제조 2025'를 제시하여 공업혁신을 통한 "신공업혁명"을 촉구하고자 했다. 공업화, 정보화 및 그 상호 융합을 중시하면서 공업유산을 보호하고 재이용하는 것이 새로운 공업화의 길, 생산력의 비약적 발전을 촉진하는 중요한 경로로서 인식된 것이다. 「공업문화 발전 추진 시행 방안(2021~2025)」에서도 공업문화 건설과 공업문화 발전 시스템 개선과 더불어 중요한 문화를 담고 있는 공업유산을 강력히 보호하고 활용해야 한다고 명시하였다.

이에 중국 국무원 산하 공업정보화부[06]에서는 기존의 2018년에 반포했던

---

06 중국에서 입법은 전국인민대표대회 상무위원회, 또는 지방급 인민대표대회 상무위원회를 통과해야 한다. 「국가공업유산관리잠행판법」과 「국가공업유산관리판법」은 국무원 산하 공업정보화부에서 공포한 것이다. 중국에서 국무원의 주요 권한 중에는 법률에 근거한 행정 법규 및 명령의 제정, 공포가 있다. 국무원과 전인대 사이의 관계를 보면, 원론적으로 감독-피감독의 관계이나 실제 능력 면에서는 국무원이 우위관계를 형성한다고 한다. 외교부 제공 중국 개황(2021. 1), https://terms.naver.com/entry.naver?docId=5778069&cid=43792&categoryId=43793 (검색일: 2023. 5. 24). 국무원 산하 공업정보화부의 「국가공업유산관리판법」은 전인대를 통과한 법은 아닐지라도, 행정 법규 또는 행정명령으로서의 위상이 높고 그 구속력

「국가공업유산관리잠행판법(國家工業遺産管理暫行辦法)」(이하 「잠행판법」)을 개정하여 2023년에 「국가공업유산관리판법(國家工業遺産管理辦法)」(이하 「판법」)을 선포했다. 중국의 공업유산 관리를 더욱 강화하는 방향으로 나아갔다.

먼저 「판법」의 제1장 총칙의 제1조는 「판법」을 제정하는 목표가 공업유산 보호와 공업 발전이 연계되어 있으며, 중국 공업의 연성 권력과 중국 문화의 영향력을 제고하는 것임을 밝혔다. 이는 국가 공업유산 법제화를 관장하는 총책임 부서가 국무원 산하 공업정보화부인 것에서도 잘 드러난다.

3조의 공업유산 정의를 비롯해 유산에 포함되는 대상에 대한 규정은 「황스시 공업유산보호조례」의 내용을 계승한다. 3장 보호 관리의 14조는 지방에서의 공업유산 관리 문제를 규정하였다. "지방 각급 인민정부가 지방 법규를 제정하고 국가 공업유산의 보호, 이용 사업을 관련 계획에 포함하도록 장려하여, 중앙예산에서 투자 등의 정책을 잘 활용하고 특별자금(기금) 등의 방식을 통해 유산 보호에 관한 특별연구와 활성화 및 활용 프로젝트의 시행을 지원"한다고 하였다(밑줄—인용자). 이는 지방의 공업유산 관리 관련 법제화의 책임을 지방 인민정부에 이양한 것이다. 그간 공업유산을 보호하고자 할 때 중앙 차원의 법 제정이 미비했기 때문에 법적 보호에 한계가 있음이 지적되곤 했다. 「판법」은 비록 아직 중앙 차원의 공업유산보호법은 정식으로 제정되지 않았지만, "지방 각급 인민정부가 지방법규를 제정"하게 한 이 조항을 통해 중앙을 대신한 지방의 법제화에 힘을 실어준 것으로 해석할 수 있겠다. 지방의 공업유산 보호 관련법의 법적 권한은 좀 더 강화되고 기존의 미진했던 부분도 다소 보완할 수 있을 것으로 기대된다.

4장은 이용 발전에 대한 것이다. 먼저 18조에서 민간의 의견을 청취하는 방

또한 강하다.

법을 구체적으로 제시한 것이 주목할 만하다. 이 조항 덕에 공업유산화 과정에서 개발과 보호에 이견이 발생했거나 이익이 충돌하는 것과 같은 상황에 사회, 민간이 개입할 수 있는 여지가 생겼다. 이는 「황스시 공업유산보호조례」에 비해 일보 더 나아간 부분이다.

이전의 「잠행판법」에서는 사회 대중의 의견을 충분히 청취한다고만 되어 있던 것에 비해 「판법」에서는 좌담회, 실지 방문조사, 설문조사 등 구체적 방식을 제시하고 이를 통해 사회 대중과 전문 고문단의 의견을 청취한다고 명시하였다. 민간 참여에 대한 관심이 구체적으로 반영된 것으로 볼 만하다. 또한 25조에 "공업문화 싱크탱크의 발전을 지원하고 전문 인력 건설을 강화"한다는 내용도 추가되었다. 이로써 공업유산화 과정에서 전문역량의 강화와 민간의 참여를 기대할 수 있는 여지가 늘어난 셈이다.

이러한 변화는 중국 학계에서도 감지되었다. 중국 학계가 일본의 산업유산 보호에 주목하는 지점에서도 민간 사회의 다양한 참여에 대한 관심을 읽을 수 있었다. NPO의 활발한 참여를 통해 공업유산의 공공적 가치가 드러나길 기대하는 것이었다.

그러나 「판법」 1장 총칙의 2, 3, 5조를 볼 때, 공업유산화 및 그 법제화의 중심에는 국가가 있다. 민간의 참여는 보조적 수단, 또는 국가의 활동에 협조하는 정도의 의미라고 보는 것이 합당할 듯하다.

한편 새롭게 포함된 19조에서는 공업유산을 활용할 때 생태환경보호에 주의를 기울일 것을 요구한다. 최근 갈수록 생태환경오염이 심각해지는 상황을 반영하는 조항으로 볼 수 있겠다. 23조를 보면, 국가 공업유산의 활용의 예시 또한 다양해졌다. 「잠행판법」의 공업문화산업 단지, 특색 있는 소도시(거리), 창신창업기지에 덧붙여 "영상 기지, 도시 복합체, 개방 공간, 문화와 관광 소비 장소"를 추가하였다.

5장 감독관리를 보면 이전의 「잠행판법」과 비교할 때 감독, 관리가 더욱 엄격해지고 공업정보화부의 권한 또한 강화된 것을 알 수 있다. 26조에서는 국가 공업유산의 보호, 이용의 지도, 감독의 책임은 공업정보화부에 있음을 명시하고 있다. 특히 "공업정보화부는 집중적인 사회적 반응과 훼손과 같은 심각한 문제에 직면한 핵심 품목에 대해 특별 조사를 조직"한다고 명시함으로써 공업정보화부의 지도, 감독의 책임 권한을 더욱 강화했다. 또한 성급 공업정보화 주관 부서와 중앙기업 본사는 공업정보화부의 요구에 따라 연간 보고를 제출해야 한다. 이때 발견된 문제에 대해서 「잠행판법」에서는 그 문제를 조사하라는 선에 그쳤던 것에 비해, 「판법」에서는 그 처리 방법을 제시하는 것까지 요구한다. 또한 신설된 27조를 보면, "국가 공업유산 소유자는 자체 검사를 강화하고 핵심 항목에 안전, 손상과 같은 숨겨진 위험을 발견하면 반드시 효과적인 조치를 취할 것"을 명령하는 내용이 있다.

이로써 공업유산의 실제 이용, 보호의 책임은 소유권자 및 지방 성급 공업정보화 주관 부서에 두는 한편 그 책임의 정도는 이전에 비해 더욱 구체적으로 제시, 강화되었다. 전체적인 총괄 지도 및 감독의 책임은 중앙의 공업정보화부에 두었다. 이는 공업유산의 자격은 한번 선정되었다고 해서 영구적으로 지속되는 것이 아닌 데서도 확인할 수 있다. 5장 30조는 "국가 공업유산의 핵심 항목이 심각하게 훼손된 경우, 공업정보화부가 시정을 명한다. 1년 내 전문가를 구성하여 평가하는데, 1년 안에 시정되지 않거나 시정 평가가 더 이상 [공업유산] 인정 조건에 부합하지 않으면 국가 공업유산 목록에서 제거하고 유산 소유자 및 관련 당사자는 '국가공업유산'이라는 문구와 관련 표지 및 로고를 계속 사용할 수 없다"고 규정했다. 이 조항은 언제 공업유산의 자격을 상실하게 되는지를 제시한다. 이로써 공업유산의 선정 자격이 이전에 비해 엄격하게 관리될 것이 예고되었다. 그동안 책임 소재가 불분명하고 체계가 방만함으로 인

그림 5. 중화인민공화국 공업정보화부　중국 공업유산의 법제화를 관장하고 있다. 출처: 工業和信息化部, 위키미디어.

해 공업유산이 무책임하게 훼손되거나, 심지어 훼손의 책임을 묻기도 어려웠던 것 같은 문제가 지속적으로 지적되었다. 이러한 문제도 그 책임 소재와 관장 부서가 명확해졌기 때문에, 「판법」의 선포와 더불어 상당 부분 해소될 것으로 기대된다.

기억의 선택

중국에서는 산업구조 재편 및 도시의 대규모 확장과 더불어 건축물의 철거가 이루어지는 가운데 유산적 가치를 지닌 공업 건축물들이 대거 파괴되었다. 폐산업시설에서 보호할 가치를 발견한 이들을 중심으로 유실될 위기에 당면한 폐산업시설과 도시재생을 연계한 공업유산화 활동이 전개되기 시작했다. 행정적 차원의 보호가 갖는 한계성에 대한 문제의식이 깊어지던 가운데,

2006년 「우시건의」를 계기로 공업유산 보호를 위한 법제화에 대한 인식은 더욱 높아졌다.

　공업유산 보호의 법제화는 먼저 지방에서 적극 추진되었다. 그 출발은 1991년 상하이의 「상하이시 우수근대건축 보호관리 판법」에서 찾아볼 수 있다. 「상하이시 우수근대건축 보호관리 판법」은 중국 최초로 근대 건축물의 보호를 규정했다. 근대 건축물에는 근대 공업시설이 포함될 수 있으므로, 이때부터 공업유산도 법적으로 보호받을 수 있는 길이 열린 것이다. 이 규정은 지방의 행정법령이기 때문에 대규모 개발 과정에서 낡은 산업 시설을 보호하는 데는 한계가 있었다. 1996년부터 지방에서 전국중점문물 보호단위 심사에 근현대 사적과 건물을 신청할 수 있게 되면서부터, 공업유산도 문물로서 좀 더 강력한 법적 보호의 대상이 될 수 있는 기회가 생겼다. 또한 2002년에 「상하이시 역사문화풍모구와 우수역사건축 보호조례」가 제정되어, 중국에서 처음으로 공업 건축물이 정식 법규를 통해 보호받을 수 있게 되었다. 나아가 2006년의 「우시건의」를 통해 공업유산은 명확히 그 독자성을 확보할 수 있었다.

　중국 정부는 2015년의 공업발전 정책에서 공업유산의 보호와 재이용의 중요성을 표방하면서 공업유산의 보호와 활용을 강조하였다. 그리고 마침내 국무원 산하 공업정보화부는 2018년의 「국가공업유산관리잠행판법」에 이어서 2023년 3월에 「국가공업유산관리판법」을 선포하기에 이르렀다. 1990년대 이래 지방분권화 경향과 함께 문물 보호 관련 사업도 중앙에서 지방으로 이양하는 와중에 선포된 「국가공업유산관리판법」은 공업유산 보호 법제화의 현단계를 보여준다.

　「국가공업유산관리판법」은 전국인민대표대회를 통과한 것은 아니어서 중앙정부 차원의 공업유산 법제화는 아직도 진행중이라고 보아야 할 것이다. 그러나 이 「판법」의 선포를 통해 이전에 비해 중앙 차원의 강력한 공업유산 보호를 법적으로 시행하는 데 좀 더 진전이 생긴 것은 분명하다. 이때 「판법」을 통해 국가가 공업유산을 보호한다는 것이 해당 유산의 어떤 점을 보호하려는 것인가를 생각해보는 것을 통해서 중국 공업유산 법제화의 현 단계의 의미가 좀 더 분명해질 것이다. 문물국이 아닌 공업정보화부에서 공업유산을 관리한다는 것에서 볼 때 공업유산이 국가 공업발전이란 차원에서 관리될 것이란 예상은 「판법」의 조항들에서 잘 드러났다.

현재 중국 중앙정부가 공업유산에 대해 관심을 쏟는 것에는 국제사회에서 중국의 국가 위상을 과시하려는 의도 또한 강하게 드러난다. 공업유산이 유네스코 세계유산으로 선정되면 해당 도시를 활성화시킬 수 있을 뿐만 아니라 국가 위상을 제고하는 것에도 도움이 된다. 따라서 국가 차원에서 공업유산에 대해 관심이 강해지는 것은 자연스러운 일이다. 이러한 경향은 중국 중앙정부가 세계문화유산 등재를 위해 국내 입법법마저 개정했던 사정에서도 확인할 수 있다.

그런데 공업유산 또한 '유산'이란 점에 주의를 기울여보고 싶다. 유산은 말 그대로 그 대상을 기억에 남기고 기리며 계승한다는 의미와 더불어 그 대상에 대한 성찰과 반성까지도 포함한다. 역사적 성찰이 어느 정도 개입될 수 있을지는 미지수다.

근현대 시기 동아시아의 공업시설에는 제국주의의 유산이 많이 포함되어 있다. 서구식 근대화와 제국주의 식민성 사이에서 무게중심을 어디에 두고서 균형을 잡을 수 있을까? 상하이에서 근대 건축물의 유산화는 올드 상하이 노스텔지어와 더불어 근대화와 식민주의 사이에서 과거의 기억을 선택적으로 복구했다. 근대 시기 역사 경관을 보존하고 활용하는 것은 비경제적이거나 부도덕한 것이 아니라 지역의 가치를 창출하는 경제적 활동이자 지역 이미지를 개선하는 문화 활동으로 재인식되었다. 여기에 더하여 냉전 시대의 군수공업유산들도 있다. 예를 들어 상하이 조계 지역에 제국주의 열강이 남긴 폐산업시설이 공업유산이 되어 도시재생, 지역경제 활성화를 위해 활용되거나 냉전 시대 핵무기 실험기지였던 곳이 공업유산으로 선정되었다. 이러한 '불편유산'[07]과 관련된 고민의 흔적을 새로 선포된 「국가공업유산관리판법」에서는 찾아보기 어려웠다.

2015년 7월 유네스코 세계유산에 일본의 '메이지 산업혁명 유산: 철강, 조선, 탄광'이 최종 등재된 것은 큰 논란이 되었다. 논란의 중심은 메이지 산업혁명 유산에 포함된 군함도와 같은 제국주의 약탈의 장이 반성 없이 문화유산이 될 수 있는가라는 문제였다. 산업유산을 둘러싼 역사적 갈등, 기억 갈등은 경제적 이익이나 국가적 위상이란 명분 아래 녹아버리는 것처럼 보이기도 한다. 오늘의 중국이 근대 개항도시에 남겨진 제국주의 잔재나 냉전 시대 군사시설을 공업유산화하는 것에 특별히 '불편'함을 드러내지 않는 태도는 무엇으로 해석할 수 있을까. 개발 논리에 밀려 소실될 뻔했던 과거의 공간과 기억은 오늘의 국가 발전 논리에 잦아들고 있다.

---

07 '불편유산' 개념은 다음을 참고했다. 이현경, 「'불편문화유산(difficult heritage)'의 개념 및 역할에 대한 고찰」, 『도시연구: 역사·사회·문화』 20, 2018.

7장

타이완 근대 산업유산의 보존과 정부 주도의 유산 활용

문화자산보존법과 산업유산

이 장에서는 타이완 근대 산업유산의 보존과 연구 현황을 살펴보기 위해 산업유산학의 관점에서 타이완의 산업유산이 갖는 특성에 대해 고찰하고자 한다. 타이완의 건축문화자산 보존 운동은 1970년대부터 시작되었다. 1960년대 타이베이성(臺北城)의 동문·남문·소남문, 타이난시(臺南市)의 연평군왕사(延平郡王祠)[01], 츠칸러우(赤嵌樓, 네덜란드인이 세운 요새 유적) 등과 같이 네덜란드 식민 시기와 청의 통치 시기에 건립된 고건축물에 관한 보수가 이미 시작되었다. 그러나 당시에는 문화자산에 대한 공식적인 개념이나 법률이 없었다. 고건축물에 '고적(古蹟)'이라는 법적 지위를 부여한 것은 1982년 5월 '문화자산보존법'(이하 '보존법')이 공포되고 나서이다.

근대 산업유산의 보존과 관련해 주의해야 할 점은 '보존법'에 '산업유산'이라는 용어가 없다는 사실이다. 다시 말해 산업유산은 타이완의 문화자산 보존에 관한 법정 용어가 아닐뿐더러 문화자산 등록을 위해 제정된 범주 역시 아니

---

01 17세기 초 타이완을 식민 지배하던 네덜란드인을 물리친 정성공(鄭成功)을 모시는 사원.

다. 하지만 '산업유산'이나 '문화자산'이란 용어와 개념은 오늘날 타이완의 문화자산 관련 학계에서 널리 사용되고 있으며, 2010년 이후 더욱 보편화되었다. 이 장에서는 타이완의 근대 산업유산 보존 과정과 연구의 개략적인 상황에 대해 정리해보고자 한다.

근대 산업유산의 역사 분기

근대 산업유산에 대해 본격적으로 살펴보기에 앞서 먼저 타이완의 근대화에 관한 정의와 역사에 대해 간단히 살펴보도록 하자. 근대화(Modernization)의 관점에서 타이완의 역사 시기를 세 단계로 나누고 근대 산업유산의 연구 과정을 알아볼 수 있다.

첫 번째는 청조 시기이다. 타이완은 1858년 톈진조약을 계기로 정식 개항했다. 타이완의 근대화에 영향을 끼친 청 조정의 양무 정책은 이와 함께 시작되었다. 1860년 청의 양무 정책 아래 시작한 건설 사업은 타이완의 초기 근대화에 중요한 성과를 가져왔다는 점에서 중요한 의의가 있다. 아울러 타이완의 도시와 건축에도 새로운 면모를 가져왔다. 1895년 일본이 타이완을 통치하게 된 이후에도 이를 바탕으로 새로운 발전이 이루어졌다.

두 번째는 일본 통치 시기이다. 1895년 청일전쟁 패배와 함께 청이 시모노세키조약을 체결한 이후 타이완은 일본에 할양되었다. 타이완은 일본의 첫 번째 해외식민지였다. 고찰·학습과 시험적인 사업을 통해 당시 낙후되었던 타이완은 계획적이고 점진적으로 건설·개발되었다. 특히 근대화의 견인차라 할 수 있는 공공 분야의 토목 기초시설 건설 사업이 시행되었다.

세 번째는 중화민국 시기이다. 국가발전위원회가 과거 여러 해 동안 출판한 『타이완의 경제발전 과정과 전략(臺灣經濟發展歷程與策略)』에 따르면, 제2차 세계대전 종전 이후 타이완의 산업구조는 1950년대 초기만 하더라도 농업, 임업 등의 초급 가공 사업 위주였다. 그러나 1960년대 이후 타이완 정부는 가공수출 구역을 설립해 저렴한 노동력을 바탕으로 외국 자금과 기술을 끌어들여 방직, 우산, 신발 등의 노동집약적 경공업을 발전시키기 시작했다. 1970년대 타이완 정부는 '10대 건설' 사업을 추진해 석유화학공업과 철강, 조선 등의 중공업 분야에서 기초를 다졌다. 1980년대 이후 제조업 구조가 첨단기술로 빠르게 전환하면서 타이완의 정보·통신·과학기술(ICT) 산업은 글로벌 생산의 요충지로 발전했다. 2014년 웨이퍼 파운더리(晶圓代工) 생산액은 전 세계의 68.54%를 차지했고, 집적회로(IC)의 패키징 및 테스트는 전 세계에서 50.50%를 점했다. 모두 세계 1위였다. 국가 중대 기초건설 방면에서 2차대전 종전 이후 기초건설에 대한 분석은 다음과 같다.

① 1973년 정부는 '10대 건설'을 추진, 고속도로, 철도 전기화, 탸오위안 국제 공항, 제강소, 원자력발전소 등 국가급 기초건설 공정을 실시해 타이완 경제발전을 견인했다.

② 1978년 '12개 건설계획'을 추진했는데, 하드웨어 건설과 중화학공업 외 새로운 시진(市鎭) 개발, 각지 문화센터 등 사회 문화와 복지 관련 기본 건설도 포함했다.

③ 1980년대 타이완의 국민소득이 신속히 증가해 국민의 생활 수준이 높아졌다. 정부는 1984년에 '14개 중요 건설계획'을 추진하고 전신 현대화, 타이베이 도시의 대중 지하철 시스템 건설 등과 같이 경제건설을 적극적으로 진행하는 것 이외에 도시 쓰레기 처리, 의료보건 등과 같은 사회적인 공공 건설 사업도 추진했다.

④ 1991년부터 '국가건설 6년 계획'을 추진해 전력과 항공, 환경보호, 의료보건 등의 각종 공공 건설을 대폭 확장했다. 재정 부담을 줄이기 위해 1994

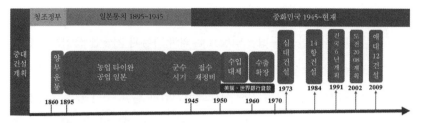

그림 1. 타이완 근대화 시간표 및 중대 정책 안내도

년에 「민간의 교통건설 참여를 장려하는 조례(獎勵民間參與交通建設條例)」를 공포해 민간이 각종 공공 건설계획에 참여하는 것을 장려했다. 또한 B. O. T(Build, Operation & Transfer) 모델로 타이완 고속철도를 건설했다.

⑤ 2004년 '신10대 건설'을 추진하면서 문화, 과학기술 등 민중 복지, 국가경쟁력과 관계있는 공공 건설 투자 계획을 진행했다.

타이완 근대 산업유산의 보존 과정

타이완의 근대 산업유산이 갖는 특징은 다음과 관계가 깊다. 타이완은 청 말기인 1858년 톈진조약으로 개항한 이래 1860년부터 청의 양무(洋務)운동에 따라 초기 근대화 건설이 시작되었다. 1895년 이후에는 일본의 식민 통치를 받게 되었다. 식민지 시기에 일제와 일본인이 건설한 근대 시설은 제2차 세계대전 종전 이후 모두 중화민국 정부에 의해 접수되어 국유화되었다. 그 결과 일본 통치 시기에 만들어진 많은 근대유산이 국유재산이라는 역사적인 특징을 갖게 되었다. 특히나 산업유산은 국영기업이 소유, 운영하는 경우가 많다. 타이완은 한국과 마찬가지로 한때 일본의 식민지를 경험했던 관계로 전국 곳곳에 일본식 관사와 사택이 만들어졌다. 현재는 일본 식민 시기의 설탕 공장, 양조장, 염전, 산림 농장과 함께 일본식 숙사를 재생하거나 재활용하는 경우를 곳곳에서 찾아볼 수 있다.

지난 2000년 세계무역기구(WTO)에 가입한 이후 타이완의 많은 공기업이 민영화의 길에 들어섰다. 특히나 2002년 공영사업의 민영화가 적극적으로 진행되면서 많은 공기업이 해체 위기에 직면했다. 이에 2004년 '문화자산조사팀(文化性資産清査小組)'을 설치해 중앙정부 부처와 공공기관이 소유한 산업유산을 전수조사하기 시작했다. 지난 2006년부터 2018년까지 '산업유산 재생계획' 사업을 지속적으로 추진해 설탕, 소금, 양조, 광업, 임업, 철도 등의 산업 단위에서 공적 자원으로 산업유산의 재생과 재이용 사업을 활성화하도록 지원했다.

(1) 문화자산 실사

문화건설위원회 중부 사무실(현 문화부 문화자산국의 전신)은 각 사업 단위가 민영화 과정에서 관리자산을 방치하여 국가문화자산을 훼손하는 것을 방지하기 위해 2002년 12월 16일 마침내 '산업유산조사팀'을 구성했다. 경제부, 국유재산국, 문서관리국, 국방부, 교육부, 교통부 등의 관련 부처와 전문가, 학자를 초청해 '산업유산조사팀'을 구성하고 국유생산사업 시스템과 정부 기관이 관할한 국유재산 및 곧 민영화할 국영사업체에 산업유산 단계 조사를 실시했다. 그 목적은 정부 각 기관 부서와 국·공영 사업체에 속한 자산의 전체 상황을 파악하고 향후 법정 문화자산을 지정하거나 등록할 때 중요한 기초 자료로 삼는 것이었다.

문화건설위원회 중부사무실은 2003년부터 2004년까지 이미 폐쇄되었거나 곧 민영화될 사업체를 목표로 삼아 전문가와 학자들에게 위임해 적극적으로 조사할 것을 요청했다. 한편 2004년 9월 7일 행정원은 「행정원 산하 각 기관 및 학교의 문화자산 조사 사업 요점(行政院所屬各機關機構學校文化性資産清査作業要點)」을 반포하고, 이에 따라 산하 각 기관, 학교가 문화자산조사 시스템을 세워 문화자산을 보존, 재이용하도록 장려했다. 2005년 각 기관이 자체 조사팀을 꾸려

조사에 나설 때 문화건설위원회가 이에 협조하거나 보조했다. 각 단계 조사 단위는 다음과 같이 3단계로 지정했다.

① 제1단계: 경제부[타이탕(臺糖), 중유(中油), 타이완전력회사(臺電), 타이완기계회사(臺灣機械公司), 타이완농공(臺灣農工)], 재정부[(타이완은행(臺銀), 타이완담배주류회사(臺灣菸酒), 토지은행(土銀), 합작금고(合作金庫)], 교통부[타이테(臺鐵)], 교육부(국립타이완대학교, 국립타이완사범대학), 농업위원회 임무국(林務局) 등 13개 단위

② 제2단계: 국방부, 교육부[타이난대학(臺南大學), 타이중교육대학(臺中教育大學), 청궁대학(成功大學)], 교통부[중화우정(中華郵政)], 경제부[수출가공구(加工出口區), 수도회사(自來水公司)] 등 7개 단위

③ 제3단계: 내무부[경찰서(警政署)], 경제부[수자원관리부(水利署), 광물국(礦物局)], 농업위원회[농업실험연구소(農業試驗所), 차업개량장(茶業改良場)], 퇴직협회 등 6개 단위

한편 2003년부터 2007년까지 단계별로 조사를 수행하는 공공기관, 조사집행단 및 관련 집행 단위를 정리한 결과는 〈표 1〉과 같다.

(2) '산업유산 재생계획'의 추진

2006년 행정원 문화건설위원회는 '산업유산 재생계획'을 추진하기 시작했다. 목적은 장차 본래의 기능을 상실할 산업자산을 재생하거나 재이용하는 것이다. 같은 해 8월 24일 '행정원 문화건설위원회 문화자산총관리처 주비처 산

〈표 1〉 2003~2007년 각 단계 문화자산조사 및 관련 집행 단위

실시년도	주관기관	사업 명칭	문화자산조사 집행 단위
2003	행정원 국군퇴역 장병지도위원회	합성수지공장(塑膠工廠)	재단법인 고도보존재생문교기금회(古都保存再生文教基金會)
		류가사키 화약공장(龍崎工廠)	재단법인 고도보존재생문교기금회
		신신식품공장(欣欣食品廠)	국립운림과기대학 문화자산유호과(文化資産維護系)
		룽민제약공장(榮民製藥廠)	국립운림과기대학 문화자산유호과
	교육부	타이완서점(臺灣書店)	화범대학 건축과
	경제부	한상항공공업회사(漢翔航空工業公司)	영동기술학원 기업관리과
		타이완염업회사(臺灣鹽業公司)	국립운림과기대학 문화자산유호과
	교통부	산하 기관이 소유한 역사적 건축물과 시설을 대상으로 함	동해대학 건축학과
2004	경제부	중국조선회사(中國造船公司, 현 타이완조선회사現臺灣造船公司)	국립청궁대학 시스템과 선박기전 공정학과(系統及船舶機電工程學系)
		탕룽철공소(唐榮鐵工廠)	가오슝시 문화애하협회(高雄市文化愛河協會)
		가오슝황산암모늄주식회사(高雄硫酸錏股份有限公司)	국립과학공예박물관
	재정부	산하 국책 은행 기관이 소유한 역사건축물과 시설	중원대학 건축과
2005 문화자산 조사 제1단계	경제부	타이완당업회사(臺灣糖業公司)	국립운림과기대학 공간설계과
		타이완중유회사(臺灣中油公司)	내부 자체 조사, 아직 공개된 보고서가 없음
		타이완전력회사 진먼발전소(金門發電廠)	재단법인 청대연구발전기금회(成大研究發展基金會)
		타이완농공기업회사(臺灣農工企業公司)	국립교통대학 객가문화학원 및 객가연구센터(客家文化學院暨客家研究中心)
		타이완기계회사(臺灣機械公司)	국립청궁대학 시스템 통신기전 공정학과(系統及傳播機電工程學系)
		재정부 소속 공영은행 및 산하 기관의 역사적 가치가 있는 건물에 대한 조사 계획: 타이완담배주류회사(臺灣菸酒公司)	중원대학 건축과
	교통부	타이완 철도문화자산 활성화 재이용 조사 평가 계획	중원대학 건축과
	재정부	타이완은행	중원대학 건축과
		토지은행	
		합작금고	

	교육부	타이완대학	내부 자체 조사, 아직 공개된 보고서 없음
		타이완사범대학	
	행정원 농업위원회	임무국(林務局)	국립평화사범대학 역사학연구소
2006 문화자산 조사 제2단계	국방부	산하 군사기지 내 장제스 동상 조사	국방부 각 단위 조사
	경제부	타이완전력회사(臺灣電力公司)	재단법인 청대연구발전기금회(成大硏究發展基金會)
		타이완수도회사(臺灣自來水公司)	중원대학 건축과
		수출가공구(加工出口區)	내부 자체 조사, 아직 공개된 보고서 없음
	교육부	청궁대학, 타이난대학, 타이중교육대학	교내 자체 조사, 아직 공개된 보고서 없음
	교통부	중화우정회사(中華郵政公司)	타이베이예술대학
2007 문화자산 조사 제3단계	국방부	국방부 및 산하 기관	중원대학 건축과
	내정부	경찰서 및 산하 기관	내부 자체 조사, 아직 공개된 보고서 없음
	경제부	수자원관리부 및 산하 기관	중원대학 건축과
		광무국, 농업위원회 및 산하 농업시험소, 차엽개량장(茶葉改良場)	
	행정원 국군퇴역 장병지도위원회	국군 퇴역 군인 상담위원회 및 산하 기관	중원대학 건축과

업유산 재생계획 지원사업 요점(行政院文化建設委員會文化資産總管理處籌備處産業遺産再生計畫輔助作業要點)'을 정해 정부 부문과 산업 단위가 힘을 합쳐 문화자산을 조사, 보존하고 나아가 산업유산을 영속적으로 활용할 수 있도록 기획했다.

2011년 문화부 문화자산국은 '공유산업유산 재활용 자원관리 통합 추진계획'을 위탁 집행하여 산업유산 자원관리 시스템을 구축하고자 했다. 이러한 가운데 2012년 11월 국제 산업유산 보존위원회(TICCIH)가 타이완에서 제15차 회원대회와 학술연토회(TICCIH Congress 2012)를 개최했다. 여기서 「아시아 산업유산 타이베이 선언(Taipei Declaration for Asian Industrial Heritage)」(林曉薇, 2013; 『文化資産保存學刊』, 2012)이 발표되었다. 선언문에서는 '아시아 지역이 도시 확장, 토지 개발, 인구성장, 산업구조, 기술 생신 및 생산방식의 급속한 변화로 인해 수많은 도시와 교외의 공업유산이 가동을 멈추고 철거될 운명에 직면'한 상황에서 '국제 등급, 국가 등급에서 지방 등급까지 즉각적인 보호 전략을 마련해 집행'해야 할 뿐 아니라 타이완 산업유산의 특색을 발굴하고 자산 가치를 구축하도록 산업유산의 보존 방향을 제시했다.

2013년 「타이완산업유산 가치 체계 제1기 조사계획: 차, 설탕, 담배」는 2003년의 산업유산 조사 성과를 바탕으로 타이완의 대표적 산업으로 연구 범위를 확장하는 한편 산업유산 연구의 관찰, 조사 방식을 수립했다. 또한 더욱 광범위하고 전면적인 산업유산 인식과 연구를 향해 산업유산 보존론을 주장하고자 했다. 2015년 「타이완 산업유산가치체계 제2기 조사계획: 타이완 탄광, 연옥」은 광업을 산업 발전의 기초로 삼아 타이완 산업유산의 가치를 평가했다.

그 밖에 2016년 타이완의 '보존법' 개정안에서 비교적 큰 변화가 나타났다. 수정 초안 제14조에서 '건조물이 완공된 지 50년을 넘긴 경우, 우선 주관기관에 의해 문화자산 가치평가를 진행해야 한다'라고 규정했다. 이에 따르면 건조된 지 50년 이상을 초과한 국유건축물이나 공공부문 소유지에 지은 50년 이상 된 건축물은 허가받지 않으면 해체 철거할 수 없다.

〈표 2〉는 2015년에 실시된 '중앙 각 기관의 문화자산 잠재력이 있는 건물에 대한 조사 및 감정 평가 계획 제1기, 제2기' 계획으로, '보존법' 개정안의 "50년" 규정에 따른 것이기도 하다. 정부 위탁을 받은 학술기관은 타이완의 근대 건축과 중앙정부 조직 시스템의 발전 연혁 및 특성을 분석한 것을 기반으로, 중앙기관이 보유한 건축물 및 관련 부속시설의 유형, 속성 가치를 제시했다. 각 단위는 자체 조사 후에 확보한 '건물 명단 자료'를 등기대장 목록에 정리하고 이것을 근거로 종합, 분류, 평가했다. 이 건축물들은 목록에 기재되어 있어야 하고, 개축하고자 한다면 반드시 문화국 문화자산심사위원회 대표의 실사를 거쳐 문화자산 가치평가를 받아야 한다.

<표 2> 2008~2015년 각 단계 문화자산의 재생과 재이용 계획 추진 성과

실시년도	주관기관	계획의 내용	계획의 집행 단위
2008	문화자산 총관리처 주비처	타이완 산업유산재생연맹 추진 계획	차오양과기대학
2009		산업유산 재이용발전지원계획	차오양과기대학
2010	행정원 국군퇴역관병 지원위원회	룽민공정주식회사(榮民工程股份有限公司) 산업문화자산조사 성과보고서	중원대학 건축과
2012	문화부 문화자산국	공유산업유산 재이용자원관리 합동추진계획	차오양과기대학
2013	문화부 문화자산국	타이완 산업유산가치체계 제1기 조사계획 : 차, 설탕, 담배	국립타이베이과기대학 건축과
2015	문화부 문화자산국	타이완 산업유산가치체계 제2기 조사계획 : 타이완 탄광, 연옥	둥화대학
2015	문화부 문화자산국	중앙 각 기관의 문화자산 잠재력을 갖춘 건물에 대한 조사 및 감정평가계획 제1기, 제2기	국립타이베이과기대학 건축과

타이완박물관과 지방문화관 계통

타이완의 근대유산은 주로 일본 통치 시기의 관영과 민영 산업을 계승한 것으로 1945년 이후 현 중화민국 정부에 접수되어 국유화되었다. 수많은 근대유산이 국유재산이라는 역사적 특징을 갖게 되었기에, 보존의 중점은 정부 부문과 공영사업에 있었다. 초기에는 민영화를 진행한 기구나 개인 소유의 산업유산에 대해서는 조사를 진행하지 않았고, 일부 근대 산업유산은 다른 방식으로 보존했다. 예를 들어 박물관이나 지방문화관 같은 방식이다. 아래에서는 기타 문화정책, 산업유산을 체계적으로 추진하기 위한 정책과 동향, 그리고 그 후의 역사적 맥락과 다양한 보존 형태를 보여주는 문화정책을 개관할 것이다.

(1) 타이완의 박물관 발전 배경

타이완의 박물관은 서방 문명사에서 유래한 것이다. 20세기에 식민주의가 발전하면서 타이완의 식민화와 더불어 타이완 최초의 박물관이 건립되었다. 식민국가에서 박물관의 역할과 이데올로기는 식민지의 자연과 문화산물을 수

그림 2. 국립타이완박물관의 현재 모습

집 이해하고 문화와 계급의 상상을 통해 국위를 선양하는 동시에 교화를 전시하는 것이다. 일본의 통치가 시작되고 타이완은 식산흥업을 전시하기 시작했다. 1899년에 세워진 타이완 총독부 민정국 물산진열실은 1908년에 총독부 식산국 박물관이 되었다. 이후 다시 타이완 총독부 박물관으로 이름을 바꾸고, 1915년 고다마 겐타로(兒玉源太郎)와 고토 신페이(後藤新平) 기념관이 되었다. 정치권력의 재현과 상상에서 시작된 타이완 최초의 박물관은 그림 2에서와 같이 현재 국립타이완박물관으로 사용 중이다.

　1945년 제2차 세계대전이 끝나고 국민정부가 타이완으로 옮겨와 국민의 생활을 풍요롭게 하려는 민생주의적 관점에서 문화 건설을 추진했다. 1955년 교육부는 허난박물관(河南博物館)에서 가져온 유물을 중심으로 국립역사박물관을 개관하고 이어 국립타이완예술교육박물관, 국립과학교육관을 세웠다. 1965년 국립고궁박물원을 세워 국민정부가 대량으로 가져온 문화재를 이곳에 전시했다. 1966년 중국공산당은 대륙에서 문화대혁명을 일으켰는데, 국민정부는 중화문화부흥운동의 차원에서 중국의 정통 상징을 부각하고자 했다. 1970년의 댜오위타이 사건(釣魚臺事件), 1971년 UN 퇴출, 1972년 중일 단교, 1978년 중미 단교 사건을 통해 타이완은 국제적으로 고립되었다. 이를 계기로 민족의식이 일어나기 시작하고, 지식인 계층은 토지 운동과 향토 운동의 열정을 품고서 타이완 본토의식을 담은 지적 반항의 씨앗을 뿌렸다.

1977년 각 현시(縣市) 정부 관할 아래 문화센터를 설치하는 사업이 시행되었다. 중앙기관의 경우 교육부가 문화 사무를 책임졌다. 지방에서는 교육국(처)이 문화센터를 관할하는데, 센터 안에 도서관, 박물관, 음악당이 있었다. 1980년대 타이완에서는 향토 운동과 더불어 타이완 본토화 운동도 일어났다. 이때 타이완인 사이에 로컬의식 또한 싹텄으며, 이와 더불어 박물관 설립도 유행했다. 이에 따라 산업적인 특색이 두드러지거나 개인 소장품을 수장하고 주제의 특색을 가진 박물관이 많이 나타났다.

1981년 문화건설위원회(문화부 문화자산국의 전신)가 성립했다. 1982년 '보존법'과 '보존법' 시행세칙이 공포되어 문화정책이 법제화 단계에 들어섰다. 1987년 타이완에서 계엄령이 해제되고 자유, 본토, 민주를 외치는 함성이 높아졌다. 그해 9월 문화건설위원회의 '문화건설강화방안(加強文化建設方案)'에 따라 역사적 배경, 지방 특성, 지리 환경을 갖추고 전통 공예품을 다량 소장한 지방특색관 설립 준비에 박차를 가했다. 1988년에 문화건설기금이 성립, 운용되었는데, 민간 역량의 후원으로 문화사업에 종사하여 문화를 추진하고 지속시키는 역할을 했다. 이후 개인박물관, 미술관, 도서관이 왕성하게 설립되어 발전했다.

1990년대 정치, 경제적 혼란 속에서 타이완의 문화 발전은 국가문화에서 지방문화로 넘어갔다. 타이완 문화의 본토화가 날로 성숙해지면서 본토 세력도 대두하기 시작했다. 탈중심화된 문화 관리 전략은 지방문화의 발전과 민간 문

그림 3. 신베이시 황금박물관　일본 통치 시기 아시아 최대 규모를 자랑했던 진과스 금속광산의 채굴 시설을 재활용하여 건립되었다.

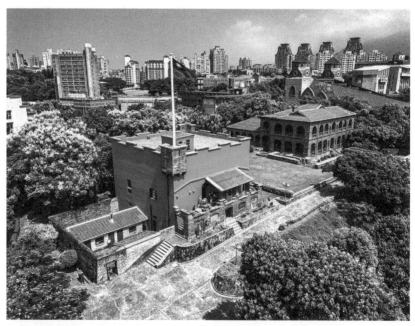

그림 4. 훙마오청(Fort San Domingo)　옛 영국 영사관 및 관저였다가 신베이시 단수이 고적 박물관의 구성 자산 가운데 하나로 포함되었다. 출처: 위키피디아.

화예술단체의 육성을 지향했고, 지방 박물관 시대가 도래하였다. 가오슝 시립미술관(高雄市立美術館, 1994)과 잉거 도자박물관(2000), 신베이시 황금박물관(新北市黃金博物館, 2004), 단수이 고적박물관(淡水古蹟博物館, 2005) 등과 같이 지방성을 지닌 박물관이 설립되었다(그림 3, 4). 문화예술산업의 경영과 발전, 문화의 지방자치화, 상향식 운영 모델에 의해 사립 박물관이 빠르게 성장했다. 이후 몇 년 사이에 사립 박물관의 수가 국립박물관을 초월했는데, 타이완 기업 발전의 자유화를 보여주고 생태박물관 의식의 성장을 이끌었다.

2000년 타이완 역사상 최초로 정권교체가 이루어졌다. 민진당 정권 아래 타이완 문화정책의 주축은 타이완의 주체의식을 강조하는 것으로 옮겨갔다. 박물관의 권위의식을 해체하고, 직원과 전문가들이 주도하던 전문 박물관은 지역사회, 대중, 레저오락을 지향하는 통속박물관학으로 대체되었다. 이론과 실습이 편리하고 실험과 이상적 색채가 풍부한데, 1970년대 프랑스에서 발전하기 시작했던 생태박물관(Ecomuseums)과 서양의 신박물관학(New Museology)에 상응한다. 그 주요 정신은 과거 중앙과 국가급 박물관이 '물질(物)'적 관념을 중시하던 것을 지방성, 지역사회성, 현지 문화, 집단기억, 지역 진흥, 주민 참여, 사람과 환경의 관계 등등으로 확장하였다.

타이완의 박물관 발전의 또 다른 맥락으로 기업박물관이 있다. 오랜 역사를 가진 기업은 기업발전을 전시함으로써 기업의 역사를 보존하는 동시에 소비자가 기업의 가치와 문화를 이해하도록 하여 브랜드 이미지와 지명도를 높이고 싶었다. 2000년 이후 더욱 풍부하고 다원화된 기업박물관이 설립되었다. 21세기 이후 박물관이 발전하게 된 배경에는 타이완의 현대문화사상의 변화가 있었다. 타이완의 민주화와 인민사회의 이데올로기 변화를 중시하는 가운데 점차 새로운 문화정책과 박물관 문화가 형성되었다. 타이완의 주체의식을 강조하는 문화사조는 새로운 형태의 문화정책을 발전시켰다.

2002년 문화건설위원회는 지방문화관 발전계획을 제시하고 지역사회의 전체적인 조성 성과를 지속하여 향진박물관(鄉鎮博物館)과 생태박물관의 새로운 세대를 열었다. 란양박물관(蘭陽博物館)이 그 예다. 이 시기에 새롭게 만든 국가박물관으로 해양생물박물관(2000), 국립타이완선사문화박물관(2002), 리모델링 후 개관한 국립타이완미술관(2004), 국립타이완역사박물관(2011), 국립해양과학기술박물관(2012) 등을 들 수 있다.

(2) 지방문화관 발전의 맥락

1994년 문화건설위원회는 '지역사회의 총체적 건설(社區總體營造)' 정책을 추진하면서 일본의 '마을 만들기(造町)' 운동을 모방해 일본 문화산업의 경험을 이식했다. 지역사회 의식을 결집해 적극적으로 지방의 공공사업에 참여하고 지방산업을 이끄는 한편, 지방문화 건설을 통해 지역사회의식을 양성하고 전통, 현대, 통속, 고급문화가 연결되도록 했다. 지방문화는 지역사회 건설의 주된 목표였다. 1995년 문화건설위원회의 '문화의 산업화, 산업의 문화화'는 문화산업과 레저산업에 다리를 놓아 지역사회를 총체적으로 건설하는 과정의 핵심과제가 되었다.

지방문화관의 제1기 계획(2001~2007)은 2002년 '지방문화관계획'으로 처음 나타났다. 문화건설위원회의 '지방문화관 계획'의 심사, 승인, 지원을 거친 관사(館舍)는 지방문화관이 되었다. 그 예로서 사립의 중소형 박물관, 도서전람관, 전시기관, 유휴공간, 역사건축, 고적 등을 포함한 다양한 건축물들이 있다. 계획의 목표는 다음과 같다. 문화자산, 역사건축, 유휴공간을 충분히 이용하여 지역 산업문화와 결합하여 지역문화의 기초가 된다. 지역사회의 주민이 로컬 문화 연구에 적극적으로 참여하고 지방문화관에 대한 공감대를 형성한다. 역사문화, 지방산업, 고적 유적지 등을 중시하는 인문 기초 기지가 된다. 관광과 결합하여 지방문화와 레저 휴양 산업을 발전시킨다.

지방문화관 제2기 계획(2008~2015)의 내용은 다음과 같다. 현, 시, 향진(鄉鎭)이 지방문화시설, 인력자원을 통합하여 지역사회, 향진도서관, 지방문화관 등의 시설과 결합하도록 지도한다. 문화평등권을 목적으로 문화와 관광자원, 정책 등의 도구를 잘 이용하고 유형과 무형의 문화자원을 통합하여 지방문화를 전시하는 동시에 지방문화를 보존하게 한다.

또한 '문화생활권(文化生活圈)'을 제안한다. 이는 우수한 지방문화의 발전 환경을 구축하자는 것인데, 사람(人, 주민), 문화(文, 문화활동), 토지(地, 생태환경보호), 경관(景, 자연과 역사경관), 생산(産, 지방산업)을 통합하여 구역의 유형, 무형의 문화자원을 점, 선, 면으로 구성·연결하고 각 문화생활권에서 인민의 문화평등권의 목표를 만족시키는 것이다. 문화생활을 관광과 결합하는 것은 '지역사회의 총체 건설'의 이념을 기반으로 한다. '지방문화 레저 휴식산업'이란 목표는 '지방문화산업'을 구체적으로 실천하는 것이다.

지방문화관은 아래에서 위로 발전하여 형성된 것이고 그것이 보여준 민간의 활력과 문화의 다양성은 중요한 특색이다. 그 수의 많고 적음은 각 지역주민의 그 문화 거점에 대한 정체성을 보고서 결정된다. 국가 또는 지역급 경기장은 관련 예술문화의 전시 서비스를 제공할 수 있다. 지방문화관의 로컬리티(在地性)와 정체성은 대체 불가능하다.

(3) 박물관과 지방문화관의 현존 관사(館舍)

문화부 '박물의 섬'(http://museums.mos.gov.tw/) 통계자료에 따르면, 타이완의 박물관과 지방문화관은 모두 342개로 집계된다. 박물관은 공립의 경우 70개인데 그 분관이 127개 존재한다. 사립의 경우 7개이다. 지방문화관은 공립 170개가 있고, 그 분관들은 172개에 달한다. 사립은 62개로, 그 분관은 65개가 있다. 박물관과 지방문화관은 주제 속성에 따라 종합과 기타, 예술과 공예, 역사와 인문, 자연과 과학, 생활과 여가의 5가지 종류로 나눈다. 종합과 기타관은 82개, 예술과 공예관은 76개, 역사와 인문은 가장 많은 147개, 자연과 과학관은 24개, 생활과 여가관은 13개이다.

가장 많은 역사와 인문 분야를 더 세분하면 박물관이 35개(분관 포함), 지방문화관이 111개이다. 다음은 종합과 기타인데, 박물관 15개(분관 포함), 지방문화관 68개이다. 예술과 공예는 박물관 16개(분관 포함), 지방문화관 60개이고, 자연과 과학은 박물관 20개(분관 포함), 지방문화관 4개이다. 생활과 여가는 박물관 3개(분관 포함), 지방문화관 10개이다.

문화부가 공고한 박물관 명단에 따르면 박물관의 총수는 모두 78개다. 그중 71개는 공립, 7개는 사립이다. 종합 및 기타류에는 15개, 역사와 인문은 28개, 예술과 공예는 22개, 자연과 과학은 11개, 생활과 여가는 1개다. 그 밖에 국립정치대학의 민족박물관이 있는데, 아직 분류에 포함되지는 않았다. 상술한 건물 수량에 부속 건물의 수도 포함되어 있지 않다.

중화박물관학회(中華博物館學會)가 제공한 박물관 명단에 따라, 광의의 박물관 정의를 범주로 하여 박물관을 종류에 따라 나눴다. 인물기념류, 인류학박물관, 공예박물관, 문화재관, 고적 및 역사건축, 고고, 자연사, 종교, 과학, 음악, 전문 주제, 산업, 영상, 학교, 역사, 희극, 예술, 기타 등 모두 18종, 총 521개 건물이다. 여기에 학교 박물관, 기업이 세운 전시관, 사적관이나 박물관 및 지방 산업 문화관이 포함된다.

타이완 경제부 관광공장과 기억박물관 계통

위에서 언급했던 것처럼 최근 타이완의 근대유산은 주로 정부 부문과 공영사업을 중심으로 보존되었다. 그러나 초기에 회사화, 민영화를 추진한 기구

〈표 3〉 문화부가 공고한 78개 박물관 건물과 분류

법정 권한 기관	현시(縣市)	건물 명칭	주제 분류	운영 방식
문화부	타이베이시	국립타이완박물관	종합과 기타	공립
		국립역사박물관	역사와 인문	공립
		국립중정기념당 관리처	종합과 기타	공립
		국립국부기념관	역사와 인문	공립
	신베이시	국가인권박물관	역사와 인문	공립
	타이중시	국립타이완미술관	예술과 공예	공립
	난터우현	국립타이완공예연구발전센터	예술과 공예	공립
	타이난시	국립타이완역사박물관	역사와 인문	공립
		국립타이완문학관	역사와 인문	공립
	이란현	국립전통예술센터	예술과 공예	공립
	타이둥현	국립타이완선사문화박물관	역사와 인문	공립
교육부	타이베이시	국립타이완과학교육관	자연과 과학	공립
		국립타이베이예술대학 관두미술관	예술과 공예	공립
		MoNTUE북사미술관	예술과 공예	공립
		국립정치대학 민족박물관	-	공립
		국립타이완대학 박물관군(群)	종합과 기타	공립
	신베이시	국립타이완예술대학 유장예술박물관	예술과 공예	공립
	지룽시	국립해양과학기술박물관	자연과 과학	공립
	타이중시	국립자연과학박물관	자연과 과학	공립
	타이난시	국립청궁대학박물관	종합과 기타	공립
	가유승시	국립과학공예박물관	종합과 기타	공립
	핑둥현	국립해양생물박물관	자연과 과학	공립
총통부	타이베이시	국립고궁박물원	종합과 기타	공립
객가위원회	먀오리현	객가문화발전센터	종합과 기타	공립
	핑둥현			
입법원 의정박물관	타이중시	입법원 의정박물관	역사와 인문	공립
원주민족위원회	핑둥현	타이완원주민문화지구	종합과 기타	공립
내정부	타이베이시	2·28국가기념관	역사와 인문	재단법인, OT
행정원 농업위원회	타이베이시	타이베이식물원	자연과 과학	공립
	난터우현	행정원 농업위원회 특유생물연구보육센터 보육교육관	자연과 과학	공립
	이란현	푸산식물원	자연과 과학	공립

		타이베이 2·28기념관	역사와 인문	공립
타이베이시정부	타이베이시	타이베이 시립미술관	예술과 공예	공립
		타이베이 시립동물원	자연과 과학	공립
		타이베이 시립천문과학교육관	자연과 과학	공립
		타이베이 시정부 소방국 방재과학 교육관	종합과 기타	공립
		타이베이 당대예술관	예술과 공예	재단법인, OT
		타이베이 인형극장	예술과 공예	재단법인, OT
		순이타이완 원주민박물관	역사와 인문	재단법인, OT
		에버그린 해사박물관	역사와 인문	재단법인, OT
		디화207박물관	종합과 기타	재단법인, OT
신베이시정부	신베이시	신베이 시립 십삼행박물관	역사와 인문	공립
		신베이 시립 잉거 도자박물관	예술과 공예	공립
		신베이 시립 단수이 고적박물관	역사와 인문	공립
		신베이 시립 황금박물관	종합과 기타	공립
		우라이 타이야민족박물관	역사와 인문	공립
		세계종교박물관	예술과 공예	재단법인, OT
		주밍미술관	예술과 공예	재단법인, OT
탸오위안시정부	탸오위안시	탸오위안 시립 다시 목예생태박물관	역사와 인문	공립
신주현정부	신주현	신주 현정부 현사관	역사와 인문	공립
신주시정부	신주현	신주시 영상박물관	예술과 공예	공립
		신주시 쥐안춘 박물관	역사와 인문	공립
		신주시 유리공계박물관	예술과 공예	공립
		신주시 검은박쥐중대 문물진열관	역사와 인문	공립
먀오리현정부	먀오리	산이목조박물관	예술과 공예	공립
장화현정부	장화현	난베이관음악희곡관	예술과 공예	공립
		장지문사박물관	역사와 인문	재단법인, OT
타이중시정부	타이중시	타이중시 섬유공예박물관	예술과 공예	공립
	타이중시	타이중문학관	역사와 인문	공립
		우핑린가 화원 린셴탕 박물관	역사와 인문	공립
자이시정부	자이시	자이 시립 박물관	종합과 기타	공립
		자이 시립 미술관	예술과 공예	공립
타이난시정부	타이난시	정청궁문물관	역사와 인문	공립
		타이난 쬐진 화석단지	자연과 과학	공립
		타이난시 난잉과학교육관	생활과 여가	공립

		수구생활과학관	자연과 과학	재단법인, OT
		타이난시 미술관	예술과 공예	행정법인
가오슝시정부	가오슝시	가오슝 시립역사박물관	역사와 인문	행정법인
		가오슝 시립미술관	예술과 공예	행정법인
		가오슝시 노동자박물관	역사와 인문	공립
		가오슝시 서우산동물원	종합과 기타	공립
이란현정부	이란현	이란 현립란양박물관	종합과 기타	공립
		이란 현사관(이란설치기념관)	역사와 인문	공립
		이란미술관	예술과 공예	공립
		타이완희극관	예술과 공예	공립
		이란현 다퉁향 타이야생활관	예술과 공예	공립
평후현정부	평우현	평후 생활박물관	역사와 인문	공립
		평후 해양자원관	종합과 기타	공립
진먼현정부	진먼현	진먼현 문화단지 역사민속박물관	역사와 인문	공립

* 출처: 문화부 문화자산국(文化部文化資產局).

나 민영 소유의 산업유산에 대해서는 어떤 자료 조사도 시행한 바가 없었다. 따라서 일부 근대 산업유산은 경제부 관광공장 시스템으로 지도, 보조했다. 경제부 공업국이 정의한 관광공장은 '산업문화, 교육 가치나 지방 특색을 지닌' 공장이다. 경제부의 '관광공장계획의 지도 요점(觀光工廠計畫輔導作業要點)'에 따르면 관광공장의 정의는 '관광 교육이나 산업문화 가치가 있고 실제로 제조가공에 종사하며 MIT 제조 정신에 부합하는 공장'이 여행객들에게 견학을 제공하는 것이다. '산업문화', '교육 가치'나 '지방 특색'은 정부가 관광공장 설립을 지도할 때 반드시 갖춰야 하는 조건이다. 또한 실제로 제조가공에 종사하여 그 제품, 제조 과정이나 작업장, 공장 건물은 여행객이 견학하고 즐길 수 있는 공장이어야 한다.

(1) 경제부 관광공장 발전 맥락

경제부 공업국은 2003년부터 중소기업과 제조업의 관광공장 발전계획을 추진했다. 관광공장은 '산업문화, 교육 가치나 지방 특색을 지닌' 공장이라고 정의했다. 이 계획은 발굴을 통해 특색있는 전통산업 중 중소기업과 소규모 생산공장의 문화, 역사를 활용하여 기존의 제조공정과 운영설비, 기구나 건물시설을 문화관광자원으로 바꿔 생산제조, 판매와 문화교육, 관광 체험을 결합한 관광공장으로 만들었다.

역사문화를 보존하여 관광을 추진하고 교육 체험을 하는 모델은 산업의 전환과 고도화를 지원하며 산업과 상품의 부가가치를 높인다. 중소기업의 경우 생산공장의 보존 재생과 영속적인 경영에 도움이 된다. 관광공장의 목적은 제조업에 관광 레저 서비스를 유치하고 산업문화나 관광 교육적 가치를 지닌 전통산업을 관광공장으로 탈바꿈하도록 지원하고 산업문화와 혁신적 서비스로 산업이 교육을 보급할 수 있도록 하였다. 뿐만 아니라 지방 관광에서 제조업과 관광을 결합하는 새로운 계기를 이끌었다.

산업관광이 발전하기 시작하면서 기업은 주로 산업문화의 전승, 수익의 증가, 이미지 향상과 경영 전환의 필요에 근거해 산업 지식과 로컬 문화를 홍보하고 전통산업의 새로운 이미지를 향상시켰다. 2008년 공업기술연구원이 추진하고 경제부가 정한 '관광공장계획의 지도 요점'은 첫머리에서 "제조업 서비스화 정책에 맞추어 제조와 서비스 복합 경영모델을 도입하고, 전통공장의 관광 서비스업 전환에 협조"하기 위해 비교적 명확하게 관광공장의 규범을 제시한다고 밝혔다. 관광공장의 경영 품질을 더욱 상승시키기 위해 2008년 공업기술연구원은 관광공장 평가를 시행하고, 2009년에는 우수 관광공장을 선정하기 시작했으며, 2013년에는 국제 스포트라이트 관광공장을 선정하기 시작했다.

평가는 3등급으로 나뉜다. 관광공장 평가를 통과한 공장은 경제부 관광공

현시 분류	우수 관광공장	국제 스포트라이트 관광공장
신베이시	우푸 양말 이야기관	공장 없음
	훙저우 타일 관광공장	
	선메리 베이커리	
타오위안시	심바 라이언 문구 상상력 제조소	샹이 로봇 원더랜드 미래관
		진거 카스텔라랜드
	초콜릿공화국	초콜릿공화국
		궈위안이 제과박물관
먀오리현	리캉 건강양생 관광공장	없음
타이중시	타이완 미소양조문화관	오쿠마 센터
장화현	리본왕 관광공장	없음
	창화 포모사 바이오메디컬 건강 요호관	
	타이완 유거과자학원	
	타이완 구바오 쌀 관광공장	
난터우현	Cona's 나나 초콜릿 꿈의 궁전	Cona's 나나 초콜릿 꿈의 궁전
윈린현	터치드 밀 크레이프케이크 대사관	량쭤공장농업문창관
타이난시	블랙브릿지 소시지 박물관	타이완 금속창의관
	카도 좋은식품 이야기관	치메이식품 행복공장
	훙타이 하이드로겔 월드	에미넌트 인러렉티브 캐리어 월드
가오슝시	훙딩곡창 곡물문화창작 공원	타이완 간장조림 박물관
	유허 소고기 관광공장	
	푸후 타이완 신발 이야기관	
이란현	R.Den 암호관	카발란 위스키 증류소
	타이완 발신발 건강지식관	

* 출처: 관광공장 자유여행(https://www.taiwanplace21.org.tw/Factory.php#本案整理)

장의 인증마크를 획득할 수 있다. 인증마크의 유효기간은 3년인데, 그동안 집
행 단위의 각종 미디어 마케팅 활동, 교통부 관광국 전자도서관의 관광오락 단
지의 '관광공장류' 표지판 사용 권한 부여, 교통부 국민여행카드의 특약 판매
상 및 웹사이트 링크를 쟁취하기 위한 마케팅 활동을 할 수 있다. 2021년 국제

스포트라이트 관광공장 평가를 통과한 곳은 12곳, 우수관광공장 평가를 통과한 곳은 21곳이다.

2019년에 이미 144개 중소기업이나 소규모 공장이 지도 또는 보조를 받아 공업국이 인증한 관광공장이 되었다. 사실 많은 중소기업 관광공장이 산업의 역사적, 문화적 가치를 중시하지 않고 생산 체험과 상품의 시식, 판매에 중점을 두어 과도한 상업화를 초래하여 비판받았다. 그러나 일부 관광공장은 자기 회사와 산업 생산의 역사, 보존 문물을 자세히 전시하고 설명했을 뿐 아니라 자사의 산업문화적 가치와 기업 이미지를 최대한 높여 매우 훌륭한 성공 사례가 되기도 했다. 지역의 관광거점으로 경영과 판촉 기법을 연결하여 민간의 산업유산 보존과 재생 활성화의 유효한 방법을 증명해낸 것이다.

정부는 시대 조류의 변화에 따라 쇠퇴하는 산업에 또 다른 활력을 불어넣기 위해 산업전환을 통해 관광공장을 추진했다. 또한 문화를 통해 산업의 신국면을 창조하고 생산라인과 참관 동선을 결합하여 생산, 전시, 판매, 전통 기술과 인문의 보존을 겸비한 관광공장은 새로운 산업 가치를 창출하고 산업전환 이후에도 지속적인 발전을 위한 산업재생의 전략으로서 문화를 활용한다. 문화는 산업의 방향을 바꾸고 산업경제의 발전을 지속시키며 아울러 산업문화를 전승한다.

최근 타이완 관광공장은 대부분 박물관화의 개념을 가졌다. 이에 따라 '박물관'은 더 이상 수집에 발전의 중심을 두지 않고, 대신 전시와 교육의 역할을 하는 장소가 되었다. 소비에 편향된 수많은 장소가 모두 계속해서 박물관화를 지향했다. 방문객과의 친밀함, 참여를 강조하기 때문에 더욱 활발하고 오락 지향적인 전시 방법으로 찾아오는 이를 매료시켜야 했다. 수집, 연구, 교육의 기능은 약화하는 대신 대중의 인식에 영합하는 데 더욱 중점을 두어 더 많은 소비 행위를 끌어낼 수 있기를 기대했다. 최근 문화자산을 보호하는 관념이 점차 성숙해졌기 때문에 산업유산은 새로운 재현 양식을 갖기 시작했다. 산업형 박물관이 이러한 추세에 호응해 발전했다. 공간을 지식교육의 장소, 산업유산이 풍부한 곳으로 조성함으로써 산업박물관으로 변모한 선두주자가 된 것이다.

(2) 기업박물관의 발전

1980년부터 타이완에서는 박물관 설립 풍조가 일어나 산업 특색, 개인 수집과 주제 특색을 가진 박물관이 계속 설립되었다. 1990년 이후 사립박물관이 공립박물관을 초월했다. 2000년 이후 기업박물관, 진열관, 또는 산업문화관은 2003년 경제부 공업국이 전통산업을 관광공장으로 전환하도록 지도한 것과 상당히 관련이 있다. 양자가 세워진 때의 주객관적인 조건은 다르지만 결국 모두 어느 정도 보존 목적을 달성했다.

넓은 의미에서 박물관은 관내 전시가 공감을 불러일으킬 수 있는지가 가장 중요하다. 영감을 주는 전시관, 미술관, 문화재관, 동물원, 식물원, 천문대, 진열실 등은 넓은 의미에서 모두 '박물관'이라고 할 수 있다. 기업이 어느 정도 성장하면 기업과 사회의 관계를 의식하기 시작하는데, 기업박물관은 사회와 연결을 실현하는 기구가 될 기회를 얻는다. 박물관은 전시 창구로서 서사적으로 역사를 진술하고, 회사 상품의 진열과 산업기술은 회사의 문화 저력과 지식 가치를 드러내며, 문물 보존과 지식 전달은 대중이 방문하고 학습할 수 있게 해주는 지식 매개체가 됨으로써 기업박물관의 사회적 책임에 부응했다.

일본은 일찍이 메이지유신 시기에 계획적으로 박물관을 설립하기 시작했다. 1872년 일본 문부성 박물관은 도쿄 유시마 공자사당(湯島聖堂)에 지은 상설 개방성 박람회인데, 일반적으로 일본에서 근대적인 박물관의 기원으로 간주한다. 메이지 시기 이와쿠라 사절단이 구미 제도를 시찰한 후에 근대 박물관이야말로 문명국가의 상징 중 하나임을 인식한 일본은, 프랑스 나폴레옹이 수많은 근대 박물관을 창립한 것을 모범으로 삼아 천황의 어용 물품과 보물을 박물관에 수장함으로써 국위를 선양하고 민지(民智)를 계발하는 효과를 거두고자 했다. 현재 도쿄, 나라, 교토의 국립박물관은 당시 일본 궁내성이 관리하던 '제국박물관'이 바로 그 전신이다.

타이완 최초의 기업박물관은 1965년 창립한 우정박물관에서 살펴볼 수 있다. 우표와 우정 문물의 수집, 소장과 전시기획, 그리고 전문적인 고서, 당안 자료의 저술과 집성을 통해 우편행정의 사명과 문화를 전파했다. 공영기업박물관인 타이완전력회사(臺灣電力公司)의 경우, 1984년 선진국을 참고해 원자력전시관 건립 계획을 수립했다. 원자력 발전 홍보 사업을 전개하여 TPC 타이완전력 북부전시관(1991년 신베이시), 타이완전력 남부전시관(2005년 핑둥현) 설립을 잇달아 계획했다. 타이완전력회사는 다자시발전소(大甲溪電廠)에 바이렁다자시전력문물관(白冷大甲溪電力文物館)을 세웠는데, 다자시전력 발전의 역사로서 일본 통치 시기에 남긴 진귀한 기계설계도 및 공장 설립 시기의 각종 유닛 모형 등을 전시했다(그림 5).

또 다른 공영기업박물관으로 타이완중유회사(臺灣中油公司)는 1981년 추황컹광산(出磺坑礦場)에 '유전개발진열관(油礦開發陳列館)'을 설립해 탐사에서 채굴에 이르기까지 유전의 역사를 기록했다. 진귀한 문화 자료, 고적 실물을 통해 타이완 유전 탐사의 역사와 변화 발전 모습을 진열·전시했다. 1990년에는 신관을 개축해 '타이완 유전 진열관'이라고 명명하고 2019년에 전면 개축을 끝냈다(그림 6). 그 밖에 자이(嘉義)에 자이 정제연구소 진열관(嘉義煉製研究所陳列館), 타이난에 원기생활관(元氣生活館), 중유가오슝정유공장 환경교육 단지(中油高雄煉油廠環境教育園區)를 설립했다. 2001년에 타이베이에 석유전시관을 세우고, 2019년에 다시 전면 리모델링을 마친 후에 타이완중유석유탐색관(臺灣中油石油探索館)으로 이름을 바꿨다. 2018년에 먀오리 탐채연구소(苗栗探採研究所)에 '탐채과학기

그림 5. 바이렁다자시 전력 문물관

그림 6. 타이완 유전 진열관

술전시관(採採科技展示館)'을 세울 예정이다. 전시관을 통해 암심(岩心, 지질탐사를 통해 채취한 암석표본) 창고의 원본을 코어(core) 분석하는 기능을 탐채연구소의 탐사 채굴 기술과 결합하여 보여줄 것이다.

사립 기업박물관은 재단법인 장룽파기금회(張榮發基金會)가 2008년에 세운 장룽해사박물관(張榮海事博物館)을 예로 들어보겠다. 천 점이 넘는 진귀한 해사(海事) 문물을 전시하고, 다양한 캠프 활동, 문학, 역사와 해양 직업 강좌, 해양 그림 대회 등을 개최하여 학교기구와 기업 행사 교육을 널리 선전하여 해양 문화에 대한 대중의 흥미와 관심을 불러일으키고, 나아가 그 진리 탐구의 정신을 고취시키기를 기대했다. 동시에 문화부 박물관 평가를 통과한 박물관이자 같은 그룹에 소속된 장룽파문물관(張榮發文物館)도 적극적으로 박물관을 목표로 설립을 준비했다.

타이완 근대 산업유산 보존의 중요 과제

타이완의 근대 산업유산을 보존하는 데는 다음과 같이 중요한 과제가 남아 있다. 첫째, 근대 산업유산 보존 방식의 현황 분석(체계성, 완전무결성, 복합형)에 관한 문제다. 예를 들어 국가 지정 고적인 타이베이 기계공장(臺北機廠)의 시설은 철도 보수와 매우 밀접한 관계가 있다. 게다가 이러한 건축물은 공장 지역에 다른 건축물과 기술적으로 공존하는 관계다. 도시에 자리 잡은 위치 또한 이 구역 도시발전의 역사 과정과 불가분의 관계가 있다.

타이베이 기계공장이 국가 지정 고적이 된 이유는, "공장 내 현존하는 총무실, 조립 공장, 단조제련 공장, 객차 공장, 자동차부품 공장, 페인트 공장 등 수리 작업 과정과 관련 있는 공장 건축시설 및 내연기관 공장, 전력 2공장, 전력 3공장, 원동실과 그 내부의 증기보일러, 연통과 단지 전체에 배치된 증기관선 시스템 등 다양한 시대의 동력과 기관차 수리시설, 그리고 동서 개방형 크레인, 이동 플랫폼, 지하도, 선로 등은 차량 이동과 관련된 시설과 작업 장소이다. 각 장소와 설비는 서로의 관계와 위치를 따라 모두 철도 보수의 절차, 논리와 맥락을 반영할 수 있"기 때문이었다. 그 지정 이유는 '보존법' 제4조 제2항에서 "각 종류별 문화자산은 심사를 거친 후 체계성 또는 복합형 형식으로 지정하거나 등록"해야 한다고 규정한 것에서 알 수 있다. 다만 타이베이 기계공장은 결국 체계성 보존이 가능한 드문 사례 중 하나다. 현 시점에서 타이완 산업유산에 대해 과거에 이미 정한 단점식(單點式) 보존은 '보존법' 제4조 제2항의 수정을 통해서도 바꿀 수가 없다.

두 번째, 수리 복원 활동 및 재이용 현황에 관한 문제이다. 이는 고적, 역사 건축의 수리 복원 개념을 계속 사용하는 것과 관련된다. 근대 산업유산의 진정한 중요성은 이미 사람들에게 널리 알려졌을지라도, 가장 중요한 점은 창립 이래의 구조재를 계속 유지하고 개수와 변화를 받아들일지 여부, 내외 정밀가공, 구조, 인테리어 등의 작업을 어떻게 유지할지에 있다. 복원 조사를 받는 구조재와 시공에는 셀 수 없이 많은 정보가 포함되어 있다. 목재를 예로 들어보면, 목재마다 남겨진 도구나 목공 대패 블레이드의 흔적, 가공을 마무리한 정도, 건축 표준으로서의 척도, 단면 치수에 나타나는 규격, 장붓 구멍과 철못 구멍 등에서 정보를 알 수 있고 다른 부재와의 조립 방법과 벽면의 흔적 등도 모두 정보를 드러낼 수 있다. 이에 따라 보수할 시에도 근대 산업유산의 가치와 현재 상태를 고려해 부합하는 기술을 찾아야 하며, 상황에 따라 '어떤 정보를 전달할 수 있는지'에 대해 깊이 고민해야 한다. 근대 산업유산의 문제를 해결하는 대책은 여전히 미지수다. 반드시 풍부한 경험을 통해 독자적 기술(Know How)을 구축해야 한다.

세 번째, 문화자산의 현황 조사가 갖는 문제점이다. 지정 등록, 보존 방법의 결핍으로 개인 소유의 산업자산은 조사에 포함되지 않았다. 사실 근대 산업유산에서 가장 중요한 것은 전면적인 일제조사를 통한 기록과 정리 분류이다. 즉 체계적이고 완전하게 근대 산업유산의 보존과 분포 현황을 파악하고 근대화 산업의 역사 연구를 진행함으로써 이들 유산의 문화자산 가치를 이해하고 설명하는 것이다. 타이완은 이 부분에서 2002년에 행정원이 범부처적인 성격의 「행정원 소속 기관, 기구의 문화성 자산의 조사 작업 방법(行政院所屬機關構文化性資產淸査作業辦法)」을 반포했다. 우선 곧 폐지되거나 민영화하는 기관 및 국제무역 개방의 영향을 받아 자본을 축소하고 폐업하는 국영사업체를 조사하고, 이후 범부처 대표와 학자 전문가들로 공동 구성한 조사위원회를 조직해 각 년도 순서에 따라 조사를 추진할 대상을 제안했다. 문화자산의 개념을 가지고 실사 대상을 공립대학교 등 기타 공공 부문으로 확대할 것이다. 그러나 정당정치의 교체, 문화정책의 추이, 경비예산의 배제 작용, 그리고 각 조사 단위의 집행 성과의 차이 등으로 인해 전면적으로 조사하고 완전히 파악하기란 여전히 어려운 실정이다.

네 번째, 문화자산 보존의 가치평가, 장소 보존이 구조물에 편중된 것과 함께 장소 보존에 참여한 인사 가운데 다양한 분야의 전문가가 부족한 것 또한 문제이다. 지금까지 현존하는 문화재 중에는 당시 모습을 회복, 복원 생성하는 것을 보존 방침으로 삼은 경우가 많다. 그러나 상대적으로 근대 산업유산은 그렇지 않다. 근대 산업유산의 현존하는 모습은 근대화 추진 과정을 설명한다. 시설 기능을 발휘하기 위해 부단히 설비를 갱신함으로써 문화자산의 최대 가치가 현대까지 계속 보존될 수 있었다. 만약 가동을 중지했더라도 이는 운전을 멈춘 것일 뿐이다.

최근 타이완에서 보존·복원 업무를 수행하는 전문가의 다수는 주로 건축계통 종사자인데, 전통 건축을 기본으로 건축물을 조사, 연구하고 보존 기술의 노하우를 적용한다. '보존법'과 시행세칙 등 법령에 기반한 사무 절차, 현장에 정통한 지휘 감독 등은 보존 보수 사업의 역할을 발휘한다. 그러나 근대 산업 유산이라면 보편적으로 보존 이념을 갖추고 있다 하더라도 건축물 자체가 이전의 전통 건축과 다르므로 예전에 교육받은 기능과 다른 방식으로 대응하는 것에 고심해야 한다. (유현정 옮김)

8장

일본의 산업유산 담론 변화와 국가 공인화 과정

메이지 산업혁명 유산을 둘러싼 한일 양국의 유산 외교

'일본의 메이지 산업혁명 유산(Sites of Japan's Meiji Industrial Revolution)'(이하 '메이지 산업혁명 유산'으로 약칭)은 이제 더 이상 낯선 용어가 아니다. 설령 처음 들어본 이라 하더라도 군함을 닮은 모습의 '군함도'(일본명 하시마端島)는 어디선가 본 적이 있을 것이다. 타국의 문화유산이 일부 전문가나 관련자의 영역을 넘어 일반에까지 이렇게 널리 알려진 경우는 그렇게 흔하지 않다.

강제동원 현장으로 간간이 방송에 보도되던 군함도가 일약 화제의 중심이된 것은 이를 유네스코 세계유산으로 등재하려는 일본 정부의 움직임이 가팔라지면서부터였다. 일본이 등재를 추진하는 메이지 산업혁명 유산의 23개 자산 가운데 군함도를 포함한 7곳은 아시아·태평양전쟁 당시 조선인과 중국인 등을 강제노역에 동원한 장소였다. 신일본제철과 미쓰비시(三菱)중공업 등을 상대로 강제동원에 관한 손해배상 재판이 진행 중인 상황에서 이에 해당한 곳을 세계유산으로 등재한다는 소식은 한국 사회에 커다란 충격을 안겨주었다.

메이지 산업혁명 유산은 지난 2015년 7월 일본 정부가 강제동원에 관한 설명을 부기하고, 희생자를 기념하는 정보센터 설립을 약속하는 대신 한국 정부

그림 1. 도쿄 신주쿠에 위치한 산업유산 정보센터

가 등재를 용인함으로써 일본의 19번째 유네스코 세계유산으로 등록될 수 있
었다. 그런데 세계유산 등재 이후 한동안 잠잠했던 메이지 산업혁명 유산은 지
난 2020년 3월 도쿄 신주쿠(新宿)에 산업유산 정보센터가 개관하면서 또다시 논
란의 대상이 되었다(그림 1). 애초 한국과 유네스코에 약속한 것과 달리 강제동
원에 관한 설명은커녕 조선인에 대한 차별을 부정하는 증언과 일본의 산업화
를 상찬하는 자료가 전시되었기 때문이다. 그 결과 메이지 산업혁명 유산은 한
일 양국의 역사인식에 차이를 넘어 강제동원의 장소를 어떻게 '유산'으로 보
존·기억할 것인지에 대한 양국의 견해차를 드러내는 새로운 역사 전쟁에 불씨
가 되었다.

　　고고학자 케빈 월쉬(Kevin Walsh)에 따르면, 유산의 가치란 본래 특정 사물에
부착된 것이 아니라 그것을 감상하는 이의 관점에 따라 새롭게 만들어지는 것

이다.[01] 다시 말해 특정한 사물이나 장소가 갖는 유산의 가치는 본래부터 그곳에 내재한 것이 아니라 전적으로 이를 바라보는 외부의 시선에 따라 결정되는 것이라고 할 수 있다. 이처럼 유산은 수집에서 보존, 공개, 전시, 그리고 관광에 이르기까지 그 과정에 개입하는 다양한 주체와 집단의 이해관계에 따라 가치가 결정된다는 점에서 실체적이고 고정적인 가치를 중시하는 문화재와 다른 개념이다.

한편 문화유산 연구자인 로라제인 스미스(Laurajane Smith)는 유산 가치가 담론을 통해 구축되는 문화적인 과정이라는 입장에서, 특히나 전문가 집단이 하향식으로 지정·보호하는 문화유산을 '공인된 유산(Authorized heritage)'으로 구분한 바 있다.[02] 아마도 이 글에서 살펴볼 '메이지 산업혁명 유산'은 그녀가 이야기한 '공인된 유산'의 대표적인 사례일 것이다. 그런데 '공인된 유산'으로 메이지 산업혁명 유산이 등장하는 과정에서 무엇보다 유의해야 할 것은 유산화에 개입하는 여러 주체 가운데 특히나 국가, 즉 일본 정부의 이해관계가 매우 중요하게 작동했다는 점이다.

이에 대한 본격적인 논의에 앞서 잠시 포리아(Y. Poria)와 애시워스(G. Ashworth)의 문제제기를 상기할 필요가 있다. 포리아와 애시워스는 '유산화(heritagization)'를 '특정한 사회적 목표를 달성하기 위한 자원으로 활용하는 과정'으로 정의한 바 있다. 여기서 사회적인 목표의 주된 한 가지는 국가적, 종교적, 사회적으로 구성된 "집단 구성원의 연대 의식을 육성하는 것"이다. 이 같은 이유에서 유산화는 본래 실재한 과거를 지키고 보존하는 것이 목적이 아니라 "대중을 교육하

---

01 Kevin Walsh, *The Representation of the Past: Museums and Heritage in the Post-Modern World*, Routledge, 1992, p. 37.

02 Laurajane Smith, *Use of Heritage*, Routledge, 2006, pp. 29~33.

거나 고취하기 위한 과거의 이용"에 관심을 가지며, 과거 그 자체가 아니라 "창조하거나 은폐하거나 의도적으로 선택된 과거"를 대상으로 삼는다는 점에서 역사적인 고찰과도 다르다고 말할 수 있다.[03]

앞에서 정리한 바를 토대로 이 글에서는 유산에 담긴 여러 기억 가운데 '메이지'라는 특정 시기를 선택해 '일본'이라는 국민국가를 구성하는 '집단 구성원의 연대의식을 육성'하기 위해 메이지 산업혁명 유산이라는 국가 공인의 유산 담론이 만들어지는 과정에 주목하고자 한다. 다만 논의의 편의를 위해 야마구치(山口) 5개, 니라야마(韮山) 1개와 가마이시(釜石) 1개를 제외하고, 메이지 산업혁명 유산의 23개 구성 자산 대부분이 위치한 규슈(九州) 지역을 중심으로 유산 연구, 유산 보존·활용, 그리고 유산 정책에서 주도적인 역할을 했던 학계 전문가, 지역주민과 지역사회, 그리고 일본 정부의 움직임에 초점을 맞추어 메이지 산업혁명 유산의 담론화 과정을 고찰할 것이다.

산업고고학에 대한 관심과 수용

용도를 다한 폐산업시설을 '유산'으로 바라보기 시작한 곳은 산업혁명의 종주국인 영국이었다. 영국의 역사가 마이클 릭스(Michael Rix)는 1955년 잡지 『아마추어 역사가(Amateur Historian)』에 게재한 기사에서 산업생산 또는 공업시설을 뜻하는 '산업'과 유적·유물의 발굴조사로 과거를 연구하는 '고고학'을 조합해 구성한 '산업고고학(Industrial Archaeology)' 연구의 필요성에 대해 언급했다. 그는 산업혁명 이후 경관의 일부로 스며든 산업시설이 제2차 세계대전 종전 이후 경제회복에 따른 개발 과정에서 파괴되는 것에 우려를 표시하며 후세에 보존할

---

03 Yaniv Poria·Gregory Ashworth, "Heritage Tourism-Current Resource for Conflict", *Annals of Tourism Research* 36, 2009, pp. 522~524.

가치가 있는 '산업기념물(Industrial Monuments)'을 조사하는 동시에 이에 관한 학문적인 연구가 필요하다고 주장했다.

영국 고고학회를 비롯한 기존 학술단체는 '산업'과 '고고학'을 조합한 신조어의 부적절성을 지적하며, 릭스가 제창한 산업고고학에 부정적이었다. 그러나 이들이 태도를 바꾸기까지 그리 오랜 시간이 걸리지 않았다. 1960년 런던의 유스턴역(Euston station) 개수 과정에서 고대 그리스 도리안 양식의 열주로 1837년에 제작한 출입구를 철거할 것인지, 아니면 유산으로 보존할 것인지를 놓고 논쟁이 이어지면서 산업유산에 대한 대중의 호기심이 높아졌다. 이러한 가운데 산업기념물 조사와 보존 활동에 동감을 표시하며 산업고고학에 동참하는 이들이 증가하기 시작했다.

한편 와세다(早稲田)대학에서 사회경제사를 강의하던 고마쓰 요시타카(小松芳喬)는 1969년 이래 릭스의 산업고고학을 '산업혁명의 고고학(産業遺産の考古學)'으로 번역해 일본에 소개했다. '산업혁명의 고고학'은 영국 지방사 연구의 새로운 동향을 알리기 위한 것이었지만, 고고학을 비롯해 산업사, 기술사 분야를 중심으로 일본 학계의 주목을 받았다. 당시 많은 연구자가 산업고고학에 관심을 보인 것은 1970년대 이후 일본 사회가 맞닥뜨린 거주환경의 변화와 밀접한 관련이 있다. 1950년대 후반 이후 일본은 연평균 10% 정도의 높은 경제성장을 기록하는 이른바 '고도 경제성장'을 경험했다. 이를 통해 소득과 생활 수준은 단기간에 향상되었지만, 그 부작용 역시 만만치 않았다. 무분별한 도시개발로 인해 전국 각지에서 유서 깊은 건축물과 용도를 다한 산업시설이 파괴되자 이에 대한 반작용으로 지역의 경관과 역사를 보호하려는 움직임이 일어났다.

예컨대 구라시키(倉敷)는 제2차 세계대전 당시에도 미군의 공습 피해를 거의 받지 않아 에도 시대의 목조 건물과 메이지 시기의 근대건축물을 잘 보존할 수 있었다(그림 2). 하지만 전후 고도 경제성장에 따른 급속한 도시개발로 유

그림 2. 구라시키 시내의 변화　(위) 1950년대 후반 모습(출처: 구라시키시 홈페이지)과 (아래) 현재의 전경.

서 깊은 건축물과 옛 정취를 담은 거리가 손실될 위기에 처했다. 이에 위기감을 느낀 지역주민과 지자체는 중앙정부에 앞서 1968년 경관 보존을 위한 조례를 일본 최초로 제정했다. 이후 이를 계기로 근대건축과 역사 경관을 보존하려는 운동이 전국적으로 확산하기 시작하면서 "산업혁명의 원조인 영국"에서 시작한 산업고고학은 메이지유신 이후 "국가적인 토목사업의 기념물"을 비롯해 "이름조차 알려지지 않았어도 현지에서 유적, 유물로 보존"하기 위해 참고해야 할 새로운 학문으로 인식되었다.[04]

한편 영국에서 시작된 산업고고학 연구는 점차 유럽을 중심으로 국제사회에 확산했다. 그에 따라 1973년 영국 아이언 브리지 협곡박물관(Ironbridge Gorge Museum)에서 제1회 '산업기념물보존국제회의(International Congress on the Conservation of Industrial Monuments, ICCIM)'가 개최되었다. 일본은 1975년 독일 보쿰(Bochum) 광산박물관(Deutsches Bergbau Museum)에서 열린 제2회 국제회의부터 자국 대표를 파견했다. 국제회의에 참석한 이후 산업고고학 연구의 국제화와 정보 교류의 필요성을 절감한 이들의 제안으로 1977년 2월 12일 일본에서도 '산업고고학회'가 결성되었다. 학회지인 『산업고고학』 창간호에 실린 취지문에 따르면, 산업고고학회는 단순히 학술 연구에 그치지 않고 "전후 산업개발과 도시화가 예전에 찾아볼 수 없는 기세로 진행"되는 가운데 "여러 가치 있는 산업기술기념물·유적이 급속히 소실"되는 상황에서 이를 '보존'하기 위해 결성한 단체였다. 그렇다 보니 대학 교원뿐 아니라 "전국 각지에서 산업기술기념물·유적의 보존과 연구를 열심히 하는 향토사가, 지방사가, 기술자, 산업인"을 포함해 아마추어 "동호 인사"에까지 회원 문호를 개방했다.[05]

---

04 「産業考古學の胎動, 日本でも近代産業遺跡に保存の手を」, 『每日新聞』 1974. 3. 15. 석간.

05 前田清志, 「序論: 産業考古學會の二〇年」, 『日本の産業遺産, 産業考古學研究 Ⅱ』(新装版),

다만 취지문에서는 산업고고학이 기존의 고고학이나 역사학의 하위 분야인 산업사, 기술사와 무엇이 다른지 설명하는 부분을 찾아볼 수 없다. 이는 산업고고학의 개념과 정의를 놓고 연구자 사이에 명확한 합의가 이루어지지 않았기 때문으로 보인다. 그래서인지 일본 산업고고학회는 영국 산업고고학에서 제시한 용어를 빌려와 "산업기술기념물과 유적"을 연구 대상으로 명시했다. 하지만 의도와는 다르게 산업기념물의 개념은 산업고고학 연구가 국제화하는 과정에서 점차 논란의 대상이 되었다.

독일 보쿰의 제2회 국제회의에서는 산업혁명의 본산인 영국에서 시작된 산업기념물을 유물이나 유적뿐 아니라 기술까지 포함한 개념의 독일어인 '기술기념물(Technischer Denkmäler)'로 번역했다. 이를 계기로 산업고고학의 개념과 연구 대상을 어떻게 규정할 것인지 국제적 논의가 본격화되었다. 그리고 1978년 스웨덴에서 열린 제3회 국제회의에서 기존의 '산업기념물' 대신 좀 더 포괄적인 개념의 '산업유산(Industrial Heritage)'을 사용한다는 국제적 합의가 이루어졌다.

산업고고학이 신생 학문인 만큼 산업유산의 정의와 개념을 각국의 사정에 따라 다르게 수용한 것은 어찌 보면 당연한 일이었다. 일본 산업고고학회의 초대 회장을 맡은 산업사 연구자인 다마오키 마사미(玉置正美)는 학회 설립 이듬해인 1978년 학계와 일반에 널리 소개할 목적에서 『산업고고학입문』을 저술했다. 여기서 그는 산업고고학을 "산업기념물의 보존과 연구에 관한 학문"으로 규정했다. 그런데 그의 주장에서 흥미로운 점은 산업기념물을 "움직일 수 없는 생산설비(광산제련설비, 공장, 철도, 운하 등)인 생산유적, 그리고 기계, 도구 등과 같이 움직일 수 있는 산업유물"로 나누었다는 것이다. 그가 산업기념물을 생산유적과 산업유물로 나눈 이유는 "기록을 보존 대안"으로 생각하여 동산인 산업

玉川大學出版部, 2000, 12~13쪽.

유물뿐만 아니라 부동산인 생산유적에 관한 기록의 중요성을 강조하기 위해서였다.[06]

하지만 모든 연구자가 그의 견해에 동의했던 것은 아니다. 제2대 회장인 야마자키 도시오(山崎俊雄)는 사견임을 전제로 "산업고고학의 정의는 사람에 따라 다른 것이 당연하다"라고 하면서 "모든 실증적인 방법을 구사하여 과거의 현존 노동수단을 대상으로 그 역사적 의의를 해명하고 이를 국민 문화유산으로 영구히 보존하는 방책을 연구하는 과학"이라는 견해를 피력했다. 아울러 연구 대상 역시 "일본의 산업혁명기"인 메이지유신 전후 시기에 머물지 않고 "시대를 어디까지 확대해도 상관없다"라고 주장했다.[07]

이처럼 산업고고학의 개념과 대상 시기를 연구자마다 다르게 정의하다 보니 학회 차원에서 산업유산의 개념을 통일적으로 제시하는 단계에 이르지 못했다. 그 결과 초창기 산업고고학 연구는 주로 기술사, 공업사를 전공하는 연구자 개인의 관심에 따라 진행되었다. 무엇을 산업기념물로 규정할 것인지, 산업유산의 범위와 시기를 어디까지 할 것인지 통일된 기준을 마련하지 못한 상태에서 학회의 주된 활동은 "특정 산업의 탄생 시기에 활약한 기계, 설비, 공장, 건물 등의 보존을 기업과 자치단체에 요청"하는 것이 되었다. 그렇다 보니 산업고고학에 관심을 가진 이들을 '고상한 척하는 성인 신사들의 편벽한 연구자'라고 평가절하하는 비판의 목소리도 제기되었다.[08]

그러나 이는 어디까지나 산업고고학의 일면만 바라본 평가라고 생각한다.

06　黒岩俊郎·玉置正美 編, 『産業考古學入門』, 東洋経済新聞社, 1978, 23쪽.

07　並川宏彦, 「産業考古学·産業遺産について」, 『桃山学院大学総合研究所紀要』 40(1), 2014, 177쪽.

08　井上敏·野尻亘, 「産業考古學と産業遺産—何のために情報を収集し, 誰に傳えるために保存するのか」, 『桃山學院大學総合研究所紀要』 30(2), 2004, 12쪽.

산업고고학회는 영국에서 시작한 산업고고학을 소개하는 것에 머물지 않고, 산업유산에 대한 학술적인 조사와 연구의 필요성을 제기했다는 점에 중요한 의의가 있다. 1977년 학회 설립과 동시에 도쿄(東京)와 니가타(新潟)에, 이듬해인 1978년 오사카(大阪)와 나고야(名古屋)에 잇따라 지부가 설립되면서 연구 네트워크가 전국으로 확대된 것 역시 중요하다. 학회 설립 직후 토목학회, 건축학회, (일본)내셔널 트러스트 협회가 각기 '근대토목유산 조사'(1978), '일본근대건축총람'(1980), '역사적 철도 차량과 시설, 구조물에 관한 전국 조사'(1982) 사업을 시작해 '보존' 가치가 있는 폐산업시설 리스트를 작성한 것 역시 넓게 보면 산업고고학회의 결성이 자극제가 되어 만들어진 결과라고 말할 수 있다.

종합해보면 산업고고학회의 설립은 유산 가치가 있는 폐산업시설의 전국적인 조사 활동을 활성화하는 계기가 되었다고 평가할 수 있다. 하지만 당장에 유산의 '보존'에 초점을 두다 보니 '활용'에까지 관심을 두지 못했다. 게다가 산업유산의 개념이나 정의에 관한 논의나 협의를 끌어내지 못했다. 그 결과 개별 학술단체의 주된 관심사에 따라 '산업기념물', '산업유산', '근대토목유산', '근대건축물'과 같은 용어가 혼용되면서 이에 관한 개념을 통일적으로 정립하는 단계에 이르지 못했다. 무엇보다 참여자가 기술사와 공학 분야에 한정된 점은 이 시기 산업유산 연구의 한계였다고 말할 수 있을 것이다.

산업구조의 전환과 유산 정책의 변화

1970년대 일본 사회에 소개·유포되기 시작한 '산업유산'은 불과 20여 년도 지나지 않아 문화청의 '근대화유산'(1993), 경제산업성의 '근대화 산업유산'(2007) 등의 정책을 통해 제도화되었다. 녹슨 채 흉물스럽게 방치된 폐광, 폐공장 등의 낡은 건조물을 국가나 공공의 법과 제도로 미래에까지 보존·활용하기 위한 '유산'으로 인식하게 된 경위는 무엇 때문일까? 아울러 '산업유산'이 아니라

'근대화유산', '근대화 산업유산'이라는 용어를 사용하게 된 이유는 왜일까? 이 같은 질문에 답하려면 1980년대 후반 이후 일본의 경제·사회·문화적인 변화를 종합적으로 살펴볼 필요가 있다.

먼저 산업구조 전환에 따른 경제적 변화부터 확인하도록 하자. 아시아·태평양전쟁이 끝나고 일본은 한국전쟁의 전시 수요를 발판 삼아 빠르게 산업시설을 복구하며 철광, 조선, 자동차 분야의 제조업 중심 국가로 거듭날 수 있었다. 하지만 1973년과 1978년 두 차례에 걸친 국제 오일쇼크는 일본 경제에 커다란 변화를 가져왔다. 고비용의 에너지를 소모하는 철광, 조선 같은 중후장대한 산업은 한국, 중국을 비롯한 후발개도국에 경쟁력을 잃고 쇠퇴했지만 이를 대신해 반도체, 전자 같은 고부가가치형 산업이 수출 주력 분야로 부상했다.

일본은 오일쇼크로 인한 경제위기를 극복하는 가운데 에너지 수요 전환에 따른 산업구조 개편으로 고도 산업국가로 이행할 수 있었다. 하지만 그 과정에서 치러야 할 비용이 적지 않았다. 무엇보다 용도를 다한 폐광과 폐산업시설이 전국 각지에서 발생했다. 산업구조 전환에 따른 부작용은 특정 산업에 대한 의존도가 높은 지방 산업도시일수록 더욱 심각했다. 그 대표적인 예로 탄광도시를 들 수 있다. 1950년대 후반 이후 석탄에서 석유로 에너지 수요가 전환하면서 1961년 19만 8천 명에 이르던 광부와 5,500만 톤에 달하던 석탄 생산량은 1972년에 이르러 3만 7천 명과 3,100만 톤으로 급감하게 된다. 그 결과 석탄업을 주된 기반으로 삼은 지방의 탄광도시는 존폐의 갈림길에 섰다.

일본 정부는 위기에 처한 지방도시의 재생을 지원하기 위해 테마파크나 온천, 리조트, 스키장 등과 같은 대규모 시설 위주의 관광개발 정책을 장려했다. 그러나 정부의 재정지원으로 시작한 대규모 관광개발사업은 1980년대 후반 이후 거품경제의 붕괴로 대부분 파산하거나 실패했고, 지방경제를 더욱 힘들게 만드는 요인이 되었다. 경기침체가 장기화하면서 국내 단체여행객을 상대하던 관광지는 점차 활기를 잃었고, 심지어 유명 온천지에서조차 가게 문을 닫은 상점가가 속출하기 시작했다. 게다가 관광 형태 역시 '보는 관광'에서 '체험과 학습' 위주로 변화했다. 이러한 가운데 특색있는 관광자원을 갖지 못한 지방 산업도시의 입장에서 폐광, 폐산업시설과 근대건축물은 관광객의 시선을 끌어당길 '최후의 관광자원'으로 새롭게 인식되었다.

일본 정부의 새로운 유산 정책을 가져온 또 하나의 요인으로 유네스코 세계유산의 등재 전략에 나타난 변화를 들 수 있다. 주지하다시피 유네스코는 지난 1972년 소멸과 파괴의 위기에 놓인 세계 각지의 유산을 보호하기 위해 '세계유산조약'을 제정했다. 이로써 인류 공통의 보편적 가치를 지닌 '문화유산'과 '자연유산'을 세계유산으로 지정해 보호할 수 있는 제도가 마련되었다. 하지만 그 이후 십수 년 동안 세계유산에 이름을 올린 유산의 상당수는 유럽의 역사 유적과 기독교 유물이었다. 그 결과 세계유산의 서구 중심주의에 대한 비판이 제기되었다. 한편 유네스코는 이 같은 비판을 해소하기 위해 1994년 '세계유산 리스트의 대표성, 균형성, 신용성을 위한 글로벌 전략'을 발표했다. 이에 따라 서구 중심적, 엘리트주의적인 세계유산의 등재 기준을 완화해 비유럽으로 선정 지역을 확대하기 위해 '20세기 건축물', '문화적 경관', '산업유산'의 세 분야를 하위 종목으로 새롭게 편성했다.

한편 일본은 세계유산조약이 제정되고 20여 년이 지난 1992년에 가서야 이를 비준했다. 다른 국가와 비교해 뒤늦은 가입이지만 유산 등재를 위한 노력은 오히려 가팔랐다. 조약 비준 이듬해인 1993년에 나라현(奈良縣) 호류사(法隆寺)와 효고현(兵庫縣) 히메지성(姫路城)을, 1994년에 교토의 문화재를 잇달아 세계유산으로 등재했다. 국내 명승지와 문화재가 연이어 세계유산에 등재되었다는 뉴스와 함께 세계 곳곳의 유산을 소개하는 방송 프로그램과 관련 여행 상품이 인기를 얻으면서 이른바 '세계유산 붐'이 일어났다. 세계유산의 브랜드 효과가 관광객 유치에 효과적임을 확인한 지자체는 앞다투어 지역의 명소와 사적, 자연경관을 세계유산 잠정 리스트에 등록하려는 경쟁에 나섰다. 이러한 가운데 교토, 나라와 같이 탁월한 문화유산을 보유하지 못한 지역에서는 세계유산의 새로운 편성 종목인 '문화적 경관'과 '산업유산'에 주목하기 시작했다. 이러한 점에서 일본의 유네스코 가입과 '세계유산 붐'은 산업유산의 가치와 가능성을 인식하게 만든 중요한 계기가 되었다고 말할 수 있다.

일본 정부의 유산 정책에 변화를 불러온 또 하나의 요인은 폐허에 대한 사회적 인식의 변화였다. 거품경제 붕괴 이후 경영 파산이나 건설 중단 등을 이유로 호텔, 리조트, 병원, 학교, 주택 등의 폐건조물이 우후죽순으로 늘어나는 가운데 호기심 어린 시선에서 '폐허'를 바라보고 탐색하는 무리가 생겨났다. 이 같은 폐허에 대한 호기심이나 관심은 18세기 유럽의 정원과 건축, 회화 등에서 나타난 미적 탐구에서 그 기원을 찾아볼 수 있다. 고대 로마에 대한 문화적인 동경을 담은 18세기 유럽의 폐허 취향은 파괴, 죽음, 부조화, 낯섦의 감정 변화를 통해 숭고미를 느낀 당사자에게 역사를 반추하고 현재를 돌아보는 심리적인 기능을 수행했다.

하지만 1990년대 일본에서 유행한 '폐허 붐'은 18세기 유럽의 폐허 취향과는 다른 양상을 보이며 전개되었다. 폐광과 함께 거주민이 모두 떠나 무인도로 변한 군함도는 이 같은 폐허 붐에 불을 당긴 주인공이었다(그림 3). 1974년에 폐광하고 나서 십여 년이 지나 을씨년스럽게 변한 섬의 경관을 담은 사진집(1986년 출간)은 젊은 세대를 중심으로 이질적인 풍경의 '폐허'에 관심을 가지는 이들로부터 많은 인기를 얻었다. 흥미로운 점은 군함도와 같은 폐허를 담은 사진집에서 독자의 관심을 끈 것은 이색적인 느낌을 주는 '폐허의 경관'이 아니라 그 내부에 방치된 물건과 온갖 잡동사니, 다시 말해 얼마 전까지 그곳에 거주했던 이의 '삶의 흔적'이었다는 점이다. 예전에 거주했던 주민의 체험담을 소개하는

그림 3. 군함도 (위) 1990년대 '폐허 붐'을 일으킨 군함도의 현재 모습과 (아래) 세계유산으로 등재된 석축 시설물.

특집 기사와 사진집, 서적 등이 연이어 간행되면서 군함도는 폐허의 성지가 되었다.

1990년대 젊은 세대를 중심으로 유행하기 시작한 폐허 붐은 그간 방치되었던 폐광, 폐산업시설을 무언가 색다르고 이질적인 공간으로 재인식하게 만든 중요한 계기였다. 폐허에 관한 호기심이 증가하고 그에 따른 부작용이 사회문제화되자 일본 정부는 대책의 필요성을 절감하기 시작했다. 정부 당국 가운데 '폐허'에 대해 일찍부터 관심을 보이기 시작한 곳은 문화청이었다. 이용자 감소로 지방 사철회사의 폐선이 계속되는 가운데 일부 철도 마니아의 불법 침입, 기물파손 등이 늘어나면서 폐선, 폐역, 폐차량 등의 관리와 보존에 대한 문의가 지자체로부터 이어졌다. 하지만 사원이나 신사 같은 전통적인 목조건축물에 편중된 문화재 행정으로는 이에 적절히 대응할 수 없었다. 이에 따라 문화청은 문화재 행정의 대상과 범위를 근대의 산업, 토목시설물로 확대하기 위한 사전 조사 차원에서 1990년 '근대화유산종합조사' 사업을 기획하게 된다.

'근대화유산종합조사'는 전국을 대상으로 삼되, 예산과 인력 등의 현실적인 문제를 고려해 매년 2~3개씩 광역자치단체를 선정한 다음 개별 도도부현(都道府縣)의 교육위원회에 '근대적 수법으로 건설된 산업·교통·토목에 관련된 구조물을 근대화의 시점에서 평가하고 소재를 확인하여 문화재로 보존하기 위한 기초자료' 조사를 위임하는 방식으로 진행되었다.[09] 다만 문화청이 제시한 '근대화'의 범위는 전문가의 폭넓은 의견을 수렴해 정한 것이 아니었다. 당시 사업에 참여한 이의 고백에 따르면, '미국 페리 제독의 개항을 전후한 시기부터 제2차 세계대전 패전'까지를 '근대'로 보는 통념을 수용한 것에 지나지 않았다.[10] 만약 당시 '근대'에 관한 진지한 논의를 통해 식민통치나 전쟁침략 같은 '부(負)'의 유산까지 포괄하는 제도로 '근대화유산종합조사'가 시작되었더라면

---

09   산업 관련 시설을 비롯해 근대화에 공헌한 인물, 교육시설 등에 이르기까지 폭넓은 분야에 걸쳐 종합적으로 진행된 '근대화유산종합사업'은 2013년에 완료되었으며 총 36,138건에 이르는 건축물 보고서가 작성되었다. 森嶋俊行,「近代化産業遺産の保存と活用に關する政策的對応の比較」,『E-journal GEO』9(2), 2014, 103쪽.

10   伊東孝,『近代化遺産の誕生と展開』, 岩波書店, 2021.

하는 아쉬움이 남는 대목이다.

흥미로운 점은 이 사업을 기획한 실무 담당자의 아이디어에서 시작한 '근대화유산'이라는 용어가 산업유산을 지칭하는 것으로 광범위하게 유포, 확산되었다는 점이다. 문화청의 근대화유산이 전국적으로 유명하게 된 것은 전적으로 매스컴의 덕분이라 해도 과언이 아니다. 일본의 공영방송인 NHK는 1992년 8월부터 〈근대화유산: 메이지(明治)·다이쇼(大正)·쇼와(昭和)〉라는 프로그램을 전국에 방송했다. 5분 정도의 짧은 분량에 그쳤지만, 높은 인기를 얻은 덕분에 근대화유산은 금세 익숙한 용어가 되었다. 그리고 문화청은 방송을 통해 얻은 인지도를 십분 활용해, 이듬해인 1993년 중요문화재의 항목으로 '근대화유산'을 신설했다. 이를 통해 현재와 맞닿은 '근대'의 유산을 국가와 지자체의 중요문화재로 지정·보호할 수 있는 제도적인 근거가 마련되었다.

앞서 살펴본 바와 같이 근대화유산 정책은 유산 보호의 중대한 분기점이었다. 하지만 이 같은 유산 정책의 등장은 1990년대 이후 일본 정부의 문화 정책에 나타난 변화와 밀접히 연동된 형태로 진행된 것이라는 점에 유의할 필요가 있다. 냉전체제 붕괴 이후 일본은 세계화에 따른 문화적 다양성을 인정하면서도 국민국가의 틀을 유지하기 위해 '문화 내셔널리즘'을 강화하기 시작했다. 세계화의 진전은 일본 기업의 해외진출을 촉진하는 기회이자 기존 가치관과 문화적인 다양성이 충돌하며 국민국가의 틀을 뒤흔들 수 있는 양날의 칼이 될 수 있었기 때문이다. 이와 함께 국제사회에서 일본의 국가적 역량을 강화하기 위한 '문화입국'의 중요성이 높아지는 가운데 소수의 문화재를 지정, 보호하는 종래의 문화재 정책에서 벗어나 "근년의 국토개발, 도시계획의 진전, 생활양식의 변화" 등으로 소멸 위기에 처한 "대량의 근대 문화재 건축물을 후세에 널리 계승"하기 위해 새로운 정책을 도입할 필요성이 높아졌다. 이처럼 근대에 만들어진 대량의 건축물을 후세에까지 널리 계승하기 위해 1996년 문화청은 종래의 문화재보호법을 개정해 '등록' 문화제 제도를 도입했다.

한편 1990년대 이후 유네스코 가입 이후 시작된 '세계유산 붐'과 함께 산업구조 개편 과정에서 지방도시에 남겨진 폐광, 폐산업시설 등을 유산으로 보존·활용하려는 움직임이 시작되었다. 하지만 유산의 보존·활용에 소요되는 막대한 비용을 국가나 지자체가 전적으로 감당할 수는 없는 노릇이었다. 이에 유산의 보존·활용을 독려하기 위해 지정문화재와 달리 외관을 크게 변형하지 않는 선에서 소유주가 내부를 수리해 박물관, 호텔 등의 용도로 사용하는 것을 허용하는 것이 등록문화재 제도의 취지였다. 유산의 유지·관리에 드는 비용을 국가나 지자체가 모두 감당할 수 없는 현실을 고려한다면 '등록' 제도는 어느 정도 불가피한 조치였다고 평가할 수 있다. 하지만 이를 계기로 등록문화재를 신청하려는 개인이나 기업, 지자체 모두 유산 보존의 첫 단계에서부터 관광자원의 활용이라는 경제적인 가치를 고민해야 하는 상황에 놓이게 되었다.

유산의 문화적, 역사적 가치보다 경제적 활용을 우선시하는 일본 정부의 태도는 경제산업성이 2007년과 2008년 두 차례에 걸쳐 실시한 '근대화 산업유산' 제도를 통해 더욱 분명해졌다. '근대화 산업유산'은 2년에 걸쳐 전국에서 총 66개소에 이르는 근대화 산업유산군을 지정하는 사업이었다. "오늘날의 제조업 대국 일본의 기초"가 된 "막말(幕末)부터 쇼와 초기에 걸친 산업근대화 과정"에 만들어진 "건축물, 기계, 문서" 등으로 "선인들의 노력을 비롯해 무형의 가치를 보여주는 것"이란 점에서 경제산업성의 '근대화 산업유산'과 문화청의 '근대화유산'은 크게 다르지 않은 것처럼 보일지 모른다. 하지만 근대화 산업유산은 "지역 활성화의 유익한 씨앗(種)"으로 삼을 만한 가치를 유산 선정의 중요한 기준으로 삼은 것에서 알 수 있듯이, 유산의 보존에 앞서 '활용'에 더욱 방점을 찍은 정책이었다.

이처럼 '지역 활성화'를 우선시한다는 점과 함께 근대화 산업유산의 또 다른 중요한 특징은 '스토리텔링'을 중시한다는 것이다. 유산 가치를 보존하기 위해 활용을 인정했던 문화청의 등록문화재와 달리 '근대화 산업유산'은 처음부터 관광자원의 활용을 목적으로 스토리텔링, 즉 역사 콘텐츠의 스토리 구성을 염두에 두고 '전국적인 스토리'를 가진 27개소와 '특정 지역 스토리'로 특화된 39개소를 선별했다. 기획에서부터 관광객의 시선을 염두에 둔 '스토리'를 유산 선정의 기준으로 삼다 보니, 근대화 산업유산군은 산업재해나 노동쟁의, 환경오염 등과 같이 어둡고 부정적인 지역의 기억은 숨기고 일본의 번영과 근대의 성공에 관련된 인물, 에피소드를 조명하도록 유도하는 효과를 발휘했다. 그 결과 '지역활성화'를 전면에 내세운 근대화 산업유산은 지역에서 발굴한 다양한 유산의 가치와 이야기를 반영하지 못한 채 '국가'를 우선시하는 내셔널리즘과 '번성'했던 과거에 대한 노스텔지어에 호소하는 스토리의 한계를 보이게 된다.

'규슈·야마구치의 근대화 산업유산군'에서 '메이지 일본의 산업혁명 유산'으로

산업유산에 관한 관심이 높아지는 가운데 문화청의 '근대화유산 조사사업' 결과 보고서를 산업유산 안내서로 출간하는 경우가 일반화되면서 이에 관한 특집 기사를 연재하거나 관련 도서나 사진집이 높은 인기를 누리는 현상이 나타났다. 특히 일본열도 남서부 규슈에서는 1989년 규슈 산업고고학회가 조직된 이래 산업유산의 가능성에 주목한 지역주민의 유산 운동이 일찍부터 시작되었다. 이처럼 산업유산에 관한 관심과 보존 운동이 다른 지역과 비교해 두드러졌던 것은 산업근대화의 역사가 오래되었을 뿐 아니라, 유산의 가치를 지닌 산업시설이 그만큼 광범위하게 존재했던 것과 무관하지 않다. 예컨대 규슈 북부 지역은 메이지유신 이후 미이케(三池), 지쿠호(筑豊) 탄전의 석탄과 중국에서 들여온 철광석을 바탕으로 제철, 탄광, 기계, 화학 등의 중공업이 발전해 20

그림 4. 규슈 오무타시 미야노하라 탄갱 유적 근대화유산, 근대화 산업유산, 국가 등록문화재, 유네스코 일본의 메이지 산업혁명유산으로 지정되었다.

세기 초반 일본의 주요 4대 공업 지역의 하나로 꼽힐 만큼 산업화가 빠르게 진전된 곳이다. 특히나 일본 최초의 근대 제철소인 관영 야하타제철소가 있는 기타큐슈시에서는 1901년에 가동을 시작한 히가시타(東田) 제1고로의 해체를 결정한 사측에 맞서 1989년 지자체와 지역주민의 보존 운동이 시작되었다.

후쿠오카현 오무타시(大牟田市)와 구마모토현 아라오시(荒尾市)에 걸쳐 있는 미이케 탄전 일대 역시 탄광을 '부(負)의 유산'으로 인식하고 이곳의 장소적 가치를 보존하기 위한 주민운동이 활발히 전개되었던 지역이다. 미이케 탄전은 미쓰이(三井) 재벌이 메이지 정부로부터 매입해 본격적으로 개발한 이래 1997년 마지막 탄갱의 채굴을 중지할 때까지 일본의 주요 석탄 채굴지로 오랜 명성을 누렸다. 미이케 탄전의 '미야노하라(宮原)', '만다(万田)' 탄갱 시설은 문화청의 '근대화유산종합조사'를 통해 1998년 중요문화재로, 2000년에 국가 사적으로 지정되었다(그림 4). 이러한 가운데 국가의 공인된 유산과 달리 행정으로부터 독립성을 유지하며 주민 스스로 '탄광 도시의 풍경과 심상을 다음 세대에게

계승'하는 것을 목적으로 2001년 '오무타·아라오 탄광 마을 팬 클럽(大牟田·荒尾) 炭鉱のまちファンクラブ)'이 결성되었다.

규슈 중앙의 나가사키현(長崎縣)은 에도 막부가 관리하는 교역항이자 개항 장으로 번성한 나가사키시, 해군 군항과 공창이 위치한 사세보시(佐世保市)를 중심으로 해운, 조선, 탄광업 등이 일찍부터 발전했다. 군함도로 유명한 하시마 탄갱은 나가사키현의 대표적인 산업유산 가운데 하나이다. 2001년 미쓰비시가 가지고 있던 군함도의 소유권을 지자체에 양도한 것을 계기로 과거 군함도에 거주했던 주민 출신의 활동가를 중심으로 '군함도를 세계유산으로 만드는 모임(軍艦島を世界遺産にする會)'의 NPO 조직이 결성되었다.

철강, 탄광, 산업도시의 오랜 역사를 가진 야하타, 미이케, 나가사키에서 시작된 유산 운동은 각기 신일본제철 임직원 출신의 퇴직자와 지역 유력인사, 지자체 공무원과 유산 연구자, 옛 군함도 주민 출신 인사와 같이 운동을 이끌어 간 세력이 다른 것은 물론이고 지역의 랜드마크 보존, 탄광 도시의 경관 유지, 세계유산 등재와 같이 유산 활동의 목적 또한 모두 달랐다. 하지만 이 같은 차이에도 불구하고 유산 운동은 산업유산에 대한 관심을 고조시키는 것은 물론이고 지역의 역사와 기억을 되돌아보는 중요한 계기가 되었다.

이처럼 규슈 각지에서 산업유산을 보존·활용하려는 움직임이 활발히 전개되는 가운데 일본 열도 최남단에 해당하는 가고시마현(鹿児島縣)에서는 2001년 관련 연구자와 학예원을 중심으로 현 내 산업유산 조사와 연구를 목적으로 하는 '사쓰마 모노쓰쿠리 연구회(薩摩のものづくり研究會)'가 결성되었다. 연구회는 이듬해 '산업유산의 보존과 활용, 영국과 일본'이라는 주제로 심포지엄을 개최하면서 구미의 산업유산을 소개하는 『산업유산』(日本經濟新聞社, 1999)으로 대중적인 인지도를 얻은 가토 고코(加藤康子)와 국제산업유산보존위원회(TICCIH) 사무국장 스튜워드 스미스(Steward Smith)를 초대했다. 그런데 가고시마를 비롯해 규

슈 일대의 산업유산을 돌아본 가토와 스튜워드는 심포지엄 자리에서 규슈 각
지에 산재한 산업유산을 하나로 묶는 '시리얼 노미네이션(serial nomination)' 방식으
로 세계유산에 등재 신청하는 아이디어를 제안했다. 그리고 가고시마현은 이
들의 아이디어를 수용해 2005년 7월 '규슈 근대화 산업유산 심포지엄'을 가고
시마에서 개최했다. 여기서 가고시마현 이토(伊東) 지사의 주도 아래 규슈 일대
를 하나로 묶어 산업유산의 보존·활용을 추진한다는 '가고시마 선언'이 채택
되었다. 이를 계기로 규슈 지자체 차원에서 산업유산의 세계유산 등재 추진 운
동을 본격적으로 시작했다.

이처럼 '규슈'를 하나의 지역 단위로 삼은 유산 활동이 시작되는 가운데 유
산의 보존·활용에 커다란 영향을 끼치는 정부의 유산 정책에 커다란 변화가
일어났다. 당시까지 일본의 유네스코 세계유산 선정은 문화청의 검토위원회
가 잠정 리스트를 작성하면 세계유산 관련 정부 부처(문화유산은 문화청, 자연유산
은 환경성이 주무부서) 회의에서 리스트 가운데 최종 후보지를 결정했다. 그리고
여기서 결정한 후보지의 지자체가 정부 관련 부처의 지도를 받아 세계유산 등
재를 위한 준비에 착수하는 방식이었다. 하지만 세계유산에 대한 지자체의 호
응과 지역주민의 관심이 높아짐에 따라 2006년 문화청은 유네스코 세계유산
잠정 리스트에 올릴 후보를 전국 지자체로부터 공모한다는 계획을 발표했다.

세계유산 잠정 리스트의 선정 방식을 정부 주도의 지정제가 아닌 공모제
로 전환하자 전국에서부터 제안이 쇄도하기 시작했다. 2006년 11월 야마구치
현 하기시(萩市)를 포함해 규슈 일대 6개 현 8개 시는 12개의 유산을 묶어 '규슈·
야마구치 근대화 산업유산군(九州·山口近代化産業遺産群)'(이하 '규슈 유산군')이라는
이름으로 제안서를 제출했다. '규슈 유산군'의 주된 스토리텔링은 메이지유신
의 발원지라 할 수 있는 구 사쓰마번(薩摩藩)과 조슈번(長州藩)이 속한 규슈 일대
와 야마구치현(山口縣)을 하나로 묶어 비서구 국가에서 구미의 산업혁명을 수

용해 스스로 산업화를 성취한 역사를 증언하는 내용이었다. '규슈 유산군'은 이듬해 1월 문화청이 전국에서 공모한 24건 중에 최종 선정한 4건에는 포함되지 않았다. 그러나 '계속 심의'를 거쳐 2008년 9월 세계유산 잠정 리스트에 '추가 기재'가 결정되었다. 이로써 세계유산 등재를 위한 첫 관문은 통과한 셈이나 마찬가지였다.[11]

때마침 일본 정부는 16세기 후반 세계적인 은 생산거점이었던 시마네현(島根縣)의 이와미(石見) 은광을 유네스코 세계유산에 등재하는 데 성공했다(그림 5). 사실상 산업유산으로서는 일본의 첫 번째 세계유산인 셈이었다. 이와미 은광은 문화유산의 자격이 부족하다는 유네스코의 지적에도 불구하고 일본 정부의 적극적인 유산 외교 덕에 유네스코 회원국 가운데 큰 비중을 차지하는 아프리카 국가의 지지를 얻어 지난 2007년 7월 세계유산 목록에 그 이름을 올릴 수 있었다. 산업유산을 지역재생의 자원으로 삼으려는 지자체의 노력과 세계유산을 새로운 국가홍보 수단으로 인식한 일본 정부의 이해가 맞아떨어진 결과였다. 이후 산업유산을 '지역활성화의 씨앗'으로 활용하려는 일본 정부의 노력은 한층 가속화되었다.

이러한 가운데 '규슈 유산군'은 전문가 회의와 내각의 조정 등으로 구성 자산에 적지 않은 조정과 변경이 이루어졌다. 그 결과 '일본의 근대화 산업유산군: 규슈·야마구치 및 관련 지역(日本の近代化産業遺産郡: 九州·山口及び關連地域)'으

11　세계유산의 등재 과정을 살펴보면 먼저 각국 정부는 후보지의 잠정 리스트를 작성한 다음 최종 대상을 유네스코에 추천한다. 각국 정부가 유네스코에 추천한 대상지를 이코모스 (ICOMOS, 국제기념물유적회의)가 전문적인 심사를 맡아 평가를 진행하여 그 결과를 넘기면 유네스코 세계유산위원회에서 최종 결의를 통해 가부를 결정한다(조유진, 「세계유산 확장 등재에 대한 연구」, 『향토서울』 91, 2015, 232~234쪽). 각국 정부가 유네스코에 추천할 수 있는 후보는 매년 문화유산, 자연유산 각기 1건으로 제한되기 때문에 일본 정부가 제출하는 잠정 리스트의 등재가 세계유산 지정을 위한 첫 관문이라고 할 수 있다.

그림 5. 이와미 은광 유적　시마네현 이와미 은광 유적은 2007년 7월 유네스코 세계유산으로 지정되었다. 출처: 이와미은광 세계유산 센터.

로 명칭을 바꾼 최종안이 작성되었다. '규슈 유산군'에서 '일본의 근대화 산업유산군'으로 등재 신청서를 변경하는 과정에서 유념해야 할 사항은 지역주민의 높은 지지와 후원을 받아 구성 자산에 포함된 유산 가운데 적지 않은 곳이 전문가 회의를 거치면서 탈락하고, 추천을 받은 새로운 곳이 포함되었다는 사실이다. 그 대표적인 예로 야하타 제철소와 함께 '철의 도시' 기타큐슈를 상징하는 기념물인 히가시타 제1고로를 들 수 있다.

　2006년 규슈 일대 지자체가 작성한 '규슈 유산군'에 히가시타 제1고로를 포함하는 것은 유산 보존에 힘써온 지역 입장에선 지극히 당연한 결정이었다. 하지만 2009년 문화청 전문가 위원회는 여러 차례의 변형으로 진본성이 떨어지는 야하타 히가시타 제1고로와 군함도 하시마 탄광 시설 등을 제외하는 대신 이와테현(岩手縣) 가마이시시(釜石市)의 하시노(橋野) 철광산 유적 등을 추가하도

록 권고했다. 이에 따라 '기술입국의 기초'인 야하타 제철소의 상징이자 시 지정문화재인 제1고로는 세계유산 구성 목록에서 제외되었다. 대신 현재 가동 중이거나 제철소 안에 있어 사실상 접근이 불가능한 구본 사무소, 수선공장, 구 단야(鍛冶) 공장, 온가강 수원지 펌프실(遠賀川水源地ポンプ室) 등 4곳이 야하타 관련 유산 목록에 포함되었다. 유네스코가 제시한 유산 기준을 맞추려다 보니 정작 지역주민과 지역사회가 오랫동안 발굴한 유산은 제외하고 국민국가로 유산의 분포를 확대하기 위해 사실상 규슈와 별 관련이 없는 이와테현의 가마이시, 시즈오카현의 니라야마 유적을 세계유산 등재 목록에 포함하는 수정안이 만들어진 것이다.

우여곡절 끝에 일본 정부는 결국 2014년 1월 내각 결의를 통해 유네스코 세계유산 등재 신청을 결정했다. 그리고 2015년 이코모스의 수정 권고에 따라 다시 '메이지 일본의 산업혁명유산: 제철·철강, 조선, 석탄 산업(明治日本の産業革命遺産 製鉄·製鋼, 造船, 石炭産業)'으로 변경된 일본 정부의 신청서는 앞에서 언급했듯이 강제동원 사실을 명시하는 조정안에 한일 양국 정부가 합의함으로써 세계유산 목록에 등재될 수 있었다.

세계유산 등재의 문제점과 남겨진 과제

유산 연구로 저명한 데이비드 로웬딜(David Lowenthal)은 역사와 유산을 구분하면서 역사는 사실에 대한 검증을 통해 과거를 구성하기 때문에 비판에 개방적인 데 반해, 유산은 특정한 과거의 유토피아에 권위를 부여하고 신화화할 위험성을 내포한다고 지적한 바 있다.[12] 로웬딜의 우려대로 메이지 산업혁명 유산은 신화화한 유산의 문제점, 다시 말해 국민국가의 '연대의식'을 함양하기

12　데이비드 로웬딜 지음, 김종원·한명숙 옮김, 『과거는 낯선 나라다』, 개마고원, 2006.

그림 6. 사도광산　일제강점기 조선인의 강제동원이 확인된 사도(佐渡) 광산의 도유갱(道遊坑) 입구. 출처: 일본 문화청.

위해 산업화 이면의 어두운 기억을 배제하고 특정한 산업화 시기의 영광만을 강조한다면 이에 관련된 당사자는 물론이고 서로 다른 역사인식을 가진 주변국의 반발을 초래할 수 있다는 위험성을 새삼스레 확인하는 기회였다.

　　문제는 현재와 같이 국민국가를 신청 주체로 삼는 세계유산의 등재 방식에 획기적인 변화가 없다면 유네스코를 무대로 하는 외교 분쟁과 유산 갈등은 언제든지 반복될 수 있다는 점이다. 유네스코 세계유산 등재 전략의 변화에 편승해 이와미 은광(2007)에 이어, 도미오카제사장(富岡製糸場, 2014), 메이지 산업혁명 유산(2015)을 잇달아 세계유산으로 등재하는 데 성공한 일본은 일제강점기 조선인의 강제노동이 사실로 확인된 사도(佐渡)광산을 비롯해 앞으로도 전쟁 침략, 식민지배에 관한 기억을 담고 있는 유적과 시설물을 또다시 세계유산으로 등재 신청할 가능성이 매우 높다(그림 6). 일본 정부가 산업화에 따른 빛과 어둠의 기억을 온전히 밝혀, 강제노동을 인정하고 이를 전시하는 것이야말로 가장 좋은 해결책이 될 수 있겠지만, 현재의 입장에 별다른 변함이 없다면 유산의 보존·협력을 위해 협력해야 할 유네스코는—서로 다른 역사 인식을 가진—국민국가 사이의 총탄 없는 기억전쟁의 장이자 치열한 유산 외교의 국제무대로 언제든지 변모할 수 있다.

국가권력에 의한 유산 담론의 공인화 과정이 갖는 문제점은 비단 인접한 주변국 사이의 기억전쟁에 한정되지 않는다. 메이지 산업혁명 유산에는 한국이 문제 삼는 1940년대 일제강점기의 강제동원뿐 아니라 지역주민과 NPO 조직 등이 발굴한 지역의 다양한 역사와 당사자의 다채로운 목소리가 담겨 있다. 하지만 세계유산 등재 이후 지역사회가 발굴한 기억이 오히려 퇴색하고 있다며 아쉬움을 토로하는 일본 유산 활동가의 비판에 귀 기울일 필요가 있다. 유산의 가치를 '국가적·민족적' 범주로 제한하는 것은 국민국가의 틀을 유지하고 구성원의 '연대의식'을 육성하기 위해 아주 효과적인 방법일 수 있다. 하지만 메이지 산업혁명 유산에서 드러났듯이 이 과정에서 유산에 담긴 다양한 기억과 다채로운 목소리를 은폐하거나 감추는 역효과를 부를 수 있다. 이러한 점에서 유산의 가치를 정하는 주체는 국가로 제한되거나 수렴되어서는 안 된다. 오히려 노동과 재해, 환경, 젠더 등과 같이 다양한 주체와 집단이 요구하는 가치와 이슈를 포함할 수 있어야만 유산의 가치는 여러 세대에 걸쳐 창조적으로 계승될 수 있을 것이다.

이러한 점에서 국가 간의 치열한 유산 외교와 기억전쟁을 넘어 메이지 산업혁명 유산을 제대로 보존·활용하려면 무엇보다 빛과 어둠의 양가적인 측면을 갖는 산업화의 특성을 전제로 국민국가의 '특수'한 관계를 넘어 여러 주체가 민주적인 절차에 따라 '다양'하고 '보편'적인 가치를 찾기 위해 노력하는 태도야말로 대안이 될 수 있을 것이라는 점을 마지막으로 제안하고자 한다.

3부
산업유산의 등장과 새로운 공간의 탄생_한국

9장

탈산업화 시대 '열린 공간'으로서 산업유산의 가능성

산업구조의 변화와 산업유산의 등장

1997년 IMF 금융위기를 겪으면서 국내 산업은 커다란 변화를 경험하게 되었다. 그 결과 경쟁력이 떨어지는 단순 제조업 분야는 여타 선진국과 마찬가지로 쇠퇴를 피할 수 없었지만, 지식 기반의 서비스산업과 반도체·IT·전기차 등의 첨단기술 분야는 구조고도화에 성공하며 현재까지 활황을 이어가고 있다. 문제는 이 같은 산업구조의 변화가 도시 경관에도 많은 영향을 끼쳤다는 점이다. 경쟁력을 강화하기 위해 기존 생산시설을 해외나 지방으로 이전하면서 가동을 멈춘 산업시설이 빠르게 증가하는 가운데 폐공장 등의 유휴공간에는 고층 건축물이 속속 들어섰다.

산업구조의 변화로 도심에 생겨난 유휴공간을 가장 경제적이고 효율적으로 이용하는 방식은 이를 허물고 대단위 아파트단지나 고층 건물을 짓는 것이었다. 하지만 대규모 재개발사업으로 과거의 추억을 담고 있는 건물과 경관이 빠르게 사라지자 이에 대한 위기의식이 싹트기 시작했다. 이러한 가운데 지난 2002년 옛 정수장을 생태공원으로 활용한 선유도공원은 산업유산에 대한 우리 사회의 관심을 촉발시키는 계기가 되었다. 이후 일부 지자체나 민간에서 폐

그림 1. 미쓰비시 줄사택 2024년 8월 국가등록문화유산이 된 인천 부평의 일명 '미쓰비시 줄사택' 의 모습(2016).

공장, 폐산업시설 등을 산업화 시대의 '유산'으로 인식하고 이를 보존·활용하 려는 움직임이 시작되었다.

최근 들어 산업유산에 대한 호기심은 관련 연구자나 지자체, 정부 부처를 넘어 일반 대중에까지 폭넓게 확산하는 형국이다. TV 드라마나 영화에서 시 작된 '레트로(Retro)' 열풍이 소비의 주축을 형성하는 밀레니엄 세대를 중심으로 하나의 트렌드가 되면서, 이들의 눈길을 사로잡기 위해 오랜 건축물이나 노후 산업시설 등을 '근대문화유산'으로 지정하거나 '산업유산'으로 활용하려는 움 직임이 활발해지고 있다.

하지만 산업유산에 관한 사회적인 관심이 높아질수록 이해당사자 간의 갈 등 또한 고조되고 있다. 1940년대 미쓰비시(三菱) 제강 인천 부평공장에서 노동 자 숙소로 사용했던 '미쓰비시 줄사택'(그림 1)의 보존과 철거를 둘러싼 논쟁에 서 알 수 있듯이, 식민지 시기 건축물의 보존과 철거에 관한 문제는 비단 인천 뿐만 아니라 우리나라 많은 지역에서 '뜨거운 감자'가 되었다. 심지어 산업유산의 역사적 평가에 관한 논쟁은 국내를 넘어 한일 양국의 해묵은 역사분쟁의 새로운 불꽃이 되고 있다. 군함도와 같이 일제의 강제동원에 이용된 산업시설을 일본 정부가 유네스코 세계유산으로 등재하면서 시작된 한일 양국의 역사분쟁은 현재까지 별다른 해결의 기미를 보이지 않은 채 평행선을 달리고 있다.

그러나 곰곰이 생각해보면 폐산업시설의 증가와 산업유산의 등장은 생산양식의 변화에 따른 새로운 공간의 출현을 뜻하는 사건일지 모른다. 우리보다 일찍 탈산업화를 경험한 프랑스의 사회학자 르페브르는, 르네상스 시기 유럽의 도시가 봉건적인 관계를 해체하고 상업자본주의를 촉진하면서 '근대'를 탄생시킨 주된 공간임을 지적하는 가운데 "각각의 생산양식은 전유된 고유한 공간"을 갖고 있을 뿐 아니라 "하나의 방식에서 다른 방식으로 넘어가는 이행기에는 새로운 공간이 생산"된다고 언급했다.[01] 그의 말대로 산업혁명 이후 대량생산, 대량소비의 자본주의적 생산양식과 함께 등장한 공장, 철도, 발전소 같은 산업시설은 어느새 탈산업화 과정에서 '산업유산'으로 변신 중이다.

이 장에서는 '공간의 생산'에 관한 르페브르의 문제의식을 빌어 오늘날 변화무쌍한 도시공간에 마치 고립된 존재와도 같은 이질감을 풍기는 폐산업시설이 도시와 산업의 역사, 노동과 일상의 기억을 조명하는 새로운 공간으로 거듭날 수 있을지 그 가능성을 탐색하기 위해 산업유산에 관한 국내의 연구 동향을 되짚어 보고자 한다.

정부의 새로운 '유산(Heritage)' 정책과 산업유산에 대한 호기심

한국언론진흥재단에서 제공하는 뉴스 데이터 분석 서비스인 빅카인즈(Big Kinds)를 통해 '산업유산'에 관한 기사를 검색해 보면 지난 2000년 이후 관련 기

---

01 앙리 르페브르 지음, 양영란 옮김, 『공간의 생산』, 에코리브르, 2011, 98쪽.

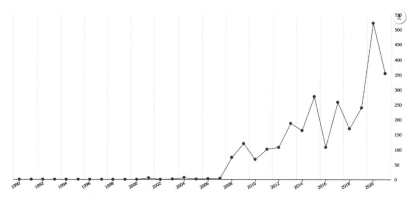

〈표 1〉 빅카인즈를 통해 살펴본 '산업유산' 관련 기사의 연도별(1990~2021) 보도 횟수

사가 처음 등장한 이래 2008년을 기점으로 점차 빈도가 증가하기 시작해 2013년에 폭증한 사실을 알 수 있다(표 1 참조). 관련 기사를 읽어보면 산업유산이라는 용어가 2000년대 들어 등장하게 된 계기는 강원도 태백시 철암 탄광촌의 지역개발운동을 매스컴에서 보도하면서부터였다.

1989년 정부의 '석탄 산업 합리화 정책'에 따라 국내 탄광의 폐광이 결정되면서 탄광업을 근간으로 삼았던 일부 지방도시에 위기가 찾아왔다. 특히나 탄광업 의존도가 높은 강원도 태백시는 폐광에 따른 경기불황, 소득감소 등에 따라 인구가 급속히 감소했다. 시 정부는 인구유출을 막기 위해 '고원 관광휴양도시'를 슬로건으로 내세우고 관광개발을 통한 지역재생을 추진했다. 하지만 시 정부가 주도하는 관광개발사업은 막대한 개발비용의 구체적인 조달책을 마련하지 못해 답보상태에 빠졌다. 그러자 이를 대신해 주민이 주체가 되는 지역개발운동을 요구하는 목소리가 높아졌다. 관련 분야의 전문가 역시 프랑스, 영국, 일본 등의 사례를 참고해 용도를 다한 폐광업시설을 '산업유산'으로 활

용하거나 에코뮤지엄(Ecomuseum)으로 조성하자는 주장을 제기했다.[02]

한편 수도권의 젊은 건축가로 구성된 '철암건축도시작업팀'과 지역운동
가들은 폐광촌을 활용한 영국의 사례를 참조해 태백시 철암 일대를 '빌리지움
(villige + museum)'으로 조성하는 일명 '철암 프로젝트'를 제안했다. 외부의 신진 건
축가와 지역의 운동가가 머리를 맞대고 기획한 '철암 프로젝트'는 폐산업시설
과 폐광촌을 '유산'으로 보존하는 동시에 과거의 기억과 향수를 살린 관광자원
으로 활용하는 것이었다. 하지만 이 같은 계획은 석탄박물관이나 체험공원 같
은 볼거리 위주의 시설물을 건설해 관광객을 유치하려는 태백시와 도로 확장
등의 주거환경 개선을 우선하는 일부 주민의 반대에 부딪혀 중지되었다.[03]

'철암 프로젝트'의 중지는 지역주민의 호응과 참여가 미비한 상태에서 일
부 활동가와 외부 전문가가 주도하는 유산 보존 운동의 한계를 보여주는 사건
이었다. 하지만 나름의 성과도 있었다. 이들의 노력으로 등록문화재[04]에 지정
된 철암역의 대규모 선탄시설이 2001년 12월 19일 KBS 환경스페셜 〈폐광촌 철

---

02 전홍규, 「산업유산을 활용한 지역개발운동—에코뮤지엄(Ecomuseum) 만들기, 외국 사례를
　　중심으로」, 『도시와 빈곤』 35, 한국도시연구소, 1998; 염미경, 「산업도시의 활성화와 산업유
　　산을 활용한 지역관광개발의 가능성」, 『한국사회학회 사회학대회 논문집』, 한국사회학회,
　　2003; 원기준, 「탄광마을 철암의 '마을 전체를 박물관으로 만들기'」, 『국토』 266, 국토연구원,
　　2003.

03 최종적으로 태백시는 옛 탄광촌의 역사적 가치를 보존하자는 시민들의 요구에 따라 지난
　　2014년 2월 중앙정부와 강원도의 예산지원을 받아 '철암탄광 역사촌'을 조성했다. '철암탄광
　　역사촌'은 탄광촌의 주거시설인 일명 '까치발 건물' 11채를 복원해 석탄업이 융성하던 1970
　　년대 모습을 재현한 것이었다. 「이제는 도시재개발이 아닌 도시재생이 대세」, 『강원도민일
　　보』 2014. 5. 7.

04 지난 2024년 5월 17일 국가유산기본법이 시행되면서 문화재청은 '국가유산청'으로, 문화재
　　는 '국가유산'으로 변경되었다. 다만 이 글은 국가유산기본법 시행 이전 시기의 산업유산 관
　　련 연구 동향을 정리하는 데 그 목적을 두고 있는 만큼, '국가등록유산' 대신 종전 문화재보
　　호법에 따른 '등록문화재' 용어를 사용했다는 사실을 미리 밝혀둔다.

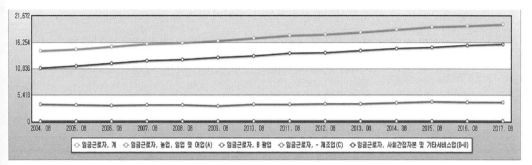

〈표 2〉 국내 산업/근로형태별 취업자 동향(2004~2017)
* 통계청 국가통계포털(KOSIS)에서 제공하는 자료 가운데 '산업/근로 형태별 취업자(9차, 2004.
8~2017. 8)'를 토대로 필자 작성.

암, 생명의 도시를 꿈꾸다〉라는 프로그램으로 방송되면서 '산업유산'이란 용
어는 일부 건축가나 관련 연구자를 넘어 일반에까지 알려지게 되었다.

다만 '철암 프로젝트'를 통해 산업유산에 대한 사회적인 관심이 태백을 넘
어 국내 전반에 확산했는지는 다소 의문이다. 앞서 언급한 바와 같이 한국에서
는 1980년대 후반부터 노동집약적인 제조업, 광산업 등의 한계 산업에서 쇠퇴
가 시작되었다. 하지만 이와 동시에 자본집약적인 제조업의 전환, 서비스산업
의 비중 증가 등과 같은 산업구조 고도화가 진행되었다. 1990년대 후반 경제위
기가 발생했을 당시에도 위기 극복을 위해 오히려 산업구조 고도화는 더욱 가
속화되었다. 그 결과 1980~90년대에 탈산업화를 경험한 구미, 일본 등의 선진
국과 달리 2000년대 한국 사회는 산업 공동화나 그로 인한 폐산업시설의 발생
을 걱정할 단계에 접어들었다고 보기 힘들다.

통계청에서 제공하는 국가통계포털(KOSIS)을 이용해 작성한 〈표 2〉에서 확
인할 수 있듯이, 2000년대 이후(2004년부터 2017년까지)에도 제조업 분야의 임금근
로자(밑에서 두 번째 선)는 전체 취업자 수가 증가함에 따라 그 비율이 감소할지언
정 400만 명을 전후로 일정하게 유지된 사실을 확인할 수 있다. 다시 말해 '철

암 프로젝트'를 계기로 산업유산이라는 신조어가 등장할 당시만 하더라도 제조업 쇠퇴로 인한 산업 공동화는 아직 국가적인 규모가 아닌, 에너지 정책 변화에 따른 폐광으로 지역경제가 심각한 위기에 처한 강원도 태백시 같은 일부 한계 '지방도시'의 문제일 뿐이었다. 결과적으로 2000년대 초반 국내에서 처음 등장한 산업유산이라는 용어는 영국이나 일본에서처럼 탈산업화에 따른 사회적인 변화를 바탕으로 폐산업시설을 '유산'으로 바라보고 이를 보존하기 위해 시작된 대중적인 시민운동의 결과라고 말하기 힘들다.

이런 점에서 2000년대 이후 '산업유산' 용어의 등장과 확산은 정부의 문화재 정책 변화와 연동하며 나타난 현상으로 이해하는 편이 좋을 듯싶다. 2000년대까지 한국 정부는 보존 가치가 높은 문화재를 국보, 보물, 중요무형문화재, 사적, 명승 등으로 나누어 선정하는 '지정문화재법'을 문화재 정책의 근간으로 삼았다. 그러나 '원형보존 원칙'에 따라 지정·허가·규제를 근간으로 삼다 보니 1995년 '역사 바로세우기' 운동에 따른 옛 조선총독부 건물의 철거 사건 이후 반일 민족주의가 전국적으로 고조하는 가운데 일제 잔재 청산을 명분 삼아 각지에서 식민지 시기 건축물을 철거·훼손하는 사태에 유연하게 대처할 수 없었다. 이에 더해 급속한 도시화에 따른 각종 개발사업으로 수많은 근대건축물이 철거·훼손의 위기에 처하자, 주무부서인 문화재청은 이를 보존·관리할 수 있는 제도적인 조치를 서둘러야 했다. 그 결과 소유주의 자발적인 참여를 유도하는 일본의 등록문화재 제도를 참고해 2001년 3월 새로이 「등록문화재법」을 시행하게 되었다. 이에 따라 앞서 소개한 철암역 선탄시설은 이듬해인 2002년 5월 그림 2와 같이 제21호 국가등록문화재에 지정되었다. 그리고 폐광촌의 일부는 그림 3과 같이 주민과의 협의를 통해 관광자원으로 보존·활용 중이다.

결과적으로 등록문화재법은 조선총독부 철거 사태로 인한 반일 민족주의의 고조, 도시화에 따른 개발사업 등의 위협에 대응하기 위한 것이었다고 말할

그림 2. 지난 2002년 국가등록문화재로 지정된 철암역 선탄장

그림 3. 옛 탄광촌의 주거시설을 보존한 철암탄광역사촌의 안내판

수 있다. 다만 좀 더 거시적인 시각에서 바라보면, 이는 1970년대 이후 구미 사회에 나타난 문화 정책의 변화, 즉 문화재의 '보존'에서 유산의 '활용'에 초점을 맞춘 새로운 흐름과 결을 같이하는 움직임으로 평가할 수 있다. 등록문화재 도입에 앞서 영국, 일본 등의 해외 사례를 검토한 문화재청은 역사적 가치를 중시해 소유주 동의 없이 문화재로 지정할 수 있는 영국의 도시계획법보다 소유주의 재산권을 인정하되 신고제를 원칙으로 삼는 일본의 경우가 문화재 관리와 활용 면에서 낫다는 점 등을 들어 후자를 등록문화제 제도의 모델로 삼았다. 이러한 점에서 등록문화재의 도입은 유산의 내재적 가치보다 도구적 활용을 위한 외재적 가치를 중시하는 세계적인 변화에 조응하기 위한 움직임이었다고 평가할 수 있다.

그런데 산업유산과 관련해 주목해야 할 점은 등록문화재의 시행을 전후로 산업유산 연구가 본격화되었다는 점이다. 여기에는 그럴 만한 나름의 사정이 있었다. 관련 학술단체와 시민들이 자발적으로 산업유산의 발굴과 조사에 나선 영국, 일본 등과 달리 한국은 제대로 된 실태조사도 없이 정부의 새로운 유산 정책이 우선한 상태였다. 그렇다 보니 등록문화재 제도를 시행한 다음에야 그에 관한 실태조사에 나서는 상황이 연출되었다.

2001년 등록문화재 제도를 도입한 이후 16개 광역자치단체(1특별시, 6광역시, 9도)에 소재한 박물관, 대학교 연구소 등의 기관들은 지역별로 근대문화유산의 실태를 조사해 『근대문화유산 목록화 보고서』를 발간했다. 『근대문화유산 목록화 보고서』는 조사사업이 종료된 직후인 2004년 11월 '대한건축학회' 등에서 개최한 학술대회를 통해 그 내용이 학계에 알려졌다. 그런데 전수조사를 표방했음에도 조사 기간이 길어야 반년에서 1년 미만인 관계로 빠지거나 잘못 기록한 경우가 적지 않았다. 이에 따라 근대문화유산 목록화 보고서의 오류를 보완하는 한편 '지역사회에 이바지하기 위한 재활용 방안'을 모색하기 위해 지자체 산하 연구기관 또는 개별 연구자를 중심으로 이에 관한 기초조사가 다양하게 진행되었다.[05] 특히 일제강점기부터 산업화가 시작된 부산, 인천, 장항 등지에서는 도시재생의 차원에서 산업유산의 중요성과 가치를 인식해 이에 관한 별도의 실태조사를 실시했다.[06]

초기 산업유산 연구에서 찾아볼 수 있는 또 하나의 특징은 발전소, 창고 같은 대형 산업시설의 재생 방안에 관심이 높았다는 점이다. 근대문화유산의 경우 일제강점기에 대한 역사적인 평가에 따라 보존과 해체에 관한 의견이 경합을 벌이는 경우가 많았다. 그에 비교하면 산업유산의 경우 처음부터 산업화의 어두운 측면, 예컨대 노동 탄압, 산업재해 같은 부정적인 기억에 주목하는 경

---

05 예컨대 (서울) 박용철, 「서울 근대건축물의 현황과 관리」, 『서울학연구』 25, 서울시립대학교 서울학연구소, 2005; (부산) 홍순연·김기수, 「부산 지역 근대문화유산의 보존 및 활용 사례에 나타난 특성에 관한 고찰」, 『대한건축학회연합논문집』 10(3) 통권 35호, 2008; (목포) 최성환, 「목포 근대문화유산의 보존 현황과 활용 양상」, 『한국사학보』 82, 고려사학회, 2021; (군산) 송석기, 「근대도시 군산의 일제 시기 건축유산 현황과 건축적 특성」, 『역사문화학회 학술대회 발표자료집』, 역사문화학회, 2004; (충청남도) 박철희, 「역사문화유산을 활용한 중소도시의 가로 재생방안—논산 강경 중앙로의 근대건축물을 중심으로」, 충남발전연구원, 2012; 충청남도·충남역사문화연구원, 「충남 근현대 핵심유산 보존 및 활용을 위한 연구용역 최종보고서」, 2016; (제천) 이경기, 「지역자산을 활용한 제천시 도시재생 방향—근대문화유산을 중심으로」, 충북연구원, 2016 등의 연구를 들 수 있다.

06 대표적인 연구로 (부산) 강동진 외, 「부산시 건설산업유산의 실태 분석」, 『국토계획』 40(6), 대한국토·도시계획학회, 2005; (인천) 인천발전연구원, 「인천 지역 근대산업유산의 문화적 재활용에 관한 연구」, 2009; 남지현·조희은, 「경기 및 인천의 철도변 근대건조물 보전과 지역적 활용방안」, 경기연구원, 2016; (대전) 최장락·이상희, 「대전 지역 근대산업유산의 가치와 활용에 관한 정책적 함의」, 『디지털융복합연구』 11(11), 한국디지털정책학회, 2013; (장항) 박재민·성종상·김진욱, 「한국 근대 산업유산의 실태 및 활용가능성 분석—충청남도 서천군 장항읍을 중심으로」, 『한국조경학회 학술발표논문집』, 한국조경학회, 2007; 박재민·성종상, 「장항의 산업유산 분포 현황과 도시 형성 과정」, 『국토지리학회지』 46(2), 국토지리학회, 2012; 박성신, 「근대 산업도시 장항의 형성과 변천 그리고 산업유산」, 『한국지리학회지』 9(1), 한국지리학회, 2020 등을 찾을 수 있다.

우는 거의 없었다. 이는 아마도 '산업화'의 담론이 갖는 영향 때문이 아닐까 싶다. '산업화'는 '민주화'와 함께 근대성을 구성하는 두 개의 주된 요소임에도, '빨리빨리'로 대표되는 한국의 압축 근대화 과정에서 '민주화'보다 우선한 가치였을 뿐 아니라 경제성장을 위해 필수 불가결한 요소로 인식되었다. 그 결과 산업화의 부정적 측면은 경제성장의 지상 목표를 달성하기 위해 어쩔 수 없는 '필요악'으로 인식되었고, 산업유산은 근대문화유산과 달리 역사적인 가치판단에서 비교적 자유로울 수 있었다. 그에 따라 산업유산은 애초부터 지역성을 근거로 하는 지역정비의 '새로운 자원'으로, 혹은 심각한 도시쇠퇴를 경험한 폐광 지역의 도시 활성화를 위한 '관광 개발 전략'의 수단으로 인식되었다. 요컨대 산업유산은 역사적 평가에 따라 보존과 해체로 의견이 갈리는 근대문화유산과 달리 처음부터 폐산업시설의 활용을 염두에 둔 공간기획의 대상으로 인식되었다.

그 대표적인 예로 당인리 화력발전소를 들 수 있다. 1998년 고건 서울시장은 많은 대기오염물질을 내뿜는 당인리 화력발전소의 교외 이전 문제를 검토하도록 지시했다. 때마침 2000년 5월 영국 런던 템즈강 근처의 폐발전소를 개조한 테이트 모던 미술관의 개관 소식이 알려졌고, 건축가와 같은 공간기획자들은 교외로 이전하고 남게 될 폐발전소의 거대한 공간을 어떻게 활용할 것인지 다양한 상상력을 발휘했다(그림 4).[07]

---

07 이들은 폐발전소의 공간 활용안을 놓고 발전소라는 본래 형태를 유지하면서 미디어아트 시설로 이용하거나(최경주·김종인·김인철, 「다중심의 집합적 공간구성에 의한 미디어아트센터 계획(안)—당인리 발전소 Remodeling을 중심으로」, 『대한건축학회 학술발표대회 논문집-계획계』 21(2), 대한건축학회, 2001), 발전소 건물을 식물원으로 꾸미는 동시에 한강으로 이어지는 부지를 친환경 체험 농경지 등으로 사용하는 도시재생방안을 제안했다(까오신·김광배, 「근대 산업유산을 재활용한 도시재생에 관한 연구—당인리 화력발전소 활용계획을 중심으로」, 『대한건축학회 학술발표대회 논문집-계획계』 29(1), 대한건축학회, 2009).

그림 4. 당인리 발전소 공원 조성 사업 조감도　2025년 '당인리문화창작발전소'로 개관 예정이다.

　　이상에서 등록문화재법이라는 새로운 유산 정책의 도입과 함께 본격화한 국내 산업유산 연구 동향을 간략히 정리해보았다. 이 같은 연구는 르페브르의 공간론에 비유하자면 '공간 재현',[08] 다시 말해 새로운 공간기획에 관여하는 건축, 도시계획 등의 전문가에 의해 주로 수행되었다고 말할 수 있다. 건축학, 도시계획, 도시디자인, 환경공학 분야의 전문가들이 산업유산에 적극적인 관심을 보인 것은 이들이야말로 폐산업시설을 해체나 파괴의 대상, 쓸모없는 폐허가 아니라 무한한 가능성을 가진 새로운 공간으로 인지했기 때문일 것이다.

08　르페브르는 공간 재현, 재현 공간, 공간적 실천의 변증법적 작용을 통해 공간이 생산된다고 설명했다. 그의 공간론을 빌려 '산업유산'이라는 공간의 생산을 설명하면, 먼저 공간 재현은 건축가, 공간기획자 등이 용도를 다한 공장, 광산, 도로 등의 폐산업시설을 유산으로 인식해 공간으로 '기획'하는 것에 비유할 수 있다. 재현 공간은 영화나 드라마, 인터넷 블로그, 사진, 소설 등에 등장하는 산업유산의 이미지와 상징을 '체험'하는 것이라 말할 수 있다. 그리고 상점이나 카페, 박물관 등의 다양한 공간으로 거듭난 산업유산을 소비하거나 사용하는 가운데 이를 공간으로 '지각'하는 행위야말로 공간적 실천이 아닐까 싶다.

지역재생의 자원과 노스텔지어의 소비

이른바 '원형 보존'에서 벗어나 '활용'에 방점을 찍은 정부의 유산 정책은 김대중·노무현 정부 이후 이명박 정부로의 정권교체에도 불구하고 변함없이 유지되었다. 특히나 '아름다운 삶과 창의문화'를 주요 국정과제로 내세운 이명박 정부는 2008년 10월 문화체육관광부 주관으로 '지역 근대산업유산을 활용한 문화예술창작벨트 조성사업'(이하 '근대산업유산 조성사업')을 실시했다. '근대산업유산 조성사업'은 '산업유산'이라는 용어를 정부 사업의 전면에 내세운 최초의 경우였다. 이 사업은 연구자마다 사업의 주체와 과정, 성과의 가치를 어디에 둘 것인지에 따라 상반된 평가를 받았지만, 이를 "지역의 고유한 산업유산을 발굴하고 새로운 가치"를 찾아내 "지역의 특화된 사회와 문화, 더 나아가 경제 분야와 연결시키려는 노력"으로 보는 시각에선 별다른 이견을 보이지 않았다. 이러한 점에서 '근대산업유산 조성사업'은 지역 활성화를 위한 자산으로 산업유산을 바라보는 시각을 확산하고 장착하는 중요한 계기가 되었다고 말할 수 있다.

특히나 2013년 국토교통부가 제정한 「도시재생 활성화 및 지원에 관한 특별법」(이하 「도시재생특별법」으로 약칭)은 산업유산을 지역재생의 자원으로 바라보는 사회적 시선을 더욱 강화하는 근거가 되었다. 「도시재생특별법」은 "인구의 감소, 산업구조의 변화, 도시의 무분별한 확장, 주거환경의 노후화 등으로 쇠퇴하는 도시를 지역 역량의 강화, 새로운 기능의 도입·창출 및 지역 자원의 활용을 통하여 경제적·사회적·물리적·환경적으로 활성화"(제2조 정의)하기 위한 것으로, 이후 도시재생사업의 법적 토대가 되었다. 이후 정부와 지자체의 적극적인 지원 아래 2014년 도시재생 선도 지역 13곳이 선정되었고, 2016년 도시재생 일반 지역 33곳이 추가로 결정되었다. 정권교체를 통해 2017년 새로 출범한 문재인 정부 역시 '도시재생 뉴딜사업'을 주요 공약으로 내걸고, '도심의 저층 노후주거지', '노후산업단지', '역세권', '지방중소도시' 등을 대상으로 매년 100곳의 사업지를 선정해 임기 5년 동안 총 500곳에 약 10조 원을 투자하겠다고 밝힌 바 있다.

앞서 살펴본 바와 같이 문화체육관광부의 '근대산업유산 조성사업'과 국토교통부의 「도시재생특별법」등을 계기로 산업유산은 "사회환경 변화에 따른 불가피한 요구를 제대로 수용하지" 못한 문화재 원형 보존 정책을 대신해 창의적인 활용을 통한 "도심재생", 나아가 "문화도시 조성과 문화국토 형성"을 위한 자원의 측면에서 주목받게 되었다.[09] 다만 국내 전문가의 논의나 연구가 활발히 이루어지기 전에 정부 사업에서 폐산업시설을 지역의 특화된 문화공간으로 조성하기 위한 대상으로 삼다 보니, 산업유산의 고유한 내재적 가치를 규명하기에 앞서 '활용' 등의 외재적 가치에 초점을 맞춘 연구가 중심을 이루게 되었다는 점에 주의할 필요가 있다. 결과적으로 2000년대 후반 이후 국내 산업유산 연구는 쇠퇴 지역의 도시재생을 위한 자원으로 산업유산을 바라보는 정책당국의 시선에 연동하는 형태로 산업유산을 통한 국내외 도시재생사업의 사례와 성과를 소개하는 것이 다수를 이루었다.

이와 함께 2000년대 후반 이후 산업유산 연구에 나타난 또 하나의 중요한 특징은 쇠퇴 지역의 도시재생을 위한 자원으로 산업유산을 바라보는 시각이 주를 이루는 가운데 그것의 활용을 둘러싼 이해당사자 사이의 갈등에도 주목하기 시작했다는 점이다. 일찍부터 구 조선은행 군산지점, 일본 제18은행, 내항부두, 부잔교 등의 식민지 건축물을 근대문화유산으로 지정한 군산에서는 원도심 활성화를 위한 관광자원으로 이를 활용하는 문제를 놓고 치열한 담론의

---

09   이순자·장은교, 「근대산업유산이 창의적 활용을 통한 지역재생 방안」, 『국토』 343, 국토연구원, 2010, 62~63쪽.

그림 5. 호남관세박물관으로 활용 중인 옛 군산세관 건물

그림 6. 군산 내항에 설치된 부잔교

경합이 이루어졌다(그림 5·6).

　먼저 근대문화유산의 '활용'을 중시한 이들에게 군산의 식민지 시기 건축물은 오랫동안 낙후된 도시의 상징이자 '적산(敵産)'에 지나지 않았다. 따라서 '흉물스러운 건축물'을 재활용해 '지역자산'으로 사용하는 것은 위기에 빠진 지역경제를 활성화하기 위한 하나의 기회였다. 이처럼 식민지 시기 건축물의 활용에 동의하면서도 제대로 된 복원이 아닌 보수나 변형이 이루어지는 문제점을 지적하는 가운데 군산을 찾은 국내외 관광객과 주민 사이의 새로운 만남을 통해 한·일, 지역, 세대를 넘어 다양한 교류와 소통이 이루어지기를 바라는 주장도 제기되었다.[10]

　그러나 일제수탈에 관한 기억을 담고 있는 식민지 시기 건축물을 '근대문화유산'이라는 이름으로 관광자원화하는 것에 대한 우려와 반감 또한 적지 않았다. 근대문화유산을 지역의 문화자원으로 삼은 군산의 '근대문화도시사업'을 이명박, 박근혜 정부가 식민지근대화론의 입장에서 벌인 '식민지 도시미화사업'이라고 평가절하하는 견해가 제기되었다.[11] 이처럼 일방적인 비판과 다소 거리를 두면서도, 일제의 식민통치에 대한 부정적인 기억이 사라지지 않는 한 민족주의적인 감정이 표출되면 근대문화유산에 대한 반발이 언제나 재현될 수 있다는[12] 어느 연구자의 지적은, 비단 군산뿐만 아니라 식민지 근대의 역사적 경험을 공유한 여타 도시의 경우에도 별반 다르지 않으리라 생각한다.

10　김선희, 「근대도시문화의 재생과 새로운 커뮤니케이션의 창출」, 『동북아문화연구』 36, 동북아시아문화학회, 2013, 14~17쪽.

11　김종수, 「식민지 미화 투어리즘―군산 근대문화도시 사업」, 『내일을 여는 역사』, 내일을여는역사재단, 2018, 185쪽.

12　문예은, 「근대문화유산을 둘러싼 담론의 경쟁 양상 분석―군산시를 중심으로」, 『지방사와 지방문화』 14(2), 역사문화학회, 2011, 294~296쪽.

최근 들어 군산뿐만 아니라 목포, 인천을 비롯해 식민지 시기 건축물을 관광자원으로 활용하는 현상은 지역을 가리지 않고 전국적으로 확산하는 추세이다. 그러나 식민지 시기 건축물의 보존과 활용에 관한 역사인식의 갈등이나 정치적인 논쟁과 무관하게, 젊은 세대 사이에서는 '식민지배'의 역사적 사실에서 벗어나 근대문화유산을 단지 노스탤지아적으로 소비하는 '뉴트로(new-tro)' 문화가 폭넓게 확산하고 있다. 과거에 대한 향수를 뜻하는 기성세대의 '레트로'와 달리 젊은 세대의 뉴트로 문화는 자신이 경험하지 못한 과거에 대한 상상된 노스탤지아를 소비하는 것이라는 점에서 차이를 갖는다. 이 같은 뉴트로 문화의 유행과 함께 근대문화유산은 역사적 사실과 분리된 채 과거를 무대화하고 상품화하는 '시뮬라크르'가 되어가고 있다. 이러한 점에서 전국의 지자체가 앞장서서 추진하는 '유산' 관광의 문제점을 다시 한번 살펴보아야 할 시점이 아닐까 싶다.

이상에서 근대문화유산을 포함해 산업유산에 관한 국내 연구 동향을 간략히 살펴보았다. 짧은 기간 동안 산업유산의 기획과 활용, 그리고 소비에 이르기까지 국내외 다양한 장소와 지역에 관한 사례 연구가 진행되었다는 점은 나름의 성과라고 생각한다. 다만 선행연구를 정리하는 과정에서 아쉬움이 드는 대목은 2000년대 후반 이후 정부, 지자체 주도의 지역/도시재생사업이 산업유산에 대한 사회적 관심을 견인해온 이상 한정된 예산을 가지고 정해진 기간 안에 완수해야 하는 공간기획사업의 대상으로 산업유산 연구를 방향지어왔다는 느낌을 지우기 힘들다는 것이다. 그렇다 보니 산업유산의 개념이나 정의, 방법론에 대한 논의가 제대로 이루어지지 않은 채 기획과 활용에 초점을 두고 연구가 이루어졌다는 점을 그 한계로 지적할 수 있을 것이다.

산업유산의 개념과 '새로운 공간'의 가치

산업화는 서구 선진국이라 하더라도 정치·사회적인 요건에 따라 지역마다 다르게 진행되었다. 그래서인지 산업유산의 개념은 각국의 역사 경험과 현실 상황에 따라 다르게 규정되고 있다. 산업혁명의 종주국으로 산업유산에 대한 논의를 가장 먼저 시작한 영국에서는 산업혁명을 기점으로 대량생산의 기술적인 혁신을 가져온 유물과 유적을 산업유산으로 정의했다. 하지만 영국과 이웃한 프랑스에서는 단순히 폐산업시설 등의 물리적인 공간뿐만 아니라 노동자의 생활조건을 보장하기 위한—심지어 스포츠—시설 등을 포함해 공간 내부까지도 산업유산의 범주에 포함한다. 그렇다 보니 역사유산 보호기관이 정한 기준에 따라 산업유산을 지정하는 작업이 쉽지 않아 유산의 보호 범위를 도시나 지역 단위로 포괄적으로 설정하는 경우가 많다. 이에 반해 독일에서는 영어권에서 사용하는 '산업유산(Industrial Heritage)' 대신 '산업문화(Industriekultur)'라는 개념을 사용한다. 독일어에서 '산업문화'는 단지 산업생산의 기반이 된 공장, 노동자 사택 같은 구조물을 넘어 산업화 시대의 문화와 역사를 지칭하는 폭넓은 의미가 있다. 따라서 독일의 산업유산이 갖는 의의를 제대로 이해하려면 단지 물질적인 시설물에 초점을 맞추기보다 노동자의 삶을 포함해 산업화 시대의 기록으로 바라보아야 한다.

동아시아 지역만 하더라도 일본과 중국의 산업유산 개념은 서로 다르다. 일찍부터 산업유산에 관심을 가진 일본은 메이지유신 이후 국가 주도로 단기간에 근대화를 이룬 자국의 역사적 경험을 중시해 1853년 페리 개항 이후를 산업유산의 기준 시점으로 파악한다. 그리고 외관을 크게 변형하지 않는 선에서 수리 후 활용을 허용하는 등록문화재, 민간기업 등이 공공시설의 관리 운영을 대행할 수 있는 지정관리자 제도 등을 통해 유산을 보존하는 데 머물지 않고 관광자원으로 활용해 지역 활성화를 꾀하는 데 많은 관심을 가진다. 중국은 한국, 일본과 같은 영문 표기를 사용하면서도 한자로는 '공업유산(工業遺産)'이라고 표기한다. 또한 아편전쟁 이후 공산혁명 이전까지를 근대공업유산, 공산화 이후의 산업시설을 현대공업유산으로 구분한다.

이처럼 자국의 역사적 특수성을 반영해 산업유산의 개념을 재정의한 여러 나라와 달리 한국은 아직 이에 대한 공식적인 합의를 이루지 못한 상태이다. 산업유산의 정의나 시기 등에 관한 공통의 합의 없이 외래어인 산업유산이라는 용어를 그대로 사용하는 것은 그 나름의 사정이 있기 때문으로 보인다. 1973년에 설립한 이래 다수의 산업유산을 유네스코 세계문화유산으로 등재하는 데 중요한 역할을 했던 '산업유산보전국제회의(TICCIH, The International Conference on the Conservation of the Industrial Heritage)'는 2003년 7월 러시아 니즈니 타길에서 개최한 제12회 총회에서 산업유산의 범위와 시기, 산업고고학의 정의를 담은 이른바 '니즈니 타길 헌장(Nizhny Tagil Charter)'을 발표했다. '니즈니 타길 헌장'은 그로부터 8년이 지난 2011년 유네스코 산하 국제기념물유적보존협의회(ICOMOS)의 승인을 받아 산업유산에 관한 국제적이고 총체적인 규정이 되었다. 산업유산에 관한 국내 연구가 시작될 무렵 유네스코의 공식적인 승인을 받은 '니즈니 타길 헌장'이 발표된 이상, 새로운 개념을 제시하기보다 이를 준용하는 편이 좀 더 편의적이라고 생각했을지 모르겠다.

물론 일부 연구에서는 선행연구를 토대로 그 나름대로 개념을 정립하고자 시도했다. 예를 들어 국토연구원의 『근대 산업유산의 보존·활용 기본계획 수립을 위한 기초자료 연구』(2008)에서는 산업유산을 근대문화유산의 하위개념에 두고 산업시설과 교통·토목자원, 기타 시설(군사시설 포함)로 분류한 다음 "직접 산업과 관련되는 산업시설 자체와 그것을 지원하기 위하여 형성된 각종 인프라 및 행·재정 지원체계"로 규정했다. 다만 이 경우 산업유산의 물적인 형태를 중시한 나머지 그 범주를 시설물과 인프라로 제한한다는 한계를 갖는다.

이와는 달리 '니즈니 타길 헌장'을 바탕으로 삼으면서도 식민지를 경험한 한국의 역사를 고려해 산업화 시기를 좀 더 세분하려는 시도도 이루어졌다. 여기서는 한국의 산업 근대화가 일제 식민지배 이전인 조선 후기(1860~1894)부터 '자주적 산업화'로 시작했다고 보았다. 그리고 일제강점기의 '식민지 산업화', 해방 이후부터 1960년까지의 '혼란기', 1960년대부터 1980년대까지의 '자주적 근대 산업화'를 지나 현재에 이르렀다고 보았다.[13] 하지만 이 경우 역시 일제강점기와 한국전쟁을 전후한 시기를 '혼란' 내지 '공백'으로 파악해 산업화 과정을 분절적이고 단절적으로 인식하게 만드는 문제점을 낳는다.

이 같은 시도를 바탕으로 국내에서도 자국의 역사·사회적 특수성을 고려한 산업유산의 개념 정립에 대한 논의가 필요할 것으로 생각한다. 이 경우 여타 해외 산업유산의 보존·활용에 관한 연구와 사례는 한국의 상황에 맞는 산업유산의 개념을 재정의하고 가치를 재규정하고자 할 때 반드시 참고할 필요가 있다. 우리보다 앞서서 산업유산 제도를 정비했던 일본의 경우 '근대', '근대화'에 대한 역사학계의 연구성과나 학술적인 논의를 거치지 않고 소수의 실무자를 중심으로 "페리의 흑선 도래로부터 1945년 패전까지"를 근대로 보는 통념을 수용해 '근대화유산' 제도를 시행했다.[14] 만약 당시에 '근대' 내지 '근대성'에 관한 다양한 논의와 학술적인 성과를 참조해 근대화유산 제도를 정비했더라면 지금처럼 경제 선진국이라는 집단기억을 만들기 위해 "일본의 근대화, 경제발전에 공헌"한 자원을 유산으로 인정한 것과 달리, 근대화 과정에서 일본이 저지른 식민지배나 강제동원, 대외침략에 관한 사실까지 근대화유산의 가치

---

13 박재민·성종상, 「산업유산 개념의 변천과 그 함의에 관한 연구」, 『건축역사연구: 한국건축역사학회논문집』 21(1), 한국건축역사학회, 2012.

14 伊東孝, 『近代化遺産の誕生と展開』, 岩波書店, 2021.

에 포함했을지 모른다.

이러한 점을 반면교사 삼아 앞으로 산업유산에 대한 논의 과정에는 건축, 도시계획, 도시공학 같은 공간기획자뿐 아니라 역사학, 고고학, 노동운동 등을 포함한 각 분야의 전문가가 참여한 형태로 다양한 토론이 이루어져야 할 것이다. 이 같은 점에 유념하면서 이 장에서는 섣불리 산업유산의 개념이나 유형을 분류하기보다 산업유산의 가치에 대해 고민해보고자 한다. 이를 위해 근대사 연구에 중요한 역할을 했고 근대문화유산의 제도화에 이바지한 어느 한국사 연구자의 발언을 소개한다.

> 일제강점기에 조성된 (…) 일본식의 공공건물이나 각종 군용 시설들, 철도 역사나 창고들, 금융기관의 건물이나 관사들, 심지어는 교육기관이나 종교 건물들도 있다. 일제 잔재를 문화재로 보존할 필요가 있는가 하고 거부감을 나타내는 경우도 있지만, 그런 유산만큼 일제강점의 모습을 적나라하게 보여주는 증거물이 없을 뿐만 아니라 이제 우리는 아픈 역사도 우리의 기억 속에서 지우지 말고 싸안아 승화해야 할 단계에 와 있다고 생각한다.[15]

식민지 시기 건축물을 "일제 잔재"로 간주하여 이를 "문화재로 보존할 필요가 있는가"라는 세간의 비난을 의식한 듯, 식민지배의 "아픈 역사"를 기억하기 위해서라도 "일제강점의 모습을 적나라하게 보여주는 증거물"이 필요하다는 주장은 근대문화유산 제도를 도입하는 과정에 관여했던 이들의 고뇌와 입장을 솔직하게 보여주는 대목이라 할 수 있다. 하지만 식민지 시기에 건설한

---

15 이만열, 「근대문화유산, 왜 보존해야 하며 어떻게 보존해야 하는가?」, 『한국의 근대문화유산』 2, 우정디자인기획, 2007.

수많은 건축물을 현재까지 해체하거나 철거하지 않고 보존한 이유가 무엇인지 별다른 설명 없이 당위적으로 "일제강점의 모습을 적나라하게 보여주는 증거물"이기에 보존해야 한다는 주장에 누구나 선 듯 동의하기란 힘들 것이다.

그렇다면 식민지 시기 건축물을 이제까지 보존·사용한 것은 무슨 이유 때문이었을까? 이에 대해 베를린, 도쿄, 서울의 근대건축물을 통해 '트랜스 모더니티'의 가능성을 탐색한 선행연구는 위 질문에 대한 나름의 실마리를 제공한다. 이에 따르면 해방 직후 일제의 강압적인 식민지배를 연상시키거나 상징하는 기념물, 예컨대 신사 건물은 즉각적으로 파괴·해체되었던 반면 서양식 혹은 일본풍과 결합해 혼종적인 건축 양식을 가진 공공 건축물은 본래의 모습을 유지하며 살아남을 수 있었다. 서양식 건축 양식의 공공 건축물이 "조선은행 본점, 경성역, 경성부 청사는 한국은행 본점, 서울역, 서울시청으로 간판을 바꿔" 달고 현재까지 살아남을 수 있던 이유는 "수치스러운 식민지 과거"보다 "서구적이며 근대적인" 인상을 불러일으켰기 때문이었다. 결과적으로 "건물의 서구적 외양이야말로 건물의 생명을 유지해준 최상의 보호막"인 셈이었다.[16]

물론 근대문화유산으로 지정된 건축물의 생존 비결이 전적으로 '서구적 외양'이라는 미적 가치에 있다고 결론지을 수는 없을 것이다. 다만 여기서 주목하고 싶은 것은 근대문화유산에 미적 가치가 존재하듯이 쓸모없이 방치된 굴뚝, 창고, 공장 같은 산업유산에도 그 나름의 아름다움이 존재한다는 사실이다. 아마도 산업유산의 아름다움이란 근대문화유산의 서구적 외양과 달리 평소 경험할 수 없는 '폐허'의 낯선 감각과 이질감에서 비롯되는 것은 아닐지 모르겠다. 철도역 인근에 남겨진 급수탑을 소재로 산업유산의 미적 가치를 탐구

---

16 전진성, 『상상의 아테네 베를린·도쿄·서울—기억과 건축이 빚어낸 불협화음의 문화사』, 천년의상상, 2015.

그림 7. 현재 '화폐박물관'으로 활용 중인 옛 한국은행 본관 건물 　출처: 화폐박물관 홈페이지.

그림 8. '문화역서울284'라는 이름으로 새롭게 개장한 옛 서울역 역사 　출처: 위키피디아.

한 연구에 따르면, 수직으로 솟은 급수탑은 "근대의 기계문명이 내포하는 힘, 에너지, 속도와 같은 남성적 성취"를 기념하는 동시에 철거와 파괴에 쉽게 노출됨으로써 "[현대] 문명의 쇠퇴와 몰락"을 상징한다고 볼 수 있다.[17] 다시 말해

17　박은영, 「시각문화의 관점에서 본 한국 근대 산업유산—철도역 급수탑을 중심으로」, 『미술사

그림 9. 국가등록문화재 52호로 지정된 서울시 옛 청사

급수탑은 발전과 퇴락이라는 근대성의 양면을 드러내는 기표인 셈이다. 이러한 점에서 웅장한 산업시설로 작동하던 당시의 모습이 사라지고 가동이 멈춘 다음 녹슨 철근과 거대한 콘크리트가 되어 드러내는 '숭고미'야말로 산업화 시대를 기념하는 공간으로 산업유산이 갖는 미적 가치가 아닐지 싶다.

하지만 산업유산의 가치는 단지 폐허가 갖는 물적인 속성과 산업화의 도상을 상징하는 외형에 그치지 않는다. 앞서 살펴보았듯이 급변하는 현대사회의 불안감을 해소하기 위해 친밀한 과거에 향수를 느끼는 노스탤지어 관광은 산업유산이라 해서 예외로 남겨두지 않는다. 노스탤지어 관광에 비판적인 입장을 견지하는 사람은 유산산업의 대중화로 인해 현재와 과거가 서로 분리되고, 역사가 탈역사적인 방식으로 소비되는 점을 우려한다. 물론 이들의 우려대로 노스탤지어는 막연한 불안의 조짐일 수 있다. 하지만 이와 동시에 현실에서

『논단』 48, 한국미술연구소, 2019.

노스탤지어는 과거 "익숙한 장소에 대한 애착"을 통해 "사회적 격변을 완화"하는 효능을 발휘하기도 한다.[18] 다소 인위적으로 꾸몄다 하더라도 옛 분위기를 느끼게 만드는 산업유산은 현실의 삶에 지친 현대인에게 감정적인 피난처인 동시에 무료한 일상에서 벗어날 수 있는 도피처가 되기도 한다. 이러한 점에서 오늘날 산업유산은 노스탤지어적인 감정을 통해 과거를 현재와 친숙하게 느끼게 만드는 동시에 과거를 무대화하고 상품화하는 양가적인 속성을 갖는다. 이처럼 산업유산의 아우라에 내재한 양가적인 속성을 인정해야만 관광객의 시선을 의식해 폐산업시설을 인기 있는 관광시설로 만들려는 유산산업의 전략에 맞설 대안을 고민할 수 있을 것이다.

그런데 유산산업의 대응 전략을 고민하기에 앞서 주의할 점은, 작동을 멈춘 폐산업시설을 '유산'으로 보존·활용하려면 그곳에 담긴 수많은 기억 가운데 '무엇'을 보존하고 지역재생의 자원으로 '어떻게' 활용할 것인지 선별하는 작업을 거쳐야 한다는 사실이다. 이런 '유산화' 과정을 통해 모든 산업유산은 '정치성'과 '역사성'을 갖게 된다. 더욱이 국가나 국제기구의 공적인 승인을 받아 역사적인 장소나 기념물로 지정하는 순간 그곳에 담긴 다양한 기억들은 공식적인 기념 담론에 갇혀 본래의 가치와 의의를 잃고 공적인 기억으로 수렴되고 만다. 일본의 유네스코 세계유산 지정 과정에서 군함도를 비롯해 산업유산에 담긴 다층적인 기억, 예컨대 강제동원으로 인한 식민지인의 피해, 전쟁과 노동에 대한 지역주민의 체험이 '메이지 일본의 산업혁명'이라는 공적인 기억 아래 망각되거나 축소된 것이야말로 이에 관한 대표적인 사례라 말할 수 있다.

이처럼 유산화 과정을 통해 산업유산에 덧씌워진 정치성은 이를 구성하는 장소성의 또 다른 요소일 수 있다. 다만 산업유산이 갖는 다층적인 특성과 다

---

18 데이비드 로웬덜 지음, 김종원·한명숙 옮김, 『과거는 낯선 나라다』, 개마고원, 2006

면적인 의의를 충실히 읽어내기 위해 르페브르의 다음과 같은 주장은 의미심장하다. 그는 현대도시의 특징이 환상과 몽환으로 가득 찬 동시에 관료주의적이고 국가적인 장소로 구성된다는 점에 있다고 보았다. 따라서 이질적인 동시에 상충적인 장소로 구성된 현대도시에 거주하는 구성원이 스스로 총체적인 존재임을 경험하려면 무엇보다 기념물의 의미작용을 읽어낼 수 있어야 한다고 주장했다. 르페브르의 주장을 정리하면 온갖 기념물로 가득 찬 현대도시를 사는 우리에게 정녕 필요한 것은 새로운 기념의 장소나 기념비 건립이 아니라 기념물의 다층적인 의미를 읽어내는 작업이라 말할 수 있을 것이다. 이러한 점에서 지난 2018년 청주 국립현대미술관으로 변신한 옛 청주 연초제조창의 노동자를 대상으로 개인 생애 서사를 분석한 연구는 시사적이다. 이에 따르면 연초제조창이라는 장소에 담긴 이들의 주된 기억은 '노동'이었다.[19] 연초제조창과 같이 공장에 근무했던 노동자 개인의 주된 기억이 '노동'에 관한 것이란 점은 산업유산의 장소기억이 '노동'과 결코 분리될 수 없음을 일깨워준다.

앞서 살펴본 바와 같이 산업유산은 도시와 산업의 역사, 노동과 일상의 기억을 조명하는 기념물인 동시에 기술 발달로 급변하는 현대사회의 불안을 진정시킬 수 있는 새로운 공간의 가능성을 갖는다. 하지만 산업유산이 탈산업화 시대 기념비적인 공간으로 거듭나기 위해서는 무엇보다 산업유산에 담긴 다양한 기억을 읽어내려는 사회구성원의 관심과 노력을 전제로 해야 한다. 이러한 점에서 산업유산의 활용은 단순히 도시재생을 위한 물리적인 공간의 재활용이나 새로운 문화공간의 조성에 그치지 않는다.

민간의 자발적인 노력에 의한 문화운동의 성공 사례로 여겨졌던 '대구 근

---

19 류한조, 「산업유산 아카이빙을 위한 개인 생애서사 기반 수집 연구」, 『기록학연구』 66, 한국기록학회, 2020.

대 골목투어'가 대구시 중구청의 도심재개발 프로젝트에 편입되면서 "대구의 영광스러운 과거에 대한 자부심과 향수"를 재현하는 공식적인 문화유산 관광 프로그램으로 변질하는 과정에서 알 수 있듯이,[20] 산업유산의 보존과 활용은 그곳에 담긴 다양하고 중층적인 과거를 어떻게 기억하고 재현할 것인지를 두고 벌이는 치열한 경합의 과정임을 잊지 말아야 할 것이다.

산업유산 연구의 의의와 과제

이상에서 2000년대 이후 한국 사회에 산업유산이라는 용어와 개념이 새롭게 도입되는 과정과 지난 20여 년 동안의 대략적인 연구 경향에 대해 살펴보았다. 요약하면 첫째, 한국의 산업유산 연구는 탈산업화로 인한 사회구조의 변화 속에 폐산업시설을 유산으로 인식하며 시민사회를 중심으로 보존 및 활용에 관한 움직임이 시작된 구미, 일본과 달리 문화재의 고유한 가치보다 도구적 활용을 중시하는 정부 정책의 변화에 조응하는 가운데 쇠퇴 지역의 도시재생 방안을 마련하려는 연구자의 실천적인 관심에서부터 시작되었다고 말할 수 있다. 둘째, 애초부터 산업유산을 공간기획의 시선으로 바라보다 보니 정작 그 개념이나 정의, 그리고 그곳에 담긴 다층적인 기억의 발굴, 다양한 개인 체험의 재구성 등에 주목하기보다 유산관광, 문화공간 등의 활용 방안에 초점을 맞춘 연구가 주를 이루었다. 셋째, 일제의 식민통치와 식민지 근대에 대한 역사적인 평가와 맞물려 유산의 가치에 대해 활발한 논쟁이 이루어진 근대문화유산과 달리 산업유산의 '불편한' 기억에 관한 연구는 거의 이루어지지 못했다. 산업화의 부정적인 측면이 경제성장이라는 지상목표를 달성하기 위한 필요악

---

20 박충환, 「대구근대골목투어―'지붕 없는 박물관'과 스토리텔링의 정치적 지형」, 『지방사와 지방문화』 19(2), 역사문화학회, 2016.

정도로 인식되다 보니 '영광스러운' 특정 시기나 국가주의에 수렴되는 기억만을 선택적으로 부각하는 유산관광의 현실은 앞으로 산업유산 연구가 주목해야 할 과제라고 생각한다.

그렇다면 지난 연구 성과를 바탕으로 산업유산을 탈산업화 시대의 새로운 기념 공간으로 만들어가고자 한다면 어떤 가치를 담아야 할 것인가? 그리고 어떠한 노력을 기울여야 할 것인가? 이 같은 질문에 제대로 답하려면 또 다른 연구가 필요하겠지만 우선은 미흡한 대로 나름의 의견을 제안하는 것으로 이 장을 갈음하고자 한다.

무엇보다 산업유산이 갖는 유산의 가치는 이곳에 담긴 다층적인 기억을 수집, 복원하는 과정에 있다는 점을 기억할 필요가 있다. 산업유산은 일단 산업 활동을 멈춘 폐산업시설의 가치를 재발견함으로써 유산으로 보존, 활용하는 과정에 이르게 된다. 그런데 국내의 경우 폐산업시설의 물리적 특성과 '폐허'의 미학적 가치에 문화적인 활용을 덧입혀 낙후한 지역과 도시를 재생시키기 위한 자원으로 평가하다 보니 정작 그곳에 관여한 개개인의 다양한 장소기억을 수집·복원하는 작업을 소홀히 한 측면이 없지 않다. 만약 산업유산에 담긴 개개인의 기억과 체험을 구술, 생애 서사 등의 다양한 방식으로 밝혀내고 누구나 참여할 수 있는 공공아카이브 방식으로 제작하여 제공한다면 그곳에 담긴 두툼한 시간의 층위와 그곳에서 벌어진 다양한 사건의 변화를 이해할 수 있을 것이다. 그렇게 된다면 식민지 시기 건축물에 대한 평가 역시 건립 당시의 역사적 가치에 초점을 맞추어 개발과 수탈의 이분법적인 논쟁을 지속하기보다 현재에 이르기까지 온갖 부침과 격동을 겪은 다층적인 장소기억의 가치에 주목할 수 있을지 모른다. 요컨대 산업시설을 건립하고 운영하던 시기뿐만 아니라 '폐허'로 방치되다 유산의 가치와 의의를 획득하기까지에 이르는 모든 여정이야말로 산업유산의 장소성과 장소기억을 구성하는 역사적 요소라는 점을 기억했으면 한다.

다음으로 산업유산의 활용에 관한 문제이다. 산업유산을 당대뿐만 아니라 지속 가능한 형태로 보존, 활용하려면 본래의 목적에 맞게 이용하는 편이 가장 좋은 방안일 것이다. 하지만 현실에서 산업유산은 관광객의 시선을 의식한 카페나 전시관, 체험시설 같은 문화적인 공간으로 활용하는 것이 일반적인 방식이 되었다. 이렇게 재탄생한 산업유산은 지금에야 젊은 세대를 중심으로 '뉴트로'한 감성을 풍기는 명소로 인식될지 모르겠지만 전국 각지에 유사한 곳이 계속해서 생겨난다면 언제까지 관광명소의 지위를 유지할 수 있을지 알 수 없다. 단순히 지역을 알리고 홍보하기 위한 문화자원으로 활용을 고민하기보다 지역에 내재하는 다양한 역사와 사건을 재구성할 수 있는 기억공간을 염두에 둔다면 내셔널 히스토리에 포섭되지 않는 지역성을 재구성하는 동시에 로컬 히스토리의 기념비적 장소가 될 수 있을지 모른다.

미셸 푸코는 현실 세계의 여러 장소에 맞서 "그것들을 지우고 중화시키고 혹은 정화시키기" 위한 '반(反) 공간'이자 질서정연한 유토피아에 대비되는 공간으로 '헤테로토피아(hétérotopies)'의 중요성을 언급한 바 있다. 산업화와 탈산업화라는 서로 양립하기 힘든 시간의 층위에 겹쳐 있다는 점에서 산업유산은 푸코가 이야기한 헤테로토피아의 공간성을 갖는다.[21] 다만 산업유산이 진정 우리 시대의 특권화된 공간, 이를테면 쇼핑몰, 대형 할인마트, 백화점 문화센터 등에 이의를 제기할 수 있는 헤테로토피아가 되고자 한다면, 다소 뒤죽박죽하고 무질서한 듯 보이더라도 국가나 자본이 의도한 특정한 목적에 수렴되지 않으면서 누구나 자유롭게 드나들 수 있는 '열린' 공간이 되어야 할 것이다.

---

21 미셸 푸코 지음, 이상길 옮김, 『헤테로토피아』, 문학과지성사, 2014.

10장

산업시설은 어떻게 '유산'이 되는가

한국에서 산업유산이란 어떤 의미일까?

카페가 된 창고, 문화시설이 된 공장, 기계 소리가 들리는 오래된 골목의 레스토랑, 녹슨 기둥이 늘어서 있는 공원. 인스타그램을 가득 채운 감성 가득한 폐산업시설들의 모습은 이제 우리에게 더 이상 낯설거나 새로운 풍경이 아니다. 힙하고 트렌디한 것을 찾는 이들의 발걸음은 '레트로'라 불리는 공간들을 찾아 헤매고, 그 곳에서 누린 경험들은 각자의 SNS 계정에 그대로 기록되며 새로운 유행을 만들어내기도 한다. 또한 각종 설비와 거친 마감의 날것을 드러내는 인더스트리얼 디자인은 카페나 레스토랑에서 여전히 크게 유행하고 있다.

한국에서 이 같은 현상이 나타난 것은 2000년대 이후의 일이다. 특히 2016년 개관한 카페 겸 갤러리인 대림창고, 제강공장을 리노베이션하여 만든 복합문화공간인 F1963, 2018년 개관한 카페 겸 갤러리 조양방직 등의 성공은 폐공장과 폐창고 등 폐산업시설에 많은 이들의 관심을 불러일으켰다.

탈산업화 이후의 폐산업시설은 한국에서뿐 아니라 전 세계적으로 '산업유산'이라는 이름으로 도시재생 및 관광자원으로 주목받고 있다. 서구 사회에서는 1970년대 이후 산업유산에 대한 관심이 커졌는데, 한국에서는 2000년대에 들어서 산업유산에 주목하기 시작했다. 2001년 근대문화유산을 보존하기 위한 등록문화유산 제도가 시행되며 산업시설들이 국가유산의 영역에 포함되기 시작했으며, 2002년 폐정수장을 활용한 선유도공원이 개장하며 산업유산의 활용에 관한 관심도 커졌다. 2003년에는 산업유산에 관한 국제기구이자 유네스코 산하 소위원회인 국제기념물유적협회(International Council on Monuments and Sites, ICOMOS)를 위한 특별자문기구 산업유산보존국제회의(The International Committee for the Conservation of Industrial Heritage, TICCIH)가 2003년 7월 러시아 니주니 타길에서 열린 제12차 회의에서 '니주니 타길 헌장(The Nizhny Tagil Charter for the Industrial Heritage)'을 택함으로써 산업유산의 정의와 범위를 규정하고 세계적으로 산업유산의 개념을 확산시켰다.

이 헌장은 산업유산의 형성 시기를 18세기 후반 산업혁명부터 현재까지로 보았으며, 역사적·기술적·사회적·건축적·과학적 가치를 지닌 산업적 문화를 산업유산으로 봄으로써 건물 및 기계, 작업장, 제작소 및 공장, 탄광 및 부지, 창고 및 기계, 발전시설, 교통시설 등 인프라, 주택, 종교 및 교육시설 등과 관련된 사회 활동 장소를 포함하는 광의적 개념으로 해석했다. 산업유산에 대해서는 다양한 개념 정의가 있다. 이는 크게 산업, 교통, 토목, 도시, 주택, 공공 등과 관련되는 모든 경우로 예술 및 문화 분야에 이르는 활동까지 포함하는 광의의 개념과, 근대문화유산의 하위개념으로 보는 시각, 즉 산업시설 자체와 그 구조물(교통 토목시설, 건축, 기타 군사시설 등)까지 포함하는 협의의 개념으로 보려는 시각으로 구분된다.

한국에서 산업유산이라는 개념은 2000년대에 들어 등장했다. 강동진 외(2003)의 연구에서는 산업유산을 산업혁명을 전후한 공업 중심의 근대화 과정에서 남겨진 과학기술과 연관된 유산, 즉 산업관련 결과물, 기술 등과 이를 지원하였던 운하, 철도, 항만 등의 인프라를 총칭하여 설명하고 있다.[01] 한국의 산업유산 개념에 영향을 준 영국, 일본에서의 산업유산은 각각 산업혁명과 근대화(메이지유신 이후) 시기의 산업고고학을 기반으로 하는데, 한국에서는 지역의 새로운 문화자원 발굴과 지방자치 제도와 맞물려 역사자원의 보전과 활용이라는 측면에서 다루어지고 있는 특징을 보인다. 또한 일본에서 근대화 산업유산이라는 용어로, 중국에서 공업유산이라는 용어로 산업유산을 정의하고 있는 데 반해 한국에서는 산업유산이라는 용어를 일반적으로 사용하지만, 산업유산의 정의와 관련하여 정부 단위의 연구를 진행한 적은 없었으며, 국가유산청의 등록문화유산 제도 내에 산업유산을 포함하여 관리하거나 문화체육관광부나 국토교통부의 폐산업시설 관련 재생사업으로 활용하고 있는 상황이다. 현재 한국에서 사용하고 있는 산업유산 개념은 협의의 산업유산 개념에 가까우며, 산업유산이라는 별도의 관련 제도나 체제 없이 역사문화자원으로서의 '보존'과 '활용'을 중심으로 전개되는 특징을 보인다. 최근의 연구에서는 산업노동자들의 주거를 산업유산에 포함시키는 경향도 나타나고 있으나 여전히 한국에서의 산업유산 관련 논의는 협의의 산업시설을 중심으로 전개되고 있다.

이와 같이 협의의 산업유산 개념하에서 산업유산을 문화유산의 하위개념으로 이해할 때, 산업유산은 유산화 과정(Heritagization)[02]을 거친 산업시설이라 정

---

01 강동진 외, 「산업유산의 개념과 보전방법 분석」, 『국토계획』 38(2), 대한국토·도시계획학회, 2003.

02 전통적으로 문화유산은 특정 역사적 시기에 만들어져서 그 시대를 대표하는 것으로 인식되었다. 그리고 한 시대의 문화유산은 그 의미가 고정되어 변화하지 않는다고 이해되는 것이 지배적이기 때문에, 정적인 개념으로 평가되었다. 하지만 20세기 말부터는 문화유산을 '사회화 과정(social process)'이라는 관점에서 바라보며, 현 시대에 어떻게 해석하느냐에 따라서 언제든 그 의미가 변화될 수 있고 정치, 사회, 문화의 영향을 받으면서 문화유산화

의할 수 있다. 문화유산의 유산화 과정에는 정부, 전문가, 시민 등 다양한 이해당사자들(stakeholder)이 관여하고 있으며, 이는 크게 공공과 민간으로 나누어볼 수 있다. 공공에는 중앙정부와 지자체, 민간에는 지역주민, 관광객, 민간단체와 시민단체 등이 속한다. 2000년대에 들어서야 본격적으로 산업유산이 소개된 한국에서는 공공이 중심이 되어 산업유산 관련 논의를 본격적으로 진행시켜왔다. 특히 국가유산청과 문화체육관광부, 국토교통부 등의 정부부처가 산업유산 관련 조사를 진행하고, 이를 바탕으로 각종 제도를 만들고 관련 사업을 수행하며 현재에 이르고 있다.

제도와 사업으로 만들어지는 산업유산

한국에서 산업유산 관련 사업과 제도는 '보존'을 목표로 하는 국가유산으로서의 접근과 '활용'을 목표로 하는 공간자원으로서의 접근으로 나누어진다. 2000년대 초반 산업유산의 개념이 한국에 소개된 이후 산업유산은 국가유산청의 '등록문화유산' 제도하에서 국가유산으로 보호받거나 국토교통부의 '도시재생' 사업 혹은 문화체육관광부의 '문화재생' 사업의 대상지로 활용되었다. 국가유산청과 국토교통부, 그리고 문화체육관광부는 각각 산업시설을 '국가유산', '도시재생', '복합문화공간'으로 재탄생시키고자 하였다.

(heritagization)되는 동적인 개념으로 평가받고 있다. 즉 문화재 또는 문화유산의 개념은 정부, 전문가, 시민, 이해관계자 등이 특정 대상에 대해 갖는 집단기억과 가치인식을 반영한 것으로, 이들 간의 사회적 합의에 따라 변화하는 개념이다. 문화유산을 문화적 산물로 인식하기보다는 과정으로서의 문화유산(Heritage as Cultural Process)으로 인식하는 방향으로 변화하는 것이다. 이현경, 「불편문화유산의 개념 및 역할에 대한 고찰」, 『도시연구』 20, 2018, 163~192쪽; 문화재청, 『일제강점기 형성 유산(건축물)의 가치 정립 및 보존·활용 방안 연구』, 문화재청, 2019, 18쪽~20쪽 참조.

(1) '국가유산'이 된 산업시설

1990년대 이후 지정되지 않은 문화재, 특히 근대문화유산이 개발 논리에 따라 멸실·훼손될 위험에 처하자 이를 보호하기 위해 2001년 7월 근대문화유산을 보호하기 위한 등록문화유산 제도가 도입되었다. 2001년 등록문화유산 제도의 시행 이후 국가유산청에서는 적극적으로 전국에 분포한 근대문화유산들을 발굴하고 목록화하였다. 2001~2003년에는 전국의 광역지자체 16개 시·도에서 근대문화유산 목록화사업을 시행하였으며, 2011년 이후에는 건축가 작품(2011), 공공행정시설(2014), 근현대 체육시설(2015), 태평양전쟁 유적(2014~2017), 근현대 교육시설(2017), 근현대 산업시설(2018~2020) 등 주제별·시설별 일제조사사업을 진행하였다. 2020년부터는 5개년 계획으로 전국 역사문화자원 전수조사가 시행 중이다. 국가유산청의 목록화 및 전수조사사업은 전국에 산재한 근대문화유산을 발굴하고, 가치평가를 통해 잠재적으로 국가유산으로서 가치가 있는 문화유산을 국가유산으로 지정·등록하여 관리하고자 하는 데 목적이 있다. 산업유산과 직접적인 관련이 있는 근현대 산업시설 일제조사는 1차년도 광업·제조업시설 1,306건, 2차년도 교량·터널 651건, 3차년도 서비스업(방송 및 통신, 운수 및 보관) 및 전력·가스·수도업 231건의 목록화 및 현황조사 후 역사성, 학술성, 희소성, 보존상태, 활용성에 관한 가치평가를 종합하여 5개의 등급으로 나누었다. 이 중 가장 높은 등급인 A등급에 대하여서는 국가등록문화유산으로, B등급에 대하여는 시도등록문화유산으로 등록하는 것을 추진·검토하는 것을 목적으로 하였다. 산업시설에 관한 목록화조사 외 국가유산청에서 2018년부터 시행하고 있는 사업인 근대역사문화공간 조성사업에서는 근대 산업사 측면에서 중요한 가치가 있는 산업유산 지역을 근대역사문화공간의 한 유형으로 분류하여 선·면 단위의 등록문화유산으로 보존·활용하고 있다.

국가유산청의 산업유산 관련 사업 및 제도는 근현대문화유산의 무분별한 훼손과 멸실을 막고 체계적으로 관리하기 위한 목록화와 현황조사, 그리고 국가유산 등록을 통한 보호에 초점이 맞춰져 있다. 2022년 2월 현재 등록문화유산 중 협의의 산업유산에 해당되는 산업시설, 교통시설, 토목시설은 등록문화유산 중 부동산에 속하는 602개소 중 118개소로 약 19.6%의 비중을 차지하고 있다. 흥미로운 점은 118개소 중 89개가 등록문화유산 제도 시행 이후 7년 내인 2002~2008년에 집중적으로 등록되었다는 점이다. 90개 중 3개를 제외하고는 모두 직권 등록이라는 점도 유의해야 하는 사항이다. 2008년 이후에는 2013년에서야 산업유산에 해당하는 산업시설, 교통시설, 토목시설 군의 국가유산이 등록되기 시작하였으며, 이들은 대부분 직권이 아닌 소유주의 신청에 의하여 등록되었다. 이는 등록문화유산 제도 초창기에 적극적으로 근현대문화유산 전수조사를 통해 발굴해내 국가유산 등록까지 이어간 결과라 할 수 있다. 철도청과 수자원공사, 각 지자체 등이 소유한 교통 관련이나 토목시설들의 경우 국가소유이기 때문에 국가유산청이 직권으로 등록할 수 있다는 점이 다수의 시설을 일괄적으로 등록할 수 있었던 요인이 되었다. 업무시설이나 종교시설, 주거숙박시설 역시 많은 수가 2008년 이전 직권 등록되었지만, 이 시설들의 경우 2008년 이후 신청에 의한 등록도 꾸준히 늘었음에 반해 교통, 토목시설의 경우 2008년 이후 등록된 경우가 거의 없는 특징을 보인다. 한편 산업시설의 경우 2013년 이후 꾸준히 그 수가 증가하고 있는데, 신청으로 등록된 17개소 중 7개소가 2018년 이후 시행된 근대역사문화공간 사업 내에 포함되어 있어 지자체의 적극적 개입이 있었음을 알 수 있다.

2018년부터 시행한 근대역사문화공간 조성사업의 경우 2018년 목포, 군산, 영주, 2019년 익산, 통영, 영해, 2020년 진해와 서천이 선정되었다. 근대역사문화공간의 경우 유형별 분류를 하고 있지 않으나 군산 내항 근대역사문화공간은 내항 호안시설 및 뜬다리부두, 철도, 제일사료 공장, 경기화학약품 상사 저장탱크 등 군산 내항에 설치된 산업유산이 중심인 근대역사문화공간이라 할 수 있다. 이 외에 익산 솜리 근대역사문화공간의 경우 주단과 바느질 산업을 중심으로 한 시설이 집약해 있는 역사문화공간이다.

이처럼 국가유산청의 산업유산 관련 사업 및 제도는 「문화재보호법」의 체계하에서 국가유산으로서 잠재성을 가진 근대문화유산으로서의 산업시설을 전수조사를 통해 발굴하여 훼손 및 멸실을 막고 보호하고자 하며, 이들이 집약해 있는 공간을 근대역사문화공간으로 보호하며 활용하고자 한다. 여기에서 중요하게 다루어지는 것은 '물리적 공간'으로서의 산업시설이며, 전체적인 사업 방향은 유휴산업시설의 활용이라기보다는 국가유산 보호에 초점이 맞춰져 있다. 또한 국가유산청에서는 산업유산의 특수성에 관심을 가지기보다는 근현대문화유산의 한 유형인 산업시설과 토목, 교통시설 등 인프라에 관심을 가지고 있음을 알 수 있다.

(2) '도시재생'의 대상지가 된 산업시설

국토교통부는 산업유산 보존 및 활용 기본계획 수립을 위해 2008년 「근대산업유산의 보존·활용 기본계획 수립을 위한 기초자료 연구」을 수행하였다. 이 연구에서는 2004년 국가유산청에서 수행한 「근대문화유산 목록화사업」을 바탕으로 협의의 산업시설뿐 아니라 교통·산업·자원 관련 유산, 철도, 도로·물류, 자원, 수운, 기타 금융, 행정, 상업 관련 유산까지 포함한 1,950건을 대상으로 분포 현황을 파악하고 활용 잠재력을 평가하여 국가 시범사업의 대상이 될 지역들을 선정했다.

이후 국토교통부의 산업유산에 관한 관심은 도시재생사업과 연관된 것으로 2013년 6월 「도시재생 활성화 및 지원에 관한 특별법」이 제정된 이후 국가도시재생기본방침이 수립되었고, 2014년에는 도시재생 선도 지역 13곳이 선정되었다. 도시재생 선도 지역은 도시경제기반형 2곳과 근린재생형 11곳(일반규모 6개소, 소규모 5개소)으로 분류되는데, 이 중 도시경제기반형은 산단, 항만, 역세권 등의 정비·개발 및 배후 재생이 특징으로 부산과 청주가 해당된다. 부산은 부산북항과 부산역, 원도심을 연계한 창조경제지구를 조성하는 것으로 초량 1, 2, 3, 6동을 대상으로 하였고 청주는 내덕1, 2동, 우암동, 중앙동을 대상으로 연초제조창을 활용한 공예·문화산업지구 조성을 목표로 하였다. 이후 도시재생 선도 지역 사업은 2016년 33개곳을 추가로 선정한 후 2017년 12월 종료되었다. 도시재생 선도 지역 사업은 이후 도시재생 뉴딜 시범사업으로 이어져 대상지 68곳을 선정하였다. 또한 국토교통부에서는 2009년부터 산업단지 재생사업을 시행 중이다. 그러나 산업단지 재생사업은 산업단지를 재개발하는 데 초점이 맞춰진 사업으로 산업유산과는 크게 관련이 없다.

한편 2015년 「한옥 및 건축자산 진흥에 관한 법률」이 시행됨에 따라 국토교통부장관은 건축자산 진흥을 위해 5년마다 건축자산 진흥 기본계획을 수립하게 되었으며, 시·도지사는 기본계획에 따라 연도별 건축자산 진흥 시행계획을 수립·시행하여야 한다. 2016~2020년의 제1차 기본계획은 건축자산의 체계적 보전과 관리, 적극적인 활용과 조성을 제시하고 체계적 실천 방안을 마련하며 각 시·도의 건축자산 진흥 시행계획의 방향을 선도하는 것으로, 구체적인 목표는 건축자산의 가치 공감(건축자산 총조사 지원, 건축자산 기초연구, 국민공감 확산) 및 생활 속에서 누리는 건축자산(한옥 조성 확대, 기술개발 및 산업육성, 건축자산 활용 선도)이다. 여기서 건축자산이란 현재와 미래에 유효한 사회·경제·경관적 가치를 지닌 것으로 한옥 등 고유의 역사문화적 가치를 지니거나 국가의 건축문화 진흥 및 지역의 정체성 형성에 기여하고 있는 것을 의미한다. 건축자산의 시간적 범위는 건축된 지 30년을 경과한 것으로 설정하고 있으며, 건축자산은 건축물, 기반시설, 공간환경의 세 가지 분류체계로 나누어지고 소유주의 신청으로 우수건축자산에 선정될 수 있다. 현재는 제2차 기본계획(2021~2025)이 수립되어 추진 중으로 제1차 기본계획의 실효성이 부족하였던 점을 보완하였다. 우수건축자산 중 50년이 넘는 건축자산의 경우 등록에 대해 국가유산청의 의견을 들어야 하며, 「건축법」에 따른 건축위원회의 심의에 따라 결정하게 된다. 건축자산 총조사를 통해 DB화하여 체계적으로 관리하며 무분별한 훼손과 멸실을 막고 관광, 문화자원, 공공시설 등으로의 활용을 추구한다. 우수건축자산을 중심으로 관리가 필요하거나 건축자산이 밀집한 지역은 건축자산 진흥 구역으로 시·도지사가 지정하여 관리하고 있는데, 이 중 일부는 '건축자산 연계형 도시재생 뉴딜사업'을 추진 중이다.

이처럼 국토교통부의 산업유산 관련 사업 및 제도는 도시재생, 산업단지재생, 건축자산으로 통합하여 설명할 수 있다. 이 중 도시재생과 산업단지재생은 국토개발과 관련되어 있는 것으로 21세기에 들어 도시 정책의 패러다임이 개발에서 재생으로 변화하면서 기존의 산업단지 등을 재생하는 사업을 추진한 것이다. 그러나 이 사업들은 토지이용계획의 변경, 편의시설 확충, 일자리 창출 등이 주요 목표로 산업시설의 유산화 과정에 초점을 두고 있지는 않으며, 기존의 시설을 일부 리노베이션해서 사용하기도 하나 전체 토지, 즉 산업단지의 재생을 목적으로 한다. 건축자산에 관한 조사 및 제도는 상당부분 산업시설을 포함하고 있으며, 특히 도시기반시설 및 공간환경 등은 산업유산과 관련성이 높다. 건축자산의 경우 국토교통부가 전체적인 계획의 흐름은 주도하지만, 실제 등록 및 관리는 각 광역지자체가 하는 것으로 지자체별 편차가 다소 큰 편이다. 2022년 2월 현재 우수건축자산은 총 12개소가 등록되었는데, 이 중 11개소가 서울시에, 1개소가 경기도에 위치하고 있다. 12개소 중 산업유산의 분류에 속할 수 있는 우수건축자산은 서울시 우수건축자산인 대선제분 영등포공장과 돈화문로, 사직터널, 명동지하상가의 4개소이다. 돈화문로, 사직터널, 명동지하상가 등은 현재도 사용 중인 도시인프라이므로 산업유산으로서의 활용이 기대되는 것은 대선제분 영등포공장 1개소뿐이다. 현재 대선제분 영등포공장은 총 23개 동 중 17개 동을 존치한 상태에서 복합문화공간으로 재생사업이 진행 중이다. 또한 건축자산과 도시재생 뉴딜사업이 결합된 형태인 건축자산 연계형 도시재생 뉴딜사업은 현재 대구 중구 향촌동과 전북 익산시 남부시장 건축자산 진흥구역에서 시행 중이다.

(3) '복합문화공간'으로 재탄생한 산업시설

문화체육관광부는 2009년 '지역 근대산업유산 예술창작벨트화 시범사업'을 시행하였다. 이 사업은 지역의 근대산업유산에 대해 신규개발이 아닌 보존적 수법으로서의 공간계획을 통해 기록적 고유성과 사회, 문화적 가치성 등 각각의 산업유산이 지니고 있는 가치를 보존하는 동시에, 이에 대한 문화예술적 측면의 접근을 통해 산업생산공간을 문화생산공간으로 탈바꿈시키고자 하는 사업이었다. 시범대상지는 전라북도 군산시, 전라남도 신안군, 경기도 포천시, 대구광역시, 충청남도 아산시의 5개소이며 국비 50%, 지자체 50%로 국비지원이 이루어졌다. 군산 근대역사문화 벨트화사업은 구 조선은행, 구 나가사키18은행, 세관창고, 미즈상사 등의 근대건축물을 대상으로 건축물의 보수, 복원 작업뿐 아니라 가로경관 조성 및 지구 내 기타 건축물 수리가 진행되었다. 대구광역시는 옛 연초제조장을 리노베이션하여 2013년 대구예술발전소로 재탄생시키고 예술공간 및 청년예술가들의 레지던시로 활용하였다. 경기도 포천 폐채석장은 포천아트밸리로 재탄생하였는데, 포천아트밸리는 2005년부터 경기도 동북부 특화사업으로 조성 중에 시범사업에 선정됨으로써 추가적으로 건물을 신축하고 프로그램을 개발하였다. 신안 증도 예술창작벨트 조성사업은 기존의 소금박물관과 함께 주변의 소금창고들을 활용하여 소금 및 염전 체험,

전시 등을 중심으로 이루어졌다. 아산 근대산업유산활용 창작벨트(장항선 구철도 아트레일 조성사업)는 선도농협창고를 철거하고 코미디홀을 건축하고, 폐역사인 도고온천역의 리모델링, 철길 산책로 조성을 진행하였다.

2009년 시범사업의 시행 이후 문화체육관광부는 '산업단지 및 폐산업시설 문화재생사업'을 시행하였다. 이 사업은 1970~1980년대 경제발전을 이끌었던 1차 산업시설 중 수명을 다해 방치된 곳을 대상으로 문화적 공간 환경개선을 통하여 산업단지 및 폐산업시설 등 유휴공간의 공간 활용성 제고 및 지역 문화예술 활성화를 꾀하고, 문화 예술인의 창작 기반을 확대하고 지역민과의 소통의 장을 마련하는 것을 목적으로 하였다. 이 사업은 2019년 이후 유휴공간 문화재생사업으로 명칭을 변경하여 폐산업시설뿐 아니라 산업구조 및 사회적 구조 변화에 따라 기능을 잃은 다양한 유형의 유휴공간, 즉 폐교, 폐염전, 빈집, 행정시설과 군사시설의 이전으로 인한 유휴공간으로 대상을 확장하였다.[03] 유휴공간 문화재생사업은 2014년 총12개소, 2015년 6개소, 2016년 6개소, 2017년 6개소, 2018년 3개소, 2019년 8개소, 2020년 5개소를 대상으로 이루어졌는데, 이 중 2020년까지 사업이 완료된 대상지는 총 22개소이다. 산업단지 및 폐산업시설 문화재생사업으로 운영되던 2018년까지 선정된 대부분의 대상지는 폐산업시설과 산업단지이나 파주 캠프그리브스(2015), 구 제주대학교 병원(2015), 구 서울대농업생명과학대학캠퍼스(2016, 2017, 2018, 2019), 구 KBS 남원방송문화센터(2017) 등 군사시설, 의료시설, 교육시설이 포함되기도 하였다. 2019년 명칭을 바꾼 이후에는 대상지를 폐산업시설에서 확장하여 유휴공간을 포함한 다양한 시설군으로 선정하고 있다.

03　유휴공간 재생사업은 산업단지 및 폐산업시설 문화재생사업의 연장선상에서 시행되는 사업이므로 이후 '유휴공간 재생사업'으로 통칭하기로 한다.

문화체육관광부의 산업유산 관련 사업 및 제도는 대부분 '관광'과 '문화공간 조성'에 초점이 맞추어져 있어 산업유산이 집약되어 있는 지역의 관광지화를 목적으로 한 사업이라 할 수 있으며, 박물관, 미술관, 체험관, 스탬프 투어 등의 문화프로그램을 중심으로 하고 있다. 2014년부터 시행된 폐산업시설 등 유휴공간 문화재생 활성화 사업의 경우 규모가 큰 폐산업시설을 활용하여 문화공간을 조성하는 것을 목적으로 하며, 국토교통부의 도시재생사업이나 문화체육관광부의 지역 근대산업유산 문화예술 창작벨트화 사업의 대상지와 대상지가 중복되는 경우가 다수 있다. 특히 이 사업의 경우 공모사업 등을 통해 리노베이션 작업의 완성도를 높여 건축적 가치가 높은 장소를 만들어내고 있다. 문화체육관광부 사업의 대상지들은 대부분 공공의 소유물로 공공 주도하에 정부 국비를 지원받는 형태로 이루어진다.

'국가유산'과 '문화공간'으로 재탄생한 산업시설의 현재

결국 국가유산청과 문화체육관광부, 국토교통부의 사업과 제도 중 '등록문화유산', '우수건축자산', '문화재생'은 각각 그 성격은 다르지만 산업시설의 유산화와 연관이 있는 내용들이다. 이에 공공기관이 주도하는 산업유산 관련 제도 및 사업 대상지의 실제 활용 현황을 분석하고자 하였으나, 이 중 '우수건축자산'은 비교적 시행 초기로 그 개수가 많지 않아 제외하였다. 또한 토목시설 및 교통시설에 해당하는 시설들을 제외하고 광업 및 제조시설, 창고 등에 해당하는 협의의 산업시설을 분석 대상으로 했다.

(1) 산업시설로서의 '진정성'과 공공공간으로서의 '활용' 사이의 딜레마

국가유산청에서는 산업시설과 관련하여 전수조사 및 목록화를 통해 현황을 파악하고 등록문화유산 제도를 통해 국가유산으로 등록된 산업유산에 대해 보호 조치를 취하고 있다. 2019년부터는 근대역사문화공간 재생활성화사업을 통해 산업시설을 포함한 근대역사문화공간을 다루고 있으나 내항과 항만시설이 주가 된 군산 근대역사문화공간을 제외하고는 대부분 소규모 산업시설을 포함한 근현대 생활공간이 위주가 되고 있으며, 근대역사문화공간 역시 등록문화유산으로 포함되어 관리되기 때문에 현재까지 국가유산청의 산업시설 활용은 등록문화유산 제도가 주가 된다. 2001년 3월 「문화재보호법」에 근거하여 도입된 등록문화유산은 지정문화유산과 달리 동결보존이 아닌 보전·활용의 대상으로서 국가유산 외관을 변형하지 않는 범위에서 필요에 따라 내부를 활용할 수 있도록 제한규정을 완화하였다. 국가유산 등록 시 지방세(종합토지세, 재산세) 50% 범위 내 감면 및 국세(법인세) 등 세제지원 혜택이 있으며 수리 등에 대해 국고를 보조받을 수 있다.

2022년 현재 국가등록문화유산 중 산업유산(협의의 산업시설에 국한)으로 분류할 수 있는 국가유산은 〈표 1〉에서와 같이 총 33개소이다. 50년 이상이 되어야하는 등록문화유산의 규정상 국가유산청에서 관리 중인 산업유산은 일제강점기에 형성된 것이 대부분으로 전체의 2/3, 즉 22개소이며 그중 16개소가 1930년대 이후 형성되었다. 1920년대까지 형성된 산업유산은 신일제사 공장을 제외하고는 대부분 창고시설인데, 이는 1930년대에 일제의 식민지 공업화 정책이 본격화된 것과 관련이 있다. 특히 선탄시설이나 발전소, 내화벽돌 공장 등이 1930년대에만 등장하는 것은 식민지 공업화가 1930년대에 들어 본격화되었기 때문이다. 최근 들어 1970년대에 형성된 공장 등이 등록문화유산으로 등록된 것은 형성된 지 50년이 지났기 때문이며, 이는 향후 대한민국의 경제개발과 산업화가 본격적으로 이루어진 1960~80년대에 형성된 산업시설들이 다수 등록문화유산에 포함될 수 있음을 의미한다. 시설 유형별로는 창고가 12개소로 가장 많은 수를 차지하고 있으며, 공장 양조장 4개소, 염전 2개소, 정미소 2개소,

가마 2개소, 목재소 1개소, 연초제조소 1개소 등 제조시설이 총 12개소를 차지하고 있다. 그 외로는 공장 5개소, 선탄시설 2개소, 발전소 2개소 등이다. 창고나 염전을 제외한 제조시설은 비교적 소규모로 건물 1개동 정도이나 공장이나 선탄시설, 발전소 등은 규모가 큰 특징을 보인다. 등록문화유산으로 등록된 33개 산업유산의 시설 규모는 포항 구 삼화제철 고로 1기를 제외하고는 평균 연면적은 50,817.7㎡이나, 대규모 시설인 염전을 제외하면 평균 면적이 2,623㎡(793.5평)에 지나지 않는다. 면적이 100~200㎡ 내인 소규모 시설도 8개소나 되며, 200~500㎡ 규모는 10개소, 500~1000㎡ 규모는 2개소로 1,000㎡ 이하의 시설이 절반이 넘는 20개소이다. 1,000~3000㎡의 시설은 6개소이며 3000㎡ 이상이 되는 시설은 화천 수력발전소, 영양 구 용화광산 선광장, 조선내화주식회사 구 목포공장(그림 1·2) 및 태백 철암역두 선탄시설 등 4개소에 지나지 않는다.

등록문화유산으로 등록된 33개의 산업유산 중 원래의 용도를 이어 나가고 있는 산업시설은 태백 철암역두 선탄시설, 화천수력발전소, 진천 덕산 양조장 및 신안의 태평염전, 대동염전, 이천 수광리 오름가마, 김제 부거리 옹기가마 등 7개소이며, 국가유산 등록 이후 문화예술공간이나 지역센터, 연구시설 등으로 활용 중인 국가유산 역시 7개소이다. 현재 문화예술공간으로의 활용을 염두에 두고 보수 정비 중인 국가유산은 12개소로, 이 중 7개소는 근대역사문화공간 재생활성화사업에, 1개소는 도시재생 뉴딜사업의 대상지에 속한 등록문화유산이다. 나머지 시설들은 등록문화유산으로 보수·유지되며 관리되고 있으나 제대로 활용되지 못한 채 유휴공간으로 남아 있는 상황이다. 등록문화유산은 지정문화유산에 비해 원형 보존보다 활용을 통한 보존을 목적으로 하므로 외관을 크게 변형시키지 않는 범위에서 내부를 우리 생활에 맞게 다양하게 활용할 수 있는 특징을 가진다. 따라서 등록문화유산으로 관리 중인 산업유산 중에서도 대부분의 창고시설이나 제천 연엽초 수납취급소, 한국전력공사 대

그림 1. 목포 조선내화공장(위)
건물을 비롯해 굴뚝, 설비 일체가 국
가등록문화유산으로 등록되었다.
**그림 2. 목포 조선내화공장 내 보이드 프
레소(우)**

전보급소 등의 경우 건물의 외형을 유지한 상태에서 내부는 활용 용도에 맞게 변형하여 사용 중이다. 그러나 산업설비가 비교적 잘 남아 있는 선탄시설이나 양조장, 공장 등에서는 내부의 산업설비까지 국가유산으로 같이 등록하거나 보존하여 활용하고자 하는 특징을 보인다.

등록문화유산으로 관리 중인 산업유산은 기본적으로 국비 지원을 받아 국가유산 전문 수리기술업자에 의한 보수·정비를 하고 있는데, 국가나 지자체의 소유이거나 국비 지원, 특례 적용을 받는 경우 현상변경 허가를 반드시 받아야 한다. 현상변경 허가는 국가유산위원회의 결정에 따르게 되어 있으며, 국가유산청의 지도·조언 및 권고를 받아 등록문화유산의 현상변경이 이루어진다. 따라서 등록문화유산으로 등록된 산업시설의 경우 소유주의 보수 및 정비 계획에 따라 국가유산청의 허가를 얻어 국가유산 전문 수리기술업자에 의해 이루어지게 된다. 이 과정에서 소유주의 의지에 따라 운영 및 활용 방안을 기획·연구하는 경우도 있으나, 그렇지 않은 경우 운영 방안에 관한 계획 없이 물리적 환경의 보수·정비에만 그치기도 한다. 특히 이 과정에서 소유주가 국가나 지자체가 아닌 경우 지역민들의 의견이나 요구는 반영될 여지는 극히 적으며, 산업유산의 활용을 두고 협의체가 만들어지는 경우도 거의 없다. 이 같은 상황을 개선하기 위해 국가유산청에서는 근대역사문화공간 재생 활성화 사업을 통해 국가유산청, 지자체, 전문가, 그리고 지역주민들과의 연계를 통한 활용방안 모색을 계획 중이다.

(2) 멋진 공간 너머로 사라져버린 산업의 기억

2014년부터 2018년까지 문화체육관광부에서 시행한 산업단지 및 폐산업시설 문화재생사업은 기능이 정지된 산업단지 또는 폐산업시설을 대상으로 하여 지역발전 회계(시·도 자율편성)로 지자체 자본보조 및 경상보조 정률 50%를 지

<표 1> 국가등록문화유산 중 산업유산(협의의 산업시설) 현황(2022. 2. 1. 기준)

번호	명칭	소재지	시대	소유	연면적	지정일	원용도	현용도	비고
1	태백 철암역두 선탄시설	강원 태백시	1935년	공사	(대지) 51,703m²	2002-05-31	선탄시설	석탄 선별 및 운반시설	● 내부시설 일체 등록, 가동 중, 투어 가능
2	철원 얼음창고	강원 철원군	1946년	사유 (개인)	120m²	2002-05-31	창고	유적	◎
3	진천 덕산양조장	충북 진천군	1930년	사유 (개인)	347.1m²	2003-06-30	제조시설 (양조장)	양조장	●
4	고흥 구 소록도 갱생원 식량창고	전남 고흥군	1940년	국가	330.6m²	2004-02-06	창고	미사용	
5	한국전력공사 대전보급소	대전시 동구	1930년	공사	1,546.01m²	2004-09-04	발전시설	실험실	발전소, 창고 거쳐 연구시설로 사용 중
6	화천 수력발전소	강원 화천군	1944년	사유 (일반법인)	3,553.16m²	2004-09-04	발전시설	발전소 운영	발전실만 등록
7	정읍 신태인 구 도정공장 창고	전북 정읍시	1924년	사유 (개인)	624.79m²	2005-06-18	창고	복합문화 센터	◎ 정읍시 생활문화센터로 2017년 개관
8	군산 발산리 구 일본인 농장 창고	전북 군산시	1920 년대	지자체	110m²	2005-06-18	창고	창고	
9	포항 구 삼화제철소 고로	경북 포항시	1943년 경	사유 (일반법인)	1기 높이 25m, 직경 3m	2005-11-11	공장	전시물	고로 1기만 등록, 포항제철에서 전시 및 관리
10	순천 별량농협 창고	전남 순천시	1933 년경	사유 (일반법인)	330.58m²	2005-12-09	창고	창고	
11	영양 구 용화광산 선광장	경북 영양군	1939년	지자체	(대지) 3,971m²	2006-06-19	선탄시설	공원	◎
12	제천 엽연초 수납취급소	충북 제천시	1943년	국가	1,044.26m²	2006-09-19	제조시설	미사용	2015년부터 도시재생 현장지원센터로 운영, 현재는 미사용
13	상주농협 구 창고	경북 상주시	1931년	사유(일반법인)	495.87m²	2006-12-04	창고	창고	
14	신안 증도 태평염전	전남 신안군	1953년	사유(개인)	1,089,088m²	2007-11-22	제조시설 (염전)	제조시설 (염전)	●
15	신안 증도 석조소금창고	전남 신안군	1953년	사유(개인)	991.74m²	2007-11-22	창고	전시관	◎ 2007년 태평염전소 금박물관 개관
16	신안 비금도 대동염전	전남 신안군	1948년	사유(개인)	453,131m²	2007-11-22	제조시설 (염전)	제조시설 (염전)	
17	김제 부거리 옹기가마	전북 김제시	조선 말기	사유(개인)	124m²	2008-08-27	제조시설 (가마)	옹기가마 및 체험장	● 가마, 물레 등 작업 도구 일체 등록
18	인천 세관 구 창고와 부속동	인천시 중구	1911 ~1918	국가	3동 354.1m²	2013-10-29	창고	역사문화 공원 및 전시장	◎

19	완주 구 삼례 양곡창고	전북 완주군	1920년 추정	지자체	6동 2,931㎡	2013-12-20	창고	전시관 및 공방	◎ 삼례 문화예술촌(7동 중 6동 문화재 등록)
20	서천 구 장항미곡창고	충남 서천군	1935년	사유(개인)	1,010㎡	2014-07-01	창고	전시관	◎ 2014년 시범운영 2015년부터 위탁운영
21	양평 지평양조장	경기 양평군	1939년	사유(개인)	427.7㎡	2014-07-01	제조시설 (양조장)	전시·체험 공간 예정	○ 현재 보수공사 중
22	이천 수광리 오름가마	경기 이천군	1949년	사유 (종교법인)	현황측량 면적 140㎡	2016-02-15	제조시설 (가마)	장작가마	● 등요 1기(길이27m, 폭2~23m) 등록, 광주요 전통장작가마로 사용
23	문경 가은양조장	경북 문경시	1938년	지자체	468㎡	2017-12-05	제조시설 (양조장)	미사용 (2010년까지 사용)	○ 현재 보수공사 중
24	조선내화 주식회사 구 목포공장	전남 목포시	1938 년경	사유 (일반법인)	약 7,600㎡	2017-12-05	공장	보수중	○ 보수 정비 중
25	목포 해안로 붉은 벽돌창고	전남 목포시	일제 강점기	사유 (개인)	105.79㎡	2018-08-06	창고	보수중	○ 목포 근대역사문화 공간 종합정비계획 중
26	군산 구 제일사료 주식회사 공장	전북 군산시	1973년	사유 (일반법인)	1,311.06㎡	2018-08-06	공장	보수중	○ 군산 내항 근대역사문화공간 종합정비계획 중
27	군산 경기화학 약품상사 저장탱크	전북 군산시	1972년	사유 (일반법인)	423.24㎡	2018-08-06	공장	운영중	● 군산 내항 근대역사문화공간 종합정비계획 중
28	영주 풍국정미소	경북 영주시	1966년	사유 (개인)	145.45㎡	2018-08-06	제조시설 (정미소)	보수중	○ 영주 근대역사문화 거리 종합정비계획 중
29	세종 구 산일제사 공장	세종시	1927년 (추정)	지자체	220㎡	2019-06-05	공장	보수중	○ 도시재생사업 활용 예정
30	통영 구 통영목재	경남 통영시	1950년 대	사유 (일반법인)	145.6㎡	2020-03-09	제조시설 (목재소)	보수중	○ 통영 근대역사문화 공간 종합정비계획 중
31	구 목포세관 본관 터 및 창고	전남 목포시	1950년 대		창고 2동 및 터 2,931.7㎡	2020-06-24	창고	보수중	○ 복합문화공간 조성사업 중
32	서천 판교 구 동일주조장	충남 서천군	1932년	사유 (일반법인)	294.2㎡	2021-10-13	제조시설 (양조장)	보수중	○ 서천 판교 근대역사문화공간 종합정비계획 준비 중
33	서천 판교 구 삼화정미소 (오방앗간)	충남 서천군	1936년	사유 (일반법인)	148.76㎡	2021-10-13	제조시설 (정미소)	보수중	

* 국가유산청의 시설 분류를 바탕으로 수정·보완한 것이다.
* ● : 원 기능 유지, ◎ : 전시시설 등 문화시설로 사용, ○ : 보수·정비 중(용도 변경)

원하여 이루어졌다. 사업 추진 절차는 '사업준비 단계', '사업도입 단계' '사업 전개 및 공간 구상단계'로 이루어지며 사업 추진 기간은 단기형(2년)과 중·장기형(4년)으로 이루어지는데, 2014~2018년 5개년 사업의 20개 대상지의 분석 결과 사업 추진 기간은 평균 20.6개월로 가장 오랜 시간이 소요된 경우는 부천 삼정동 소각장(현 부천아트벙커 B39)로 39개월이었다. 투입예산은 총 97,066백만 원으로 1개소 평균 3,733백만 원이었으며 이 중 가장 큰 비중을 차지하는 것은 리모델링 공사비로 1개소 평균 2,848백만 원이 소요되었다. 산업단지 및 폐산업시설 문화재생사업은 문화예술 프로그램 분야에 중점을 두는 것으로, 총괄기획자가 주도적인 역할을 하였다.

2019년 문화체육관광부는 기존의 산업단지 및 폐산업시설 문화재생사업의 단점을 보완하여 유휴공간 문화재생사업으로 이름을 바꾸었다. 유휴공간 문화재생사업은 기초지자체와 광역지자체, 문화체육관광부 및 지역문화진흥원이 추진 주체가 되며 '사업준비'와 '본사업추진'의 두 단계로 절차를 나누었다. 사업준비 단계에서는 사업준비와 계획수립 및 사업신청 단계로 나누어 사업준비를 위해 기초지자체에서 대상지를 발굴하고, 추진협의체를 구성하여 기본 구상을 연구한다. 계획수립 및 사업신청 단계에서는 지자체에서 조성 계획을 제출하여 국비 신청한 후 승인이 나면 기본계획을 수립하게 된다. 본사업추진 단계에서는 우선적으로 시범운영 프로그램을 운영하고, 이후 설계 및 시공에 들어가 개관, 운영에 이르게 된다. 유휴공간 문화재생사업은 첫 번째로 사업준비 단계에서 지자체 관계자, 관련 전문가, 지역주민 등으로 이루어진 '사업추진 협의체'를 구성하며, 두 번째로 지역문화연구원을 통한 '기본구상방안 연구지원'을 받아 전문성 있는 연구기관을 통한 기본구상방안을 수립하며, 셋째로 총괄기획자, 총괄건축가, 실무진 등으로 이루어진 '사업 추진체'를 구성하고, 넷째로 기록화 작업 및 기본계획 연구 등을 포함한 '시범운영 프로그램'을 운영한다는 점에서 기존의 산업단지 및 폐산업시설 문화재생사업과 차별성을 가진다.

문화체육관광부가 2014년부터 2020년까지 폐산업시설 및 산업단지 등을 대상으로 한 사업은 〈표 2〉와 같다. 총 41개의 사업 중 대상지가 중복되는 사업을 제외하면 총 26개소의 문화재생사업이 있었다. 2014~2020 산업단지 및 폐산업시설 문화재생사업의 대상이 된 26개소 건축물들의 건립 시기는 일제강점기(1920년대) 2개소, 1950년대 1개소, 1960~69년 5개소, 1970~1979년 6개소, 1980~1989년 3개소, 1990~1999년 4개소, 2000년 이후 2개소, 미상 3개소로, 건립된 지 50년이 채 되지 않은 건물이 약 70% 정도를 차지하고 있다. 즉 문화체육관광부의 산업시설 문화재생사업은 '유산'으로서의 역사성에 중점을 둔다기보다는 가용가능한 '공간'으로서의 활용에 중점을 두고 있는 것이다. 규모별로는 문화재생사업을 통해 활용되고 있는 시설의 규모는 평균 연면적은 4259.7m^2로, 대부분의 시설이 $1,000\text{m}^2$ 이상이며 그 중에서도 $1000~3,000\text{m}^2$ 규모가 전체의 절반 이상인 57%를 차지한다. 즉 문화시설로 사용할 수 있는 규모와 시설 노후도가 문화체육관광부에서 실행하는 문화재생사업 대상지의 중요한 특징이다.

문화체육관광부의 유휴공간 문화재생사업을 통해 폐산업시설들은 대부분 사업의 목표에 맞게 문화예술공간으로 재탄생하였다. 이 중 광명업사이클링아트센터와 해동문화예술촌을 제외하고는 대부분 원래의 시설이 가지고 있던 성격과는 크게 관련 없는 시설로 재탄생하였다. 부산 F1693이나(그림 3·4) 부천아트벙커 등에서는 공장시설이나 설비 등을 존치해 공간의 분위기를 이어가고 있지만, 프로그램 내에 공간의 성격을 반영시킨 예는 많지 않다. 2020년 발행된 유휴공간 문화재생사업 추진 안내서는 장소의 기억을 남기고 기록하는 것을 핵심원칙 1, 2로 제안하고 있지만, 2014~2018년까지 시행된 산업단지 및

그림 3. 복합문화공간으로 재탄생한 F1963

그림 4. 카페와 서점으로 사용 중인 F1963 내부 공간

〈표 2〉 유휴공간 문화재생사업 대상지 중 산업유산(협의의 산업시설) 현황(2014~2020)

	사업 명칭	소재지	시대	연면적(m²)	구분	원용도	현용도	사업년도
1	예술의 새로운 영토 소촌 아트팩토리	광주광역시	1988	2,388	사무소	소촌농공단지 관리사무소	소촌 아트팩토리	2014
2	안산 스마트허브 문화재생사업	경기 안산시	1989	15,374	사무소	산업단지 근로자복지관	안산시산업단지 근로자 복지관	2014
3	예술 창작소 「創.工」	경기 시흥시	1990년대	728	목욕탕	시화공구상가 내 유휴목욕탕	시흥문화발전소 창공	2014
4	영월 박물관고을 문화나눔터 조성사업	강원 영월군	1993	3,000	사무소	영월농공단지 관리사무소	갤러리 온 팩토리	2014
5	청주도시첨단문화산업단지 문화재생사업	충북 청주시	1960년대	7,508	창고	(구)연초제조창 동부창고	동부창고 34동 커뮤니티 플랫폼	2014, 2017, 2020
6	문화대장간 풀무	경남 창원시	1994	1,074	공장	창원국가산단 아파트형공장	문화대장간 풀무	2014
7	광명 문화공간 조성 (폐자원회수시설)	경기 광명시		1,975	쓰레기 소각장	자원회수시설 내 홍보관	광명업사이클링 아트센터	2014
8	부천문화콘텐츠플랫폼	경기 부천시	1995	12,663	쓰레기 소각장	용도폐기된 폐기물 소각시설	부천아트벙커 B39	2014, 2015, 2020
9	예술로 「남송창고」를 재창조하다	전남 담양군	1960년대	930	창고	폐 양곡 저장창고	담빛예술창고	2014
10	나주 나비센터 조성 사업	전남 나주시	1970년대	2,187	축산시설(양잠)	(구)나주잠사(건조시설, 창고 등)	나주나빌레라문화센터	2014
11	다목적 에코에너지 복합문화센터 조성	전북 완주군	1986	1,903	축산시설(양잠)	(구)호남잠사 유휴공간	복합문화지구 누에	2015, 2016
12	책마을 문화센터 조성	전북 완주군	1926	1,010	창고	삼례농협 비료창고	삼례책마을	2015
13	영주 아트센터 조성	경북 영주시	1970년대	22,297	제조시설(연초)	(구)연초제조창 건물	148아트스퀘어	2015
14	문화체험교육공간 조성	대구 (중구)	1976	1,441	제조시설(연초)	(구)연초제조창 사택	수창청춘맨숀	2016
15	Eco_newseum 고색	경기 수원시	2005	1,458	폐수 처리장	수원시 산업1단지 폐수처리장	고색뮤지엄	2016
16	팔복문화예술공장 조성	전북 전주시	1979	4,153	공장	(주)쏘렉스 공장 건물 3층	팔복예술공장	2016, 2020
17	문화를 빚다 : 해동술공장	전남 담양군	1960년대	1,989	제조시설(양조)	폐주조장 건물	해동술공장	2016, 2019, 2020
18	복합문화공간 조성	부산 광역시	1963년	2,000	공장	(구)고려제강 수영공장	F1963	2017
19	남원아트센터 조성	전북 남원시	1952	1,762	서비스(방송통신)	(구)KBS 남원 방송문화센터	남원아트센터	2017
20	복합문화공간 조성	전남 광양시	1970년대	1,363	창고	양곡창고	광양 판365	2017

21	장생포 예술창작소	울산 (남구)	1973	6,199	창고	(구)세창냉동 냉동창고	장생포 문화창고	2018
22	조치원 유휴부지 활용 (폐공장) 문화재생	세종시	1927년 (추정)	2,387	공장	(구)한림제지 공장		2018, 2019, 2020 등록 문화재
23	무릉3지구 폐쇄석장 문화재생	강원 동해시	1960년대	2,060	쇄석장	폐쇄석장	무릉 별유천지	2019, 2020
24	삼척항 문화, 예술허브 조성	강원 삼척시	2007	8,676	공장	폐공장 (구)세광엠텍		2019, 2020
25	연산면 행복드림타운 조성	충남 논산시		3,886	창고	농협 폐보관 창고 50	-	2019, 2020
26	소극장 및 창작극장 조성	전북 순창군		339	창고	농협 폐창고	순화문화창고	2020

* 유휴공간 문화재생 정책 활성화 방안 연구(2021. 1)의 표 8을 바탕으로 작성.
* 협의의 산업시설에 속하지 않는 토목, 교통시설 및 교육, 의료, 군사시설 등은 제외하였으며, 운영콘텐츠 지원사업
의 경우도 제외하였음.

폐산업시설 문화재생사업의 성과 요인 분석 연구에서는 '원시설 매력도', 즉
본래의 건축물이 얼마나 그 시대의 시대적 미학성을 반영하고 있는가의 여부
만 포함되어 있는 한계를 보이고 있다.

산업시설의 활용 및 운영에 있어서는 국가유산인 산업시설의 경우 '소유
주'와 '국가유산청'이 중심이 되는 제도가 위주가 된다면, 문화재생사업의 대
상지들은 지자체 관계자, 전문가, 지역주민 등으로 이루어진 사업협의체와 총
괄기획자, 총괄건축가, 실무진으로 이루어진 사업추진체를 중심으로 한 제도
를 만든다는 점에서도 차이를 보인다. 시설의 보수 및 개축에 있어서도 등록
문화유산인 산업시설들은 주로 국가유산 수리기술자가, 문화재생 대상지는
주로 건축가가 주도하는 특징을 보이며, 재원의 경우 등록문화유산은 수리비
를 국가 혹은 지자체가 지원받으며, 문화재생 대상지는 국비와 지방비를 각각
50%씩 지원받아 건물의 개축뿐 아니라 프로그램 활용 등 전반적인 운영 보수
비를 지원받고 있다. 2019년 이후 국가유산청에서는 '근대역사문화공간 재생
활성화사업'을 통해 건물의 수리뿐 아니라 프로그램 운영 등을 위한 활용 관련

예산을 지원함으로써 등록문화유산 제도를 보완하여 적극적인 활용 및 지역 주민과의 연계를 시도하고 있다. 문화체육관광부에서도 2019년 이후 산업시설 뿐 아니라 군시설 등 다양한 시설을 포함하는 '유휴공간 문화재생사업'으로 전환하였으며, 아카이빙 등을 통해 장소의 기억을 남기고 기록하는 방식을 적극적으로 추진해가고 있다.

폐산업시설에 대한 높아지는 관심이 '산업유산화'로 이어지려면

1950년대부터 산업고고학이 발달한 영국이나 1970년대 후반 이후부터 산업고고학을 수용하고 1990년대 이후 산업유산을 근대화유산과 거의 유사한 의미로 사용하며 경제산업성을 중심으로 근대화 산업유산 목록군을 선정하고 관리하는 일본과는 달리, 한국에서는 산업유산 관련 개념이 명확하게 정의되지 않았으며 이와 관련된 정부 단위의 연구나 사업을 주관하는 주무부처가 있지도 않은 상황이다. 산업유산에 대한 연구에 앞서 폐산업시설을 활용하여 도시재생에 활용하는 선유도공원과 같은 사례가 2000년대 초반 주목을 받으면서 한국에서의 산업유산에 대한 관심은 산업유산의 개념이나 성격에 대한 연구보다는 국가유산적 보존, 도시재생, 혹은 관광 측면에서의 활용이 강조되고 있다. 2000년대 이후 정부 부처들의 제도와 사업 역시 산업시설의 보존과 활용을 중심으로 이루어졌으며, 특히 유휴공간이 된 폐산업시설이나 산업단지가 가지는 지역자산으로서의 활용에 대한 관심은 점차 높아지고 있는 상황이다.

2000년대 이후 정부 각 부처에서 시행한 산업시설 관련 제도와 사업을 살펴보고 구체적으로 국가유산청과 문화체육관광부의 산업시설을 대상으로 한 유산화 과정을 통해 그 특징을 살펴본 결과, 국가유산청의 제도와 사업은 '원형 보존을 중심으로 한 국가유산 보호'에, 문화체육관광부의 제도와 사업은 '유휴공간을 활용한 지역 문화시설 조성'에 주목적이 있음을 확인하였다. 따라서 등록문화유산인 산업유산은 국가유산 보호의 기본 원칙인 원형보존주의에 따라 국가유산 수리에 대한 예산 지원 및 현상변경에 대한 심의를 받는 제도 하에서 국가유산으로서 보호되나, 등록문화유산인 만큼 소유주의 의사에 따라 활용 가능하다. 다만 국가유산청에서는 국가유산 등록 당시 산업시설 내부의 설비 등을 함께 등록함으로써 산업유산의 장소성을 보존하고자 한다. 그러나 국가유산 보호라는 보수적인 입장과 국가유산 수리에만 한정된 예산, 소유주의 의지에 따른 운영이라는 한계로 인해 지역주민들의 참여나 장소에 남은 집합기억의 발굴과 아카이빙, 적극적인 프로그램 기획 등이 이루어지기 어려운 상황이다. 문화체육관광부의 문화재생사업 대상지가 되는 산업시설은 유휴공간으로서의 성격이 더 중요하게 여겨지는 만큼, 원시설의 외형을 남겨둔 상태에서 지역 거점 문화시설을 만드는 사업으로 해동문화예술촌이나 광명업 사이클링센터와 같이 원시설의 성격을 반영하여 프로그램을 기획하기도 하지만, 대부분의 경우 산업시설이 가지고 있는 거대한 공간의 폐허미를 강조하거나 사용하던 설비를 오브제화하여 전시하는 정도로 사용하는 한계를 보인다. 그러나 문화재생사업 단계에서 총괄기획자와 총괄건축가, 그리고 지역주민과 지역예술가, 공무원 등 다양한 이해당사자들이 참여하여 파일럿 프로그램을 운영하고 장소의 기억에 관한 기록들을 수집하는 등의 측면에 있어서는 장점을 가지고 있다.

이처럼 한국에서는 폐산업시설의 활용에 관한 높아지는 관심에도 불구하고 폐산업시설의 유산화에 대한 제도 등은 여전히 미비한 상황이다. 그렇다면 폐산업시설이 '유산화'되려면 무엇이 필요할까?

한국의 산업유산 보존이나 활용에서 모델이 된 것은 주로 영국이나 독일 등 유럽의 사례와 일본이나 대만 등 아시아의 사례였다. 그런데 여기에서 보존과 활용의 방법이나 프로그램 등을 수용하였으나, 한국 산업유산의 성격에 대한 면밀한 고찰은 이루어지지 못하였다. 산업유산에 대한 연구 역시 국가적 차원에서 이루어진 것은 산업시설에 대한 전수조사 단계에 머무른 정도로, 아직 한국에서 산업유산의 개념은 무엇이며, 한국 산업유산이 가지는 특징은 무엇인지에 대한 면밀한 고찰까지는 나아가지 못한 채 활용부터 먼저 시작된 상황이다. 산업혁명을 통해 산업화를 이루어낸 유럽과는 달리 강제 개항 이후 급격한 속도로 근대 산업기술을 수용해야 했던 아시아의 일원으로서, 또한 식민지하에서 산업화를 겪었던 나라로서의 특수성이 반영된 산업유산의 개념과 성격에 대한 연구가 필요하다. 일제강점하에서 형성된 많은 수의 산업시설, 특히 1930년대 이후 형성된 다수의 중공업시설은 산업유산인 동시에 식민지유산이고, 또한 아시아태평양전쟁유산이기도 하다. 따라서 이와 같은 중층적 성격을 갖는 한국의 산업유산에 대한 개념과 성격 정의가 많은 수의 산업유산이 양산되고 있는 현 시점에서 무엇보다도 시급하다.

또한 국가유산청의 등록문화유산으로 관리되고 있는 산업유산과 문화체육관광부의 문화재생사업지로 활용되고 있는 산업유산의 사례에서 볼 수 있듯이, 산업유산의 활용에서 산업유산으로서의 진정성과 지속가능성에 대한 고민이 필요하다. 산업시설의 거대한 공간이 주는 폐허 이미지나 오래된 설비들의 레트로한 풍경뿐 아니라 이곳에서 일하던 노동자들의 삶, 지역주민들의 기억, 해당 산업이 미친 영향 등에 대한 아카이빙과 이를 보여주고 체험하는 프로그램이 단발성이 아닌 지속적으로 이루어질 필요가 있다. 또한 지속적 예산 지원을 통한 운영 인력의 확보와, 소유주가 변경되더라도 산업유산의 성격을 지속할 수 있는 방안이 마련될 필요가 있다. 현재 등록문화유산의 경우 소유주의 의지에 따라, 문화재생사업지의 경우 예산지원에 따라 지속가능성이 확보되지 않는 어려움이 있기 때문이다. 마지막으로 산업유산의 개념 및 정의를 확대할 필요가 있다. 현재는 광업 및 제조시설, 토목시설 및 교통시설을 포함한 인프라 위주로 산업유산의 개념이 한정적이기 때문에 앞에서 언급한 바와 같이 산업과 관련된 노동자와 지역주민들의 삶과 기억에 대한 다양한 가치를 담아내지 못하고 있는 한계를 보인다. 또한 서울의 을지로나 부평의 미쓰비시 줄사택의 경우에서 볼 수 있듯이 노동자주택이나 산업도시의 거리나 상점 등 산업과 밀접한 관련이 있는 유산들은 산업유산으로 인식되거나 보호되지 못한 채 빠른 속도로 사라지고 있다. 따라서 산업유산의 개념을 주변 환경을 포함한 산업경관으로 확대하여 포괄적인 시각에서 산업도시의 유산으로 인식할 필요가 있다.

산업유산에 대한 관심은 점차 커져가고 있고, 산업유산을 활용하는 사례들도 점차 늘어나고 있다. 이러한 상황 속에서 산업유산이 무엇인지 다시 한번 질문하고 현재 상황을 되짚어봄으로써 잠시의 유행이 아닌 후손 대대로 물려줄 수 있는 유산(heritage)이 될 수 있을 것이라 기대한다.

11장

폐광을 활용한 지역재생사업, 문경 은성광업소

석탄합리화 정책과 탄광도시의 쇠락

에너지 자원이 많지 않은 한국에서 석탄은 산업화 시기 중요한 연료로 사용되었다. 한국전쟁이 끝나고 정부는 탄광의 효율적인 경영과 투자를 촉진하여 석탄산업의 종합적인 개발을 도모하기 위해 1962년 「석탄개발임시조치법」을 제정했다. 이를 바탕으로 빠르게 성장한 한국의 석탄산업은 1973년 국제 유가 폭등에 대응하기 위해 1977년 설립한 동력자원부의 석탄 증산 정책 및 부양책을 통해 꾸준히 발전했다. 그러나 1980년대 들어 국제 유가 하락과 함께 연탄 대신 석유를 주된 에너지 자원으로 사용하는 '주유종탄(主油從炭)' 정책이 시행되면서 석탄산업의 경쟁력은 점차 약화하기 시작했다. 1980년대 들어 석탄 수요가 본격적인 감소세를 보이자 「석탄개발임시조치법」은 결국 1986년에 폐지되었다. 이후 석탄산업은 침체기에 접어들었고 1988년 석탄산업 합리화 정책이 추진되면서 많은 탄광이 문을 닫았다. 그 결과 우리나라의 가행(稼行) 탄광은 1988년 347개소에서 2024년 10월 기준 3개소로 감소했다.[01]

---

01 2020년대 들어 5개소(장성광업소, 도계광업소, 화순광업소, 상덕광업소, 태백광업소)가 가동

폐광 이후 가동을 멈춘 탄광 설비의 대부분은 시간의 경과와 함께 사라져 버렸다. 유휴시설로 방치된 시설 가운데 일부는 폐광된 지역을 자연 상태에 가깝게 복원하는 재자연화의 과정을 거치거나, 혹은 문화공간, 관광명소, 교육시설과 같이 다양한 용도로 활용되고 있다. 특히 국내 석탄산업을 선도했던 문경·태백·보령 탄광은 폐광 이후 산업박물관의 형태로 재활용하는 유산화의 과정으로 산업화의 흔적을 간직하는 동시에 과거의 기억을 전달하는 장소로 기능하고 있다. 폐광시설은 산업관광, 문화시설, 카지노 조성, 에너지 생산 등의 다양한 방식으로 지역 활성화를 위한 자원으로 활용될 수 있다. 해외에서는 폐광 지역의 활성화를 위해 제3섹터의 개입을 도모하거나 주민참여를 활성화함으로써 폐산업시설을 산업유산으로 지속가능하게 보존·활용할 수 있는 방안을 모색한다.

탄광을 기반으로 성장했던 문경은 산업화 시대에 석탄 생산량이 증가하고 지역경제가 성장하는 과정에서 도시 규모가 확대되었다. 하지만 석탄산업 합리화 정책이 본격화한 이후 탄광의 폐쇄에 따른 탈산업화와 산업구조의 변화로 도시경제와 거주인구가 감소하는 '축소도시(shrinking city)'가 되었다.[02] 축소도시는 1990년대 말 독일이 탈산업화를 겪는 과정에서 등장한 개념으로, 인구감소를 억제하고 도시재생을 도모하기 위해 다양한 정책이 펼쳐지는 무대이기도 하다. 이 장에서는 단일 석탄광산으로 국내 최대 규모를 자랑했던 문경 은성광업소의 폐쇄 이후 지역 활성화를 위해 지자체가 관광도시 전략을 추진하면서 탄광업 관련 산업시설을 관광자원으로 활용하는 과정에 대해 살펴보고

했으나 2023년과 2024년 화순광업소와 장성광업소가 각각 폐광되었으며 2025년에는 도계 광업소가 폐광할 예정이다.

02 문경시 인구는 석탄산업이 활황을 누렸던 1973년에 16만 1,528명을 정점으로 폐광 이후 계속 감소해 2023년 12월 기준 6만 9,636명으로 줄어들었다.

자 한다. 이를 통해 폐산업시설을 활용한 산업관광의 실제 효과는 어떠한지, 그리고 이 과정에서 문경의 산업화와 탈산업화에 대한 역사와 기억을 제대로 저장하고 재현하고 있는지 알아볼 것이다.

문경의 석탄산업과 은성광업소

경상북도 문경시와 상주시 일부 지역에는 우리나라의 대표적 석탄 산지인 문경 탄전이 있다. 문경 탄전은 한국전쟁 이후 석탄 채굴이 본격화하면서 경상북도 제일의 광업 지역으로 발돋움했다. 문경 탄전의 석탄 채굴은 1920년대 후반 불정동에서 시작되었지만, 그 규모는 크지 않았다. 문경 탄전의 대규모 무연탄 광맥은 1926년 지금의 점촌읍(店村邑)과 마성면(麻城面) 사이에서 발견되었다. 조선총독부의 허가를 받은 일본인이 1927년부터 채굴을 시작하면서 본격적으로 생산이 시작되었다. 당시 석탄 생산은 평양 일대에서 생산된 무연탄이 주를 이루었지만, 문경에서 무연탄이 생산되면서 평양산 무연탄과 서로 경쟁할 정도로 활황을 보였다고 한다.

문경 탄광은 1980년대 후반까지 호황기를 누렸다. 1980년 문경시에는 145개의 탄광 가운데 75개의 탄광에서 석탄이 채굴되었으며 5,823명의 광부가 탄광에 종사했다. 1988년에는 가동되던 광산 수가 88개로 증가했고, 광부 역시 6,063명으로 늘었다. 석탄산업 합리화 정책이 본격화한 1989년부터 문경시에서는 폐광이 늘어나기 시작해 1991년에는 가행광산의 수가 43개로 감소했고 광부는 2,500명으로 급감했다. 문경의 탄광은 마지막 남은 은성광업소가 1994년 폐광하면서 1995년 이후 소멸되었다. 문경에서는 탄광이 활황을 누릴 때 매년 3월이 되면 광부를 모집하고 노동자를 충원했다. 하지만 석탄산업이 침체기에 접어들기 시작하면서 광부를 모집하지 않는 업체가 증가했으며 영세 광업소는 폐광에 이르렀다. 규모가 큰 광업소를 제외한 대다수 광업소는 채탄량 감소에 따른 연탄 가격 인상 이후 연탄 소비가 감소하면서, 판매 감소에 따른 경영 수익 악화로 인해 탄광 경영에 더욱 어려움을 겪는 악순환을 경험하기도 했다. 문을 닫는 광업소가 증가하고 일자리를 잃은 광원들이 다른 도시로 이주함에 따라 문경의 인구도 빠르게 감소했다.

은성광업소는 탄전이 자리한 곳이 가은면(加恩面, 지금의 가은읍)과 마성면에 걸쳐 있음에 착안해 두 면의 이름을 합해 광업소 이름을 지었으며,[03] 1938년 일산화학공업주식회사(日産化學工業株式會社)에 의해 본격적으로 개발되었다. 1942년 탄광이 자리한 가은에서 점촌까지 운행하던 협궤철도[04]는 가은역~점촌역~김천역을 통해 석탄수송을 편리하게 함으로써 은성광업소의 성장에 큰 도움이 되었다. 이곳 석탄은 당시 제조업이 발달했던 대구의 연료 수급 문제를 해결해주었고, 화력발전소 건설을 통해 전력 생산을 늘림으로써 시멘트 공장의 가동에도 기여했다.

해방 이후 한국은 북한에서 채굴하던 석탄 공급이 줄어들면서 이를 연료로 사용하던 열차 운행 및 화력발전소 가동에 차질이 생길 만큼 많은 어려움을 겪었다. 해방 직후인 1946년에는 그해의 석탄 생산량(27만 7,015톤)을 훨씬 초과하는 48만 7,563톤을 일본에서 수입했다. 중앙경제위원회는 석탄 부족 문제를 해결하고자 해방 이후 일시적으로 폐쇄되었던 은성광업소를 1947년부터 재가동했다. 은성광업소는 우리나라의 전력 사정이 양호하지 못했던 1950년대에 영월의 화력발전소 가동에 필요한 석탄을 공급함으로써 겨울철 전력 수급 문제 해결에 중요한 역할을 했다. 또한 은성광업소 석탄은 열효율이 높아 소형 피치

---

03 1943년 4월 일산화학공업주식회사가 일본광업주식회사(日本鑛業株式會社)에 합병되면서 '은성' 광업소라는 명칭이 생겨났다.

04 가솔린 기관차가 운행하던 철도로 1955년 부설된 가은선과 다른 것이다.

를 혼합해 마세크탄(조개탄)으로 제조하면 휘발유보다 비용이 저렴하다는 실험 결과가 1955년 정부 기관에 의해 확인된 이후 외국산 휘발유를 대체할 수 있는 마세크탄의 원료 공급기지가 되었다. 1955년 9월 가은역~진남역 구간에 문경선 철도가 새롭게 개통한 것도 은성광업소의 중요성이 높아지면서 석탄 수송을 원활하게 지원하기 위해서였다. 이후 문경선 철도는 점촌역~문경역에 이르는 구간으로 변경되었고, 가은역~진남역 노선은 가은선으로 이름이 바뀌었다.

1960년대 들어 은성광업소에 위기가 찾아왔다. 석탄 채굴이 가능한 기간이 얼마 남지 않았다는 점이었다. 1965년을 기준으로 국내 주요 탄광은 채굴 기술의 부족으로 수명이 5년 내외에 불과했고, 그나마 은성광업소는 그보다 긴 9년으로 예상되었다. 따라서 새로운 광구를 확보하지 못하면 가파르게 증가하던 당시의 석탄 수급에 막대한 차질이 생길 것으로 전망되었다. 이는 석탄 수요의 증가에 대비해 탄갱의 심부개발을 추진할 필요가 있었지만, 작업이 쉬운 노두탄 채굴에만 치중했기 때문에 발생한 문제였다. 그런데 1967년 은성광업소 일대에 새로운 석탄층이 존재한다는 사실이 보고되었고, 1974년과 1978년 탄질이 양호한 대규모 탄맥이 잇달아 발견되면서 광업소의 폐광 시기는 늦춰지게 되었다.

대한석탄공사는 석탄산업 합리화 정책에 따라 석탄공사 소속의 탄광을 1989년부터 폐광하거나 축소하기 시작했다. 이에 따라 은성광업소는 생산 규모를 일정 정도 유지하는 방안과 폐광하는 방안 모두를 수립했다. 1991년 걸프 전쟁 이후 은성광업소는 일시적으로 활기를 되찾았다. 하지만 갱도가 국내에서 가장 깊은 795m에 달할 정도로 심부화가 진행되어 막대한 채굴 비용이 소요되었다. 생산비 증가로 인한 연탄 소비 가격의 상승, 그에 따른 판매량 감소, 빈약한 심부의 탄층이라는 요인이 결합하면서 운영 손실은 증가했고, 결국 경쟁력을 잃은 은성광업소는 1994년 문을 닫게 되었다. 은성광업소의 채탄 이후

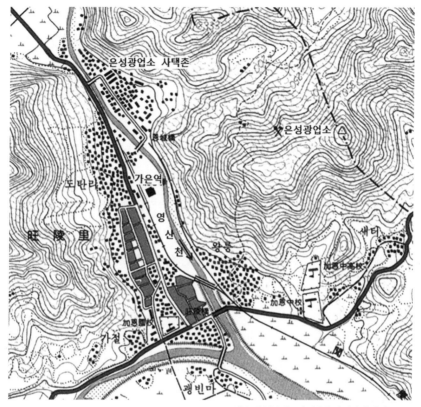

그림 1. 은성광업소와 가은읍의 시가지 발달(1986)

산업철도 가은선의 개통과 함께 탄광도시로 성장한 가은면은 1973년 인구 2만 명을 넘으면서 읍으로 승격했지만(그림 1), 석탄산업의 침체와 저출산에 따른 인구감소로 2023년 12월 기준 외국인 포함한 전체 인구는 4,019명에 불과한 정도다.

지방정부 주도의 관광자산화

중앙정부는 폐광에 따른 지역경제 침체를 극복하기 위해 1996년 문경읍·가은읍·마성면 등 시 전체 면적의 13.8%에 달하는 125.9km²를 「폐광 지역 개발지원에 관한 특별법」(이하 '폐특법')에 따른 폐광 지역 진흥지구로, 문경시를 광해방지사업·석탄지원사업·지역지원사업의 대상도시로 선정했다. 폐광 지역 진흥지구 지정은 2015년 종료될 예정이었지만, 2025년 12월 31일까지 연장되었다. 폐광 지역 개발의 기본 방향은 종합관광휴양지로 개발하고 지역 특성과 부존자원을 활용한 지역특화사업을 유치하며 기반시설 확충을 통해 주거환경을 개선하는 데 집중되었다. 광업은 국가의 기간산업이지만, 산림훼손·광산배수 유출·지반침하 등의 광해(鑛害)를 유발하므로 광산개발에 따른 피해를 최소화할 필요가 있다. 게다가 폐광은 토양침식·토양오염·자연수 오염·지표 훼손 등의 문제를 유발한다. 따라서 광해방지사업은 석탄 채굴로 비어버린 지하공간이 무너져 산사태를 일으킬 수 있는 위험 요소를 제거하고 수질을 정화하는 환경개선 사업이 주를 이루었다.

한편 폐광 지역 진흥지구 지정은 탄광 소멸에 따른 도시여건을 개선하는 것이 주목적이었다. 하지만 개발의 기본 방향이나 사업 내용은 지역 특성과 부존자원을 활용하는 것이 주를 이루었다. 도시성장을 견인했던 석탄산업의 역사적 장소자산이나 산업유산의 활용에 관한 사항은 사업 내용에 포함되지 않았다. 이는 폐광 지역 진흥지구로 지정된 다른 탄광도시(태백시·삼척시·영월군·정선군·보령시·화순군)에서도 마찬가지였다. 폐광 지역 진흥지구에는 내국인 출입이 가능한 카지노 1개소를 허가할 수 있다는 조항에 따라 강원도 정선군의 폐광촌에 2000년 국내 최초 내국인 출입이 가능한 카지노가 문을 열었다. 즉 폐광 지역 진흥지구의 개발 방향은 탄광 지역의 역사적 사실에 대한 보존이나 복원을 통해 과거의 장소성을 살리거나 산업시설을 유산화하는 것과는 다소 거리가 있었다.

중앙정부가 폐산업시설의 유산화나 가치 활용에 주안점을 두지 않았던 이유는 「폐특법」에 포함된 내용을 통해 유추할 수 있다. 「폐특법」은 경제회복에 가장 큰 목적을 두고, 기업체 유치나 관광 활성화에 주안점을 두었다. 여기에서 폐산업시설을 둘러싼 개발과 보존의 가치관이 상호대립하는데, 「폐특법」에서는 보존보다 개발에 중점을 둔 것이다. 그러므로 「폐특법」에 의한 폐광 지역 진흥지구는 용도가 사라진 폐산업시설에 적극적인 관심을 가지지 않았을 뿐만 아니라 폐산업시설의 활용이나 보존에 관한 구체적인 내용도 고려하지 않았다. 이는 폐광지구의 역사와 유산이 개발의 논리나 경제적 가치에 의해 언제라도 사라질 수 있음을 의미한다. 게다가 폐광 지역은 폐석 등에 의해 토양 및 수질오염의 가능성도 상존하는 만큼, 「폐특법」에 의거해 새로운 산업을 유치하는 물리적 개발사업은 지역의 환경 문제를 악화하면서 「폐특법」 본래의 취지와 상충하는 문제를 유발할 수도 있다. 또한 갑작스러운 지역개발에 따른 교통·범죄 문제 등도 간과할 수 없었다.

이에 반해 문경시는 중앙정부와 달리 폐산업시설에 대한 유산화 및 유휴공간의 재활용을 통해 지역여건을 개선하기 위한 정책을 수립하고 재정지원에 적극적으로 대응했다. 문경시가 폐광 지역의 활성화를 위해 많은 관심을 가진 이유 가운데 하나는 1995년부터 우리나라에서 시작된 지방자치 제도와 관련이 있는 것으로 보인다. 1995년은 은성광업소가 폐광한 다음 해이기도 하다. 당시 문경시에서는 도시에 존치된 장소자산을 활용해 지역성을 강화하는 동시에 문경의 지역활성화 성과를 가시적으로 보여줌으로써 지방자치제의 성과를 부각하기 위해 탄광 관련 폐산업시설을 사업 대상으로 선정한 것이다. 문경시는 탄광도시를 관광도시로 전환한다는 목표를 설정하고, 지방정부의 주도하에 최대 광업소였던 은성광업소 부지와 석탄산업 관련 설비를 활용해 도시 이미지 전환을 시도했다. 폐산업시설의 활용을 통한 지역 활성화 전략은 지방정부의 주도 아래 지역 여건에 적합한 개발 방식을 적용한 상향식 개발 방식이었다.

문경시는 탄광 시설을 활용해 관광도시로의 전환을 추진하면서 내발적 관광종합계획을 세우고, 석탄업의 발자취와 기억을 보존할 수 있는 석탄박물관을 건립해 직접 운영하는 계획을 수립했다. 이와 동시에 폐산업철도를 활용한 관광열차 운행, 방치된 석탄운송 도로를 이용한 패러글라이딩 활공장 건설, 폐광부지를 활용한 사격장 건설 등 산업화의 기억을 간직한 여러 장소를 관광자산으로 전환하고자 했다. 문경시는 석탄산업의 몰락과 함께 인구감소 및 지역침체 현상이 진행되면서 축소도시의 성격이 현저해졌지만, 다양한 지역 활성화 정책에 힘입어 지역 내 장소자산을 활용함으로써 중부 내륙 지방의 관광도시로 재탄생할 수 있었다. 2001년 개통한 중부내륙고속도로는 문경으로의 접근성을 개선해 옛 탄광도시가 전국을 배후지로 하는 관광도시로 변모하는 데 많은 도움이 되었다.

관광업이 지역의 경제성장에 긍정적인 영향을 미친다는 사실은 국내외 여러 사례를 통해 이미 확인된 바이다. 특정 장소를 대상으로 하는 관광은 방문객(visitor), 산업과 정부(industry & government), 지역공동체(community), 환경(environment) 등의 여건을 충족해야 한다. 특히나 산업유산을 활용한 관광은 장소의 잠재력, 이해당사자, 장소 재활용, 경제적 지속성, 진본성, 지역주민의 인식 등 매우 다양한 요소가 연계될 필요가 있다. 이는 산업유산의 지속가능한 보존을 통해 지역정체성을 확립하고, 지역공동체와의 파트너십을 통한 공간재생이 수반되어야 함을 의미한다.

폐산업시설의 재탄생: 석탄박물관 건립과 철도 재활용

중앙정부에서 폐광 지역의 활성화를 도모하기 위해 제시했던 국책사업은 내국인 전용 카지노와 석탄박물관을 강원도와 경상북도에 하나씩 건립하는

것이었으며, 문경시에 석탄박물관을 건립하는 정책이 결정되었다. 지방자치 1
기 시대에 문경시의 관광산업 전략은 석탄박물관의 건립으로 시작되었고, 은
성광업소의 갱도와 석탄박물관을 결합해 시너지 효과를 극대화하고자 실제로
이용했던 탄광갱도를 1998년 8월 갱도전시장으로 재구성했다. 그리고 1999년 5
월 은성광업소와 사무실이 있던 자리에 연탄 모양의 문경석탄박물관을 개관
함으로써 석탄산업에 대한 유산화 작업을 일차적으로 마무리했다(그림 2). 문경
석탄박물관은 1999년 문화관광부 제143호 박물관으로 등록되었다.

　문경석탄박물관은 두 개의 전시실과 갱도전시장으로 구성되었으며, 가행
당시의 갱도를 보존하고 있어 갱도 체험도 가능하다. 실제 탄광이 있던 자리에
조성되어 석탄 관련 교육의 장으로 재탄생함으로써 산업유산의 현장성을 간
직하고 있다. 제1전시실은 석탄의 기원에서 시작해 석탄과 탄광, 폐탄광 현황,
석탄의 이용, 석탄산업의 역사 등을 주제로 구성되었다. 제2전시실은 탄광촌

이야기, 출갱 장면, 굴진 및 채탄, 선탄 작업 등 광부의 일상을 보여주는 공간으로 조성되었다. 문경시가 석탄박물관을 건립하고 폐광부지를 활용해 유산화 작업을 하면서 장소자산과 연계해 관광산업을 활성화한 사례는 2000년대 초반 우리나라 기초자치단체 및 학계에서 지역경제 활성화를 위한 벤치마킹의 대상이 되었을 정도로 성공적이라는 평가를 받았다.

문경석탄박물관은 근처에 들어선 가은오픈세트장과 에코센터 등의 결합을 통해 시너지 효과를 창출하면서 관광자산으로서 활용도를 높일 수 있었다. 2006년 개장한 가은오픈세트장은 TV나 영화로 방영되는 사극의 촬영장으로 활용되었다. 과거 은성광업소 노동자들의 사택촌이 있던 자리에 들어선 에코타운은 체험형 전시공간으로, 백두대간의 장소성을 활용함으로써 생태계에 대한 이해를 도모하기 위해 조성되었다. 다만 에코타운이 문경시의 석탄산업과 거의 연관성이 없다는 점은 아쉬움으로 남는다. 석탄산업과 무관한 레저요소가 산업박물관과 결합함으로써 문경시의 관광도시화 전략은 성공을 거두었다고 볼 수 있지만, 은성광업소의 산업유산화는 물론 장소정체성에 혼란을 초래할 우려가 있기 때문이다.

2021년 2월 「뮤지컬 실감 콘텐츠로 다시 태어나는 문경석탄박물관」이라는 주제하에, 다시 돌아오는 광부를 소재로 한 콘텐츠가 선을 보인 것은 다행스러운 일이다. 이 콘텐츠는 2020년 문화체육관광부의 한국판 뉴딜사업 일환으로 추진된 실감 콘텐츠 사업에 문경석탄박물관이 선정됨으로써, 광부들의 일상을 관람객이 직접 체험할 수 있도록 조성된 것이다. 여기에는 '석탄을 캐던 실제 갱도 공간', '홀로그램, 증강현실 등 첨단기술', '광부의 친구 등 창작 뮤지컬 예술'의 3가지 요소를 결합해 눈앞의 가상공간에 나타난 광부들과 함께 탄광 여행을 떠날 수 있는 설비가 갖추어져 있다(그림 3). 이는 광부들의 삶을 간접적이나마 이해할 수 있는 콘텐츠이며, 은성광업소의 역사를 쉽게 접할 수 있는

그림 3. 갱도내의 뮤지컬 실감콘텐츠 출처: 문경시 관광진흥과.

계기를 제공한다.

2017년 행정안전부의 발표에 따르면 문경시처럼 축소도시로 전환 중인 도시에서 운영되는 공공시설 가운데 2개소만이 흑자를 기록했는데, 흑자 규모가 가장 큰 시설이 문경석탄박물관이었다. 문경석탄박물관은 문경시에서 민간으로 운영권이 이양되면서 흑자구조로 전환되었고, 2000년대 연평균 30만 명을 넘었던 관람객은 점차 감소해 2010년대 말에는 연평균 15만 명대를 기록했다. 이는 문경시에서 운영하는 '문경자연생태박물관'의 연간 이용객이 약 1만 명에 불과한 것과 대비되지만, 민간위탁 이후 관광 및 레저시설이 결합하면서 상승한 입장료의 영향으로 연간 관람객이 감소했다는 점은 되새겨볼 필요가 있다. 비싼 입장료가 관람객 감소 원인으로 작용함에 따라, 2022년 9월부터 입장료가 인하되었다. 문경석탄박물관과 결합한 테마파크의 명칭이 2022년 11월 도시의 명칭을 포함하는 '문경에코월드(Mungyeong Ecoworld)'로 변경되었을 만큼,

문경석탄박물관과 테마파크가 석탄산업의 탈산업화를 경험한 문경시에서 가지는 의미는 지대하다.

경북선 철도에서 분기한 문경선과 가은선은 여객 수송보다는 석탄을 비롯한 각종 지하자원을 신속하게 대량으로 수송하는 산업철도로 기능했다. 문경선은 은성탄광·문경탄광·마성탄광 등의 탄광은 물론, 문경선 연변의 광산에서 생산된 흑연·자철광·구리·납·텅스텐 등의 지하자원을 수송하던 철도였다. 특히 가은선의 개통은 은성탄광의 월간 생산량을 기존의 10만 톤에서 50만 톤으로 증가시켰고 전국에 석탄 공급을 원활하게 해줌으로써 국가의 산업발전에 지대한 공을 세운 것으로 평가받는다. 가은선 철도는 83만 5,076톤의 화물을 운송해 정점을 기록했던 1985년까지만 해도 은성광업소의 호황으로 이용 빈도가 높았다. 하지만 석탄이나 화물 수송량이 급격히 감소해 1992년에는 화물 수송량이 13만 8,081톤으로 감소했다. 가은선 철도는 석탄산업이 침체하고 가은읍의 인구감소가 지속되면서 여객 수송량도 감소함에 따라 1995년 3월 31일 운행을 중단했고 2004년 공식적으로 폐선되었다. 산업철도는 화물 중심의 용도로 이용되었기 때문에 탄광이 사라지면서 존재 가치를 크게 상실할 수밖에 없었다.

문경시는 산업철도의 의미를 되새기고 폐철로의 활용을 도모하기 위해 2004년 우리나라에서 처음으로 폐산업철도의 관광 상품화를 시도했으며, 2005년에는 폐산업철도를 레저공간으로 재탄생시켰다. 폐철로를 활용한 철로 자전거는 미국 서부의 골드러시와 함께 부설된 철도가 기능을 잃어버린 후 철도에서 자전거를 탄 것이 시작으로, 미국이나 일본에서는 이미 오래 전부터 폐산업철도를 산책로나 철로 자전거를 즐길 수 있는 자산으로 변화시켰다.[05] 철거

---

05 미국 뉴욕의 하이라인(Highline)과 버지니아의 크리퍼 산책로(Creeper Trail), 일본 히다시의

그림 4. 문경선 폐철로의 철로 자전거(진남역~불정역 구간)

예정이었던 문경선과 가은선 철도는 경상북도와 문경시가 1996년 폐광 지역 진흥지구사업의 일환으로 철로를 활용해 관광열차를 운행하겠다는 계획을 수립함에 따라 철거를 면했다. 산업철도의 철거와 재활용 사이에 개입된 논란은 은성광업소가 폐광되고 10년이 지난 2005년 철로 자전거라는 새로운 관광자산으로 탈바꿈하면서 일단락된 셈이다. 문경시의 철로 자전거 사업은 '부존자원을 활용한 특색있는 관광기반시설을 구축한 모범사례'로 선정되기도 했다.

폐철로를 활용한 철로 자전거는 지금도 전국적으로 많이 운영되고 있지만, 산업철도를 활용한 사례는 문경시 진남역~불정역 구간이 국내에서 최초의 사례이다(그림 4). 문경시에서는 이후 문경선의 불정역~주평역 구간과 문경역~마성역 구간, 가은선의 구량리역~가은역 구간에 철로 자전거를 추가로 설치했

가탄 고(Gattan Go) 등이 대표적이다.

다. 문경의 철로 자전거는 석탄수송용 산업철도를 활용한 국내 최초의 관광자원이라는 점과 철도가 경유했던 문경광업소[06]가 남한 최초의 탄광이었다는 점에서, 문경시의 석탄산업에 대한 역사적 의미를 가진다. 그러나 진남역~불정역 구간을 운행했던 우리나라 최초의 철로 자전거가 안전 문제로 인해 운행 중단되었음은 폐철로를 철로 자전거 이외의 용도로 활용하는 다각적인 논의가 필요함을 보여준다. 과거 탄광이 많았던 강원도 영월군에서는 1965년 이후 전력수급 문제에 일조했던 영월화력발전소가 철거된 후 석탄을 수송하던 정양선(영월역~영월화력발전소 구간 운행) 철도가 폐선하자 관광상품으로 개발하는 과정에서 공원 개념으로 개발하는 계획을 수립했다는 점을 상기할 필요가 있다.

산업철도 폐선 이후 철도시설의 활용은 터널과 철도역을 대상으로도 진행되었다. 터널은 문경선과 가은선의 분기점이었던 진남역 북쪽의 석현터널(540m)이 대표적이다. 석현터널은 문경읍과 점촌 사이의 석탄을 수송하기 위해 1954년에 건설되었지만, 문경선 폐선 이후 방치되었던 산업유산이다. 유휴시설로 남아 있던 석현터널은 2017년 농업회사법인에 의해 문경시의 특산품인 오미자와 결합됨으로써 문화와 체험의 공간으로 활용 가능한 문경오미자테마터널로 재탄생했으며(그림 5), 내부에는 휴게공간, 홍보판매장, 문화공간, 이벤트홀, 저온숙성창고 등이 조성되었다. 이 테마터널은 인접한 진남교반, 고모산성, 석현성, 그리고 조선시대 영남대로의 3대 잔도 가운데 하나인 토끼비리(관갑천 잔도) 등과 연계된 관광루트를 형성하면서 문경의 장소성을 부각시켜주는 요소로 기능한다.

은성광업소로 연결되던 가은선 철도의 종점인 가은역의 역사(驛舍)는 해방

---

06 문경광업소는 문경시 불정동에 있었으며 은성광업소보다 이른 시기인 1926년에 문을 열었다.

그림 5. 문경선 석현터널을 활용한 문경오미자테마터널

그림 6. 새로운 공간으로 재탄생한 가은역사

이후 건축된 목조 건축물이지만 일본식을 응용한 한국형 건축양식이라는 특징을 가진다. 또한 가은역사는 우리나라 산업화의 핵심이었던 석탄산업과 관련한 역사를 가진다는 점에서 희소성이 높아 2006년 12월 4일 국가등록문화재(제304호)로 지정되었다. 산업유산이 탈산업시설의 역사적 가치뿐만 아니라 건축학적·사회적·경관적 가치 등 다양한 관점을 내포한다는 것을 고려하면, 가은역사는 우리나라 산업화의 역사와 건축학적 가치의 측면에서 산업유산의 의미를 함유하고 있다. 가은역사는 주거용으로 변용되면서 원형이 일부 변형되기도 했지만, 도시정부의 장소 재활성화 정책에 의한 사업공모를 통해 민간에 위탁되면서 문경의 특산품인 사과를 주제로 하는 카페로 변신했다(그림 6).

유산화하지 못한 폐산업시설과 잊혀진 기억들

석탄 관련 폐산업시설의 관광자산화를 위한 문경시의 시도는 성공적이라 할 수 있지만, 산업유산화는 완벽하게 달성하지 못했다. 이는 석탄산업의 전반적인 내용을 포괄하고 기억의 공간으로 조성된 문경석탄박물관이 산업박물관의 기능을 제대로 수행하고 있는지에 대한 검토에서 확인할 수 있다.

문경석탄박물관 일대에 조성된 문경에코월드는 백두대간의 생태계를 활용한 자연친화적 휴양문화공간으로 조성된 것으로, 석탄산업과는 큰 관련이 없는 공간이다. 따라서 문경에코월드의 건립이 가지는 의미가 무엇일까에 대한 의문이 제기될 수밖에 없다. 문경에코월드는 관광객을 유치하고자 문경시의 재정지원을 통해 조성되었지만, 운영권이 민간에 이양되면서 수익 추구를 목표로 하는 레저형 테마파크로 변질되었다. 즉 문경에코월드는 지역침체를 억제하고 도시활력을 되찾기 위한 수단이지 석탄산업과 직결되는 시설이 아니다. 문경석탄박물관과 그 일대에 전시된 노동자 사택촌이나 석탄채굴 장비 역시 산업유산으로서의 지위가 아닌 테마파크를 구성하는 부속품으로서의 성격이 강한 듯 하다.

문경석탄박물관 내외부에는 석탄산업의 시작과 종말을 보여주는 4,960개의 물품이 전시되어 있어, 관람객은 이를 통해 석탄산업에 대한 기억을 조작할 수 있다.[07] 전시물은 은성광업소의 석탄산업에 관한 기억을 소환해주는 요소이지만, 전시물이 담고 있는 이야기의 결합은 유기적이지 않아 석탄산업이나 그로부터 파생된 산업유산에 관한 기억은 파편화한 재생에 그칠 우려가 있다. 따라서 건물 내외부에 전시된 요소의 결합을 통해 석탄산업을 포괄하는 산업박물관의 기능을 강화하는 방안이 필요하다.

문경석탄박물관이 파편화된 기억재생에 그칠 수밖에 없는 또 다른 이유는 탄광설비 및 관련 시설의 원형이 보존되지 못했기 때문이다. 탄광을 상징하는 권양기를 비롯해 가행 당시의 산업경관을 구성하던 대부분의 요소가 본래의 자리가 아닌 곳에 배치되었다는 점, 일부 전시물은 다른 지방의 탄광에서 이용되던 것을 옮겨왔다는 점이 현장성 및 진본성을 약화시킨다. 또한 은성광업소 갱도에서 사용되었던 일부 설비가 안전이나 기술상의 문제로 갱도 밖으로 이전하지 못하고 그대로 방치되었다는 점도 유산화의 장애물이다. 산업유산화의 맥락에서 철저한 검증을 거쳐 석탄박물관의 전시 내용을 정비함으로써 현장성과 진정성을 확보하고, 나아가 관광자산으로서의 지속가능성을 확보할 필요가 있다. 독일 루르공업지대의 산업화를 이끌었던 촐페라인(Zollverein) 탄광지대 또는 일본 메이지산업혁명을 이끌었던 오무타(大牟田) 탄광이 세계유산으

---

07 박물관 내부에는 기계설비 관련 매뉴얼·광산 교재·잡지 등의 도서 1,126건, 광업소와 탄광의 가동 및 노동자의 생활 관련 서류 1,444건, 갱도 관리 및 채탄 관련 지형도와 지질도 등의 도면 1,521건, 갱도에서 채굴된 암석 118건 등이 전시되어 있다. 박물관 외부에는 탄광에서 이용했던 각종 장비·기계설비·전기기관차·광차·레일·양수기·광부들을 수송하던 인차 등 751건이 전시되어 있다.

로 지정되고 산업유산으로서의 가치를 인정받을 수 있었던 것도 원형 보존을 통한 진본성의 실재 덕분이라는 점에 주목할 필요가 있다.

문경석탄박물관은 실제 이용되었던 갱도를 활용해 석탄산업의 이해를 도모했다는 점에서 태백시나 보령시의 석탄박물관과 차별화되지만, 석탄에 대한 기초지식과 우리나라의 산업화 및 탄광의 역사적 사실을 전달하는 교육적 역량을 강화할 필요도 있다. 즉 석탄박물관은 산업유산을 전시한 시설이 폐탄광을 대체할 수 있는 사회적 기능을 제대로 수행하는지에 대한 사회문화적 맥락에서 접근이 필요한 대상이며, 산업유산의 복원과 개조를 통해 진본성을 담보할 수 있는 역사적 기억의 장소로 수용되어야 할 대상이다. 산업유산 또는 관광자산의 활용에 관한 패러다임이 변화하는 것과 같이, 지역내에 존재하는 장소자산의 보존과 활용 방안에 대한 심도있는 논의가 필요하다.

폐산업시설은 지속가능한 보존을 통해 공간의 장소성을 확립하고 공간재생을 이끄는 주요 매개물로 기능해야 하며, 나아가 지역사회의 여건을 개선할 수 있도록 지역공동체와 함께 관리해야 할 대상이다. 폐탄광을 관광자원으로 활용하는 일련의 과정이 다양한 주체의 참여를 통해 유기적으로 진행되지 못할 경우, 제대로 된 산업유산화 및 지역 활성화, 그리고 장소정체성 확립은 불가능하다. 따라서 지역주민의 행태에 대한 분석, 지역공동체와의 의사소통 및 의견수렴, 지역주민을 대상으로 하는 관광에 대한 이해 증진, 지역공동체의 참여 독려, 지역공동체에서 실시하는 관광사업 지원, 지역공동체와의 파트너십 평가 등을 통해 파편화된 참여주체의 기능과 역할을 융합할 필요가 있다.

폐산업시설이 가지는 산업유산의 사회적 가치는 설비의 가동과 관련한 노동자의 삶에서 탐색된다. 은성광업소에 근무했던 광부는 1952년 804명이었다가 생산량이 최대를 기록했던 1964년 1,249명으로 증가해 1970년대에도 1천 명을 넘었지만 폐광 직전인 1993년말에는 406명으로 감소했다. 이처럼 많은 노동

그림 7. 사라진 옛 은성광업소의 탄광사택촌(위)과 그 자리에 들어선 문경석탄박물관(아래)　위 사진은 1994년 당시 모습이며 아래 사진은 같은 공간의 2010년 모습이다. 위 사진 출처: 대한석탄공사.

자가 있었음에도 석탄박물관이 자리한 문경에코월드에서 노동자의 삶을 반영하는 요소는 사라져버렸거나 변형되어 아쉬움을 남긴다. 노동자의 삶과 일상에 관한 내용은 석탄박물관 내부에 전시된 출갱 장면, 탄광촌 이야기, 탄광사무실, 채탄, 선탄, 탄광재해 등을 통해 소개된 정도일 뿐, 노동자들의 실제 생활상을 엿볼 수 있는 거주공간의 흔적은 사라져버렸다.

탄광사택촌은 광부들의 주거 문제를 해결하고자 연립주택 10개 동 건설계획이 수립되면서 1동에 5가구씩 입주할 수 있도록 1974년에 최초로 건설되었고, 이후 연립주택 주변에 단독주택 형태의 사택이 들어서면서 규모가 확대되었다. 사택은 사원합숙소, 사원사택, 용원합숙소, 갱부사택, 병원사택 등으로 나뉘어 있었고, 막장에서 일하던 광부들은 갱부사택에 거주했다. 탄광사택촌에 건설된 사택은 400호에 달했는데, 이는 은성광업소가 전성기를 누리던 시절 필요했던 사택의 수요를 충족하지 못하는 규모였다. 사택촌에 입주하지 못한 광부들은 사택촌과 마주하는 읍내에 거주할 수밖에 없었으며, 탄광사택촌과 분리된 영산천 서쪽에 탄광취락이 발달했다. 일반적으로 탄광취락의 성립과 동시에 광업소의 사무소가 자리한 교통요지가 신흥 중심지로 성장하지만, 가은읍에서는 광업소 일대가 중심지로 성장하지 못했다.

탄광사택촌은 폐광 후 노동자가 이탈하면서 유령 사택촌이 되었다가 결국은 그 흔적마저도 사라져버렸다(그림 7). 탄광사택촌 부지는 석탄산업의 역사와 거의 관련이 없는 체험형 전시공간으로 대체되어버렸다. 탄광의 산업유산화 작업이 진행되던 초기 문경석탄박물관이 건립되었지만, 노동자들의 삶의 현장이었던 탄광사택촌은 산업유산화의 기억에서 사라졌다. 지금 우리가 보는 탄광사택촌은 2003년에 광원사택전시관이라는 이름으로 만들어진 것을 확장시키면서 은성광업소의 전성기였던 1960~70년대의 탄광사택촌과 유사한 형태로 2011년에 재현된 것일 뿐이다.

광부들이 살았던 탄광사택촌은 원형보존이 아닌 재현 방식을 통해 재탄생했지만, 그 장소가 본래 사택촌이 있던 장소가 아니라는 점도 진본성 및 현장성의 문제를 내포한다. 탄광사택촌이 있던 공간에 체험형 전시공간이 들어섬에 따라 사택촌은 아주 간단하게 재구성되었고, 이는 관람객에게 탄광사택촌에 대한 왜곡된 기억을 제시할 수밖에 없다. 탄광 노동자와 그 가족들의 생활사를 담은 이야기는 유산화 과정에서 탄광사택촌이 사라졌다가 재현됨에 따라 한동안 기억에서 사라졌다. 그리고 재현된 탄광사택촌을 통해 우리가 기억할 수 있는 내용은 1970년대 사택촌의 단편적인 모습과 일상뿐이다. 재현된 탄광사택촌이 가행 당시 노동자 삶의 단면을 보여주기는 하지만, 이는 사택촌의 진정성과는 거리가 멀다.

우리나라 석탄산업의 중심지로 기능했던 태백시의 철암탄광역사촌은 과거의 역사를 그대로 보존함으로써 과거와 현재를 재조명할 수 있는 생활사박물관으로 기능하며, 석탄산업의 유산, 노동자와 주민의 생활상, 역사적 흔적을 그대로 간직하고 있다. 이는 지역의 장소성과 역사성을 반영하는 동시에 폐광지역의 재생을 위한 동력으로 작용한다. 한편 타이완 북부의 석탄산지였던 신베이시(新北市)에 2019년 개관한 허우통광공문사관(猴硐鑛工文史館, Houtong Miner's Culture & History Museum)은 실제 탄광에 근무했던 퇴역 광부 3인이 설치해 운영하는 박물관이다. 이 박물관은 정부의 지원을 전혀 받지 않았음에도 1980년대 초반부터 노동자들의 일상을 사진으로 기록하고 노동자들과 관련된 각종 문서 및 기록 자료를 확보해 보존함으로써, 광산과 노동자의 과거를 이해할 수 있게 하고 있다. 요컨대 산업유산화는 폐산업시설의 물리적 보존뿐만 아니라 설비와 관련된 요소의 보존 및 관리, 활용도 매우 중요한 요소이다.

노동자의 삶을 재현하는 또 다른 요소는 탄광에서 발생했던 각종 사고 및 재해와 관련된 것이다. 광부들은 목숨을 걸고 지하갱도에서 노동했지만, 그들에 대한 기억은 우리에게 선별적으로 전해지고 있다. 폐산업시설의 유산화는 긍정적인 기억은 물론 각종 사건사고 및 어두운 역사에 관한 기억까지도 저장함으로써 가능해진다. 문경석탄박물관 내부에 가행 당시 발생했던 재해와 관련된 내용이 일부 전시되어 있지만, 그 전시물은 광부들의 삶에 대한 기록을 선별적으로 보여줄 뿐이다. 특히 대중에게 잘 알려지지 않았던 아픈 기억이라 할 수 있는 탄광에서의 사고와 관련된 내용도 공공화할 필요가 있다.

은성광업소에서는 1979년 10월 27일 갱내에서 발생한 대형화재 사고로 인해 44명의 사망자가 발생했다. 이 사고는 우리나라 석탄업계에서 사상 최대 규모의 사상자가 발생한 사고였지만, 당시 언론을 통해 제대로 알려지지 못했으며 결국 탄광노동자 44명의 사망사고는 역사에 묻히고 말았다. 그 이유는 사고 발생 하루 전날인 10월 26일이 박정희 대통령 피살 사건이 있었기 때문이다. 모든 언론에서 대통령 서거 소식을 앞다투어 다루면서 은성광업소에서 발생한 비극은 일반 국민에게 알려지지 못했다. 은성광업소를 운영했던 대한석탄공사에서 발행한 『대한석탄공사 50년사: 1950~2000』에 당시의 사건은 다음과 같이 기록되었을 뿐이다.

1979년 10월 27일 오전 6시 40분경, 은성광업소 본갱 제2컨베이어 사갱 12편과 13편 중간지점(갱구에서 2,250m)에서 화재가 발생하여 약 1km의 벨트컨베이어가 연소되면서 생긴 유독가스에 의해 지하에서 작업 중이던 126명 중 44명이 사망하였다. 사고 원인은 전동기에서 발생한 열이 전동기를 덮어놓은 고무벨트 컨베이어에 전도되면서 불이 붙은 것으로, 당시 컨베이어 운전공이 일찍 퇴갱하여 조기에 진화하지 못함으로써 대형 재해가 되었다. 공사(대한석탄공사) 역사상 가장 많은 사망자를 낸 사고였지만 박정희 대통령 시해 사건 다음 날 발생하여 주목을 끌지 못했다.

이외에도 은성광업소에서 발생했던 주요 사건으로는 1957년 7월 19일의 탄차 고장에 의한 석탄 운반 작업 광부의 사망사고, 1960년 9월 19일 갱내에서의 가스 폭발에 의한 사망 및 부상, 1961년 5월 5일 임금 인상안에 대한 노동자 파업, 1977년 4월 27일 탄더미 붕괴에 의한 사망사고, 1981년 1월 6일 막장에서 물이 섞인 죽탄에 의한 광부 사망사고 등이 있다. 이러한 사건사고에 대한 기록은 문경석탄박물관의 전시물을 통해 대중에게 제시되지 못했다. 따라서 대중들은 특정한 목적을 추구하기 위해 강조되는 좋은 기억과 간과하고자 하는 좋지 않은 기억의 분리에 의해 산업유산에 대한 선별적 기억을 강요당할 우려가 있다.

요컨대 석탄박물관은 석탄에 대한 지식과 산업화 및 탄광의 역사적 사실을 전달하는 교육매체로 인식되지만, 사회적 기능을 제대로 수행하고 진본성을 보여줄 수 있는 온전한 기억의 장소로 기능해야 한다. 이를 위해서는 분절되고 파편화된 기억이 서로 연계될 수 있도록 산업유산과 지역 요소를 결합할 필요가 있다. 이는 석탄산업의 유산을 보존하고 활용하는 동시에 문경시가 추진하는 관광도시 전략과 연계될 수 있다. 은성광업소 부지를 중심으로 조성된 문경에코월드는 관광산업 활성화를 통해 문경시의 지역재생을 도모하는 장점을 가지는 반면, 레저공간의 성격이 강화될 경우 문경석탄박물관과 석탄산업의 유산은 진정한 산업유산의 지위를 차지하지 못하고 하나의 조각으로 전락할 우려도 있다.

산업화 시대를 이끌었던 유휴시설에 대한 문경시의 유산화 및 관광자산화는 정부 주도로 진행됨에 따라 행정이나 재정 부문에서 큰 난관에 봉착하지 않고 추진되었다. 반면 장소 개선에 필수적으로 요구되는 지역공동체와의 협력이나 주민참여는 뚜렷하게 드러나지 않는다. 지역공동체는 공간 스케일을 좁히면 문경석탄박물관이 자리한 가은읍에 한정될 수도 있지만, 문경시로 공간

범위를 확대할 수도 있다. 지역 내에 존재하는 비정부기구나 기업체 등과의 협력관계를 확대하고 지역주민과의 소통을 강화하는 것은 당면한 지역 문제를 해결하고 지역 내 장소자산의 활용도를 극대화할 수 있는 토대이다. 이를 통해 문경시는 탄광을 배경으로 성장했던 산업도시의 이미지에서 탈피해 과거의 산업유산과 도시내 장소자산이 결합된 관광도시로 발전할 수 있는 디딤돌을 마련할 수 있을 것이다. 나아가 석탄산업과 관련한 장소성을 강화하고 폐산업 시설의 관광자산화를 추진하기 위해서는 문경의 지질과 지형에 대한 이해를 증진시키면서 문경의 역사, 문화, 생태 등을 결합하는 지오투어리즘(Geotourism)을 고려할 필요가 있다.

참고문헌

참고문헌

1장 '산업혁명의 요람' 슈롭셔 아이언브리지 / 염운옥

Acheson, Coralie Rachel, *Visiting the Industrial Revolution: The Communication of World Heritage Values to Tourists in Ironbridge Gorge*, Dissertation, University of Birmingham, 2019.

Baker, David and Gill Chitty, eds., *Managing Historic Sites and Buildings: Reconciling Presentation and Preservation*, London and New York: Routledge, 1999,

Belford, Paul, Marilyn Palmer, Roger White, eds., *Footprints of Industry*, Papers from the 300th anniversary conference at Coalbrookdale, 3-7 June 2009, British Archaeological Reports Oxford Ltd, 2010.

de Soissons, Maurice, *Telford: The Making of Shropshire's New Town*, Shrewsbury: Swan Hill Press, 1991.

Cossons, N. and B. Trinder, *The Iron Bridge: Symbol of the Industrial Revolution*, Chichester, West Sussex: Phillimore & Co., 2002.

Hayman, Richard, Wendy Horton, and Shelley White, *Archaeology and Conservation in Ironbridge*, CBA Research Report 123, Council for British Archaeology, 1999.

Liddington, Jil, "What Is Public History-Publics and Their Pasts Meanings and Practices", *Oral History* Vol. 30, No. 1, 2002.

Lumley, Robert, *The Museum Time Machine: Putting Cultures on Display*, London and New York: Routledge, 2005.

Palmer, Marilyn and Peter Neaverson, *Industrial Archaeology: Principles and Practice*, London and

New York: Routledge, 1998.

Powell, John, *Ironbridge Gorge Through Time, Stroud*, Gloucestershire: Amberley Publishing, 2009.

Rutherford-Morrison, Lara, "Playing Victorian: Heritage, Authenticity, and Make-Believe in Blists Hill Victorian Town, the Ironbridge Gorge", *The Public Historian* Vol. 37, No. 3, 2015.

Trelka, Malgorzata, "Negotiating Authority: Local Communities in World Heritage Convention", *Archaeologies: Journal of the World Archaeological Congress*, 2020.

White, Roger and John Carman, eds., *World Heritage: Global Challenges, Local Solutions*, Proceedings of a Conference at Coalbrookdale, 4-7 May 2006 hosted by the Ironbridge Institute, BAR International Series 1698, 2007, Oxford: BAR Publishing, 2016.

2장 사회적 연대의 탈산업화 전략, 루르 산업문화 / 정용숙

정용숙, 「산업화 시대의 기록으로서 산업유산―독일 루르 산업문화의 사례」, 『서양사론』 132, 2017.

정용숙, 「산업유산의 디즈니랜드?―루르의 산업투어리즘과 역사적 진정성」, 『서양사론』 제139호, 2018.

Albert, Michel, "Die Zukunft der Sozialmodell des europäischen Kontinents", in: Wolfgang Streeck, *Internationale Wirtschaft, nationale Demokratie: Herausforderungen für die Demokratietheorie*, Frankfurt am Main: Campus, 1998.

Berger, Stefan, "Was ist das Ruhrgebiet? Eine historische Standortbestimmung", in: *Aus Politik und Zeitgeschichte*, 1/3 (2019), Jan. 4, 2019 https://www.bpb.de/apuz/283260/was-ist-das-ruhrgebiet-eine-historische-standortbestimmung (검색일: 2021. 11. 22).

Berger, Stefan and Christian Wicke, "Deindustrialisation, Heritage, and Representation of Identity", in: Christian Wicke, Stefan Berger and Jana Golombek, eds., *Deindustrialization, Heritage, and Representation of Identity*, *The Public Historian*, 39, 2017, 4 (Special Issue).

Berger, Stefan, "Das Ruhrgebiet im internationalen Vergleich", in: Michael Farrenkopf, Stefan Goch, Manfred Rasch, and Hans-Werner Wehling, eds., *Die Stadt der Städte. Das Ruhrgebiet und seine Umbrüche*, Essen: Klartext, 2019.

Berger, Stefan, "Industrial Heritage and the Ambiguities of Nostalgia for an Industrial Past in the Ruhr Valley", in: *Labor. Studies in Working-Class History of the Americas*, Vol. 16, no. 1, 2019.

Berger, Stefan, "Das Ruhrgebiet im Strukturwandel – ein internationaler Verlgeich mit anderen altindustirelle Regionen", in: *forum Geschichtskultur Ruhr* 02/2021.

Berger, Stefan, Jana Golombek and Christian Wicke, "A post-industrial mindscape? The mainstreaming and touristification of industrial heritage in the Ruhr", in: Christian Wicke, Stefan Berger and Jana Golombek, eds., *Industrial Heritage and Regional Identities*, London: Routledge, 2018.

Bogumil, Jörg, et al., *Viel erreicht – wenig gewonnen. Ein realistischer Blick auf das Ruhrgebiet*, Essen: Klartext, 2012.

Bosdorf, Ulrich, "Industriekultur und Geschichte", in: *Forum Industriedenkmalpflege und Geschichtskultur* 1/2000.

Brüggemeier, Franz-Josef, *Grubengold. Das Zeitalter der Kohle von 1750 bis heute*, München: Beck, 2018.

Dinter, Jan, "Poltischer Strukturwandel? Populismus und soziale Gegensätze", in: *Aus Politik und Zeitgeschichte*, Jg. 69, 1-3/2019.

Heinemann, Ulrich, "Industriekultur: vom Nutzen und Nachteil für das Ruhrgebiet", in: *Forum Industriedenkmalpflege und Geschichtskultur* 1/2003.

Köllmann, Wolfgang et al. eds., *Das Ruhrgebiet im Industriezeitalter*, 2 vols., Düsseldorf: Schwann, 1990.

Slotta, Rainer, *Einführung in die Industriearchäologie*, Darmstadt: Wissenschaftliche Buchgesellschaft, 1982.

Weber, Wolfhard, "Von der 'Industriearchäologie' über das 'industrielle Erbe' zur 'Industriekultur'", in: Ulrich Troitzsch and Gabrielle Wohlauf, eds., *Technikgeschichte. Historische Beiträge und neuere Aufsätze*, Frankfurt am Main: Suhrkamp, 1980.

3장 '총조사 사업'과 다시 태어난 파리의 세 공장 / 류은하

Bernard André, "Quelle politique française et faveur du patrimoine industriel?", in *Patrimoine industriel et reconversion*, Bègles: Editions confluences, 2002.

Jean-Yves Andrieux, *Le Patrimoine Industriel*, Paris: PUF, 1992.

Louis Bergeron, "L'âge industriel", *Les lieux de mémoire, la République, tome 1*, Paris: Gaiilimard, 1984.

Clotilde Bost, Mathieu Froissart, *Découvrir le patimoine industriel du Val-de-Marne*, Champigny-sur-Marne: Scérén, 2004.

Maurice Daumas, *L'Archéologie industrielle en France*, 창간호, 1976.

Maurice Daumas, *L'Archéologie industrielle en France*, Paris: Robert Laffont, 1980.

Hélène Jantzen, *Cent ans de patrimoine industriel dans les Hauts-de-Seine*, Paris: Inventaire, 1997.

Jean-Baptiste Rendu, *Le Patrimoine industriel de Pari et ses environs*, Issy-les-Moulineaux: Éditons
       Massin, 2017.

Emmanuel de Roux, *Patrimoine Industriel*, Paris: Éditions Scala, 2000.

Thomas Le Roux, *La Maison des métallos et le bas Belleville: histoire et patrimoine industriel à Paris*,
       Paris: Créaphis, 2003.

4장 브루클린 수변 지구 재개발의 세 갈래 길 / 박진빈

민유기 외, 『세계의 지속가능 도시재생』, 국토연구원, 2018.

신현방, 『안티 젠트리피케이션』, 동녘, 2017.

정원오, 『도시의 역설, 젠트리피케이션』, 후마니타스, 2016.

최병두 외, 『도시재생과 젠트리피케이션』, 한울, 2018.

D. W. 깁슨, 김하현 역, 『뜨는 동네의 딜레마 젠트리피케이션』, 눌와, 2016.

이와사부로 코소, 서울리다리티 역, 『죽음의 도시 생명의 거리』, 갈무리, 2013.

박진빈, 「1970년대 이후 뉴욕의 젠트리피케이션—신자유주의 시대 대도시의 운명」,
       『역사비평』 89호, 2009.

윤준혁·이강준, 「브루클린 네이비 야드 산업단지의 공공성에 대한 연구—도시·건축
       적 대응을 중심으로」, 『문화공간연구』 74, 2021.

"Brooklyn Navy Yard: An Analysis of Its Economic Impact and Opportunities for Replication",
       Pratt Center for Community Development, 2013.

"Greenpoint 197-A Plan: As Modified and Adopted by the City Planning Commission and the
       City Council", Department of City Planning, *City of New York*, Spring 2002.

T. F. Berner, *The Brooklyn Navy Yard*, Arcadia Publishing, 1999.

B. Y. Docks, *Building the Navy's Bases in World War II: History of the Bureau of Yards and Docks,
       1940~1946*, Volume 1, U. S. Navy Seabee Museum.

Kara Murphy Schlichting, "New York's Post Industrial Waterfront: A Lesson in Environmental
       Gentrification and Environmental Ineqaulity", *Urban Environments as Spaces of Living in
       Transformation*(Rachel Carson Center Position Papers Collection), January 2021.

A. H. Kimball and D. Romano, "Reinventing the Brooklyn Navy Yard: A National Model for
       Sustainable Urban Industrial Job Creation", *WIT Transactions on The Built Environment*,

Vol. 123, 2012.

Suleiman Osman, "Gentrification Matters", *Journal of Urban History*, vol. 43(1), 2017.

Filip Stabrowski, "New-Build Gentrification and the Everyday Displacement of Polish Immigrant Tenants in Greenpoint, Brooklyn", *Antipode*, Vol. 46, No. 3, 2014.

Chiara Valli, "A Sense of Displacement: Long-time Residents' Feelings of Displacement in Gentrifying Bushwick, New York", *International Journal of Urban and Regional Research* 39(6), November 2015.

5장 북한에는 산업유산이 존재하는가? / 김태윤

강동진·이석환·최동식, 「산업유산의 개념과 보전방법 분석」, 『국토계획』 38-2, 2003.

기무라 미스히코·아베 게이지 지음, 차문석·박정진 옮김, 『전쟁이 만든 나라, 북한의 군사공업화』, 미지북스, 2009.

김웅환·전영선, 「북한의 문화유산 관리에 대한 연구—김일성 부자의 교시와 법령을 중심으로」, 『민족학연구』 2, 1997.

류승주, 「해방 직후 북한 문화유산 보존사업과 조선물질문화유물조사보존위원회」, 『한국근현대사연구』 103, 2022.

손전후, 『산업국유화경험』, 사회과학출판사, 1985.

예대열, 「해방 이후 북한의 노동조합 성격 논쟁과 노동정책 특질」, 『역사와 현실』 70, 2008.

이연경, 「한국의 산업유산 관련 제도와 현황」, 『도시연구』 29, 2022.

이왕기, 『북한건축, 또 하나의 우리모습』, 서울포럼, 2000.

전현수, 「산업의 국유화와 인민경제의 계획화—공업을 중심으로」, 『현대북한연구』 2-1, 1999.

정창현, 「김정은 시대 북한의 문화유산 정책 변화와 남북교류」, 『통일인문학』 77, 2019.

정창현, 「북한의 문화유산 정책과 관리체계」, 『통일인문학』 53, 2012.

하문식, 「북한의 문화재 관리와 남북교류」, 『한국학』 30-1, 2007.

6장 보존과 활용 사이에서, 중국 공업유산 법제화 과정 / 유현정

강동진·배연한, 「근대 관련 세계유산의 등재 경향 분석」, 『국토계획』 제52권 제5호, 2017.

강동진, 『산업유산』, 커뮤니케이션북스, 2022.

길세호, 「중국 산업유산 관광지 브랜딩 전략에 관한 탐색적 연구」, 우석대학교 박사학
　　위논문, 2021.

민유기 외 지음, 『세계의 지속가능 도시재생』, 국토연구원, 2018.

박진한, 「산업유산은 탈산업화 시대의 새로운 '열린' 공간이 될 수 있을까?—국내 산업
　　유산 연구의 현황과 과제」, 『도시연구: 역사·사회·문화』 29, 2022.

이연경, 「한국의 산업유산 관련 제도와 현황」, 『도시연구: 역사·사회·문화』 29, 2022.

이현경, 「'불편문화유산(difficult heritage)'의 개념 및 역할에 대한 고찰」, 『도시연구: 역
　　사·사회·문화』 제20호, 2018.

한지은, 『도시와 장소 기억』, 서울대학교출판문화원, 2014.

鄧君韜·陳玉昕, 「工業遺産法律保護論綱」, 『中國明城』 2018年 第3期, 2018.

劉伯英, 「工业建筑遗产保护发展综述」, 『建築學報』 2012年 1期, 2012.

聶武鋼·孟佳, 「工業遺産與法律保護」, 北京: 人民法院出版社, 2009.

呂啓國·儲石韋·帥新元, 「我國工業遺産的立法保護與利用地方法律法規及政策比較
　　研究」, 『工業建設』 第52卷 第11期, 2022.

李莉, 「我國工業遺産的立法保護研究」, 『蘭州教育學院學報』 第26卷 第6期, 2010.

李莉, 「淺論國工業遺産的立法保護」, 『人民論壇』 2011年 2期, 2011.

蔣文杰, 「上海工业遗产保护与社区发展的互利关系探析: 以1933 老场坊为例」, 『建築
　　与文化』 2020年 9期, 2020.

張亦弛·蔡明倫, 「地方工業遺産保護的立法實踐探析」, 『湖北師範大學學報(哲學社會
　　科學版)』 2017年 第3期, 2017.

丁芳·徐子琳, 「中國國工業遺産的法律保護研究」, 『科技信息』 2012年第1期, 2012.

曹永康·竺迪, 「近十年上海市工業遺産保護情況初探」, 『工業建築』 第49卷 第7期, 2019.

韓强·安幸·鄧金花, 「中國工業遺産保護發展歷程」, 『工業建設』 第48卷 第8期, 2018.

韓晗·孫崇轅, 「2022年度中國工業遺産研究學術報告」, 『北華大學學報(社會科學版)』
　　第24卷 第1期, 2023.

7장 타이완 근대 산업유산의 보존과 정부 주도의 유산 활용 / 황위위

楊敏芝, 『産業文化資産再利用發展輔導計畫』, 台灣: 文化部文化資産局, 2009.

楊敏芝, 『公有産業文化資産再利用資源管理整合推動計畫』, 台灣: 文化部文化資産局,
　　2012.

日本文化廳, 『近代化遺産的保護成果』, 日本: 日本文化廳出版, 2013.

張崑振,『臺灣產業文化資產價值體系第一期調查計畫: 菸, 茶, 糖』, 台灣: 文化部文化資產局, 2013.

李光中,『臺灣產業文化資產價值體系第二期調查計畫 臺灣煤礦, 臺灣閃玉篇』, 台灣: 文化部文化資產局, 2015.

黃俊銘·黃玉雨,『近代化遺產相關保存機制及推動策略研究計畫(一)』, 台灣: 文化部文化資產局, 2018.

東京文化財研究所,「台湾における近代化遺産の保存活用の展開」,『台湾における近代化遺産活用の最前線』, 東京文化財研究所国際シンポジウム, 2019.

黃俊銘·黃玉雨,『臺灣近代化文化資產保存機制研究分析計畫』, 台灣: 文化部文化資產局, 2022.

黃俊銘·黃玉雨,『產業遺產保存論述及價值系統先導計畫』, 台灣: 文化部文化資產局, 2023.

8장 일본의 산업유산 담론 변화와 국가 공인화 과정 / 박진한

데이비드 로웬덜 지음, 김종원·한명숙 옮김,『과거는 낯선 나라다』, 개마고원, 2006.

黒岩俊郎·玉置正美 編,『産業考古學入門』, 東洋経済新聞社, 1978.

伊東孝,『日本の近代化遺産』, 岩波書店, 2000.

井上敏·野尻亘,「産業考古學と産業遺産—何のために情報を収集し, 誰に傳えるために保存するのか」,『桃山學院大學總合研究所紀要』30(2), 2004.

木元富夫,『産業化の歷史と景観』, 晃洋書房, 2004.

幸田亮一,「熊本·九州の産業遺産をめぐる動向と課題」,『熊本學園大學産業経営研究』25, 2006.

山本里佳,『近代化遺産にみる國家と地域の關係性』, 古今書院, 2013.

木村至聖,『産業遺産の記憶と表象'軍艦島'をめぐるポリテイクス』, 京都大學學術出版會, 2014.

並川宏彦,「産業考古学·産業遺産について」,『桃山学院大学総合研究所紀要』40(1), 2014.

森嶋俊行,「近代化産業遺産の保存と活用に關する政策的對応の比較」,『E-journal GEO』9(2), 2014.

飯田侑里,「日本の廃墟ブームとその時代性」,『東海大學観光學研究』1, 2015.

木曽功,『世界遺産ビジネス 小學館新書247』, 小學館, 2015.

小林真理 編,『文化政策の現在 3. 文化政策の展望』, 東京大學出版會, 2018.

前田清志 編,『日本の産業遺産, 産業考古學研究 Ⅱ』(新裝版), 玉川大學出版部, 2000.

木村至聖・森久聡 編,『社會學で読み解く文化遺産-新しい研究の視点とフィール ド』, 新曜社, 2020.

北九州地域史研究會,『鉄の都八幡の誕生八幡製鉄所と地域社會』, 北九州地域史研 究會, 2021.

伊東孝,『近代化遺産の誕生と展開』, 岩波書店, 2021.

住田翔子,「廃墟から遺産へ一閉山後の軍艦島に對するまなざしの一考察」,『立命館 言語文化研究』34(2), 2022.

Michael Rix, *Industrial Archaeology, The Historical Association*, London, 1967.

Kevin Walsh, *The Representation of the Past: Museums and Heritage in the Post-Modern World*, Routledge, 1992.

Laurajane Smith, *Use of Heritage*, Routledge, 2006.

Yaniv Poria・Gregory Ashworth, "Heritage Tourism: Current Resource for Conflict", *Annals of Tourism Research* 36, 2009.

9장 탈산업화 시대 '열린 공간'으로서 산업유산의 가능성 / 박진한

박철희,「역사문화유산을 활용한 중소도시의 가로 재생방안―논산 강경 중앙로의 근 대건축물을 중심으로」, 충남발전연구원, 2012.

법제처,「국가법령정보센터」.

이경기,「지역자산을 활용한 제천시 도시재생 방향―근대문화유산을 중심으로」, 충북 연구원, 2016.

인천발전연구원,「인천 지역 근대산업유산의 문화적 재활용에 관한 연구」, 인천발전 연구원, 2009.

청주대학교 산업과학연구소 편,『근대문화유산의 보존과 활용방안 조사연구 보고서』, 문화재청, 1999.

충청남도・충남역사문화연구원,「충남 근현대 핵심유산 보존 및 활용을 위한 연구용역 최종보고서」, 2016.

강동진 외,「부산시 건설산업유산의 실태 분석」,『국토계획』40(6), 대한국토・도시계획 학회, 2005.

강동진 외,「산업유산의 개념과 보전방법 분석」,『국토계획』38(2), 대한국토・도시계획학회, 2003.

강동진, 「부산 남선창고 이대로 둘 것인가? 산업유산 재활용을 통한 지역재생 가능성 탐색」, 『도시설계한국도시설계학회지』 9(1), 한국도시설계학회, 2008.

강성중, 「도시재생을 위한 뉴욕 하이라인 공원의 산업유산 활용 사례 연구」, 『한국디자인문화학회지』 17(4), 한국디자인문화학회, 2011.

김선희, 「근대도시문화의 재생과 새로운 커뮤니케이션의 창출」, 『동북아문화연구』 36, 동북아시아문화학회, 2013.

김종수, 「식민지 미화 투어리즘—군산 근대문화도시 사업」, 『내일을 여는 역사』, 내일을여는역사재단, 2018.

까오신·김광배, 「근대 산업유산을 재활용한 도시재생에 관한 연구—당인리 화력발전소 활용계획을 중심으로」, 『대한건축학회 학술발표대회 논문집—계획계』 29(1), 대한건축학회, 2009.

나카무라 야에, 「노스탤지어의 관광화—근대 건축물을 중심으로」, 『실천민속학연구』 38, 실천민속학회, 2021.

남지현·조희은, 「경기 및 인천의 철도변 근대건조물 보전과 지역적 활용방안」, 경기연구원, 2016.

류은하, 「산업유산과 도시 재생사업—제2차 세계대전 이후 파리 지역을 중심으로」, 『서양사론』 149, 한국서양사학회, 2021.

류한조, 「산업유산 아카이빙을 위한 개인 생애서사 기반 수집 연구」, 『기록학연구』 66, 한국기록학회, 2020.

문예은, 「근대문화유산을 둘러싼 담론의 경쟁 양상 분석—군산시를 중심으로」, 『지방사와 지방문화』 14(2), 역사문화학회, 2011.

민식·구영민, 「숭고미의 관점에서 본 산업유산 재활용에 관한 연구—국내·외 포스트 인더스트리얼 공원 사례를 중심으로」, 『대한건축학회 학술발표대회 논문집』 39(2), 대한건축학회, 2019.

박삼헌, 「일본의 근대화 산업유산과 도시재생—도미오카 제사장과 실크산업유산군을 중심으로」, 『일어일문학연구』 106(2), 한국일어일문학회, 2018.

박선미, 「'遊休空間'의 역사·문화성을 활용한 콘텐츠화 방안—신안 증도 폐염전 및 소금창고 활용사례를 중심으로」, 『인문콘텐츠』 31, 인문콘텐츠학회, 2013.

박성신, 「군산의 근대 창고건물 현황 및 산업유산으로서의 가치에 관한 연구」, 『건축역사연구 한국건축역사학회논문집』 20(6), 한국건축역사학회, 2011.

박성신, 「근대 산업도시 장항의 형성과 변천 그리고 산업유산」, 『한국지리학회지』 9(1), 한국지리학회, 2020.

박신의, 「폐산업시설 활용 문화예술 공간 정책의 구도와 방향」, 『문화정책논총』 26(1), 한국문화관광연구원, 2012.

박용철, 「서울 근대건축물의 현황과 관리」, 『서울학연구』 25, 서울시립대학교 서울학연구소, 2005.

박원석, 「산업유산 재생으로서 하이라인의 특성 및 성과 분석」, 『한국경제지리학회지』 23(2), 한국경제지리학회, 2020.

박은영, 「시각문화의 관점에서 본 한국 근대 산업유산―철도역 급수탑을 중심으로」, 『미술사논단』 48, 한국미술연구소, 2019.

박재민·성종상, 「산업유산 개념의 변천과 그 함의에 관한 연구」, 『건축역사연구: 한국건축역사학회논문집』 21(1), 한국건축역사학회, 2012.

박재민·성종상, 「장항의 산업유산 분포현황과 도시 형성 과정」, 『국토지리학회지』 46(2), 국토지리학회, 2012.

박재민·성종상·김진욱, 「한국 근대 산업유산의 실태 및 활용가능성 분석―충청남도 서천군 장항읍을 중심으로」, 『한국조경학회 학술발표논문집』, 한국조경학회, 2007.

박진한, 「'근대화 산업유산'을 활용한 산업관광과 장소기억의 형해화」, 『일본역사연구』 48, 일본사학회, 2018.

박충환, 「대구근대골목투어―'지붕 없는 박물관'과 스토리텔링의 정치적 지형」, 『지방사와 지방문화』 19(2), 역사문화학회, 2016.

서창범·구영민, 「제1분과 계획 및 설계: 비평적 지역주의의 후위(後衛)적인 디자인 접근방법에 대한 연구―인천시 신흥동 항만 창고군 재구성 계획안을 중심으로」, 『대한건축학회 학술발표대회 논문집―계획계』 19(2), 대한건축학회, 1999.

송석기, 「근대도시 군산의 일제 시기 건축유산 현황과 건축적 특성」, 『역사문화학회 학술대회 발표자료집』, 역사문화학회, 2004.

송석기, 「위기를 기회로, 군산의 끝없는 변신」, 『국토』 450, 국토연구원, 2019.

염미경, 「산업도시의 활성화와 산업유산을 활용한 지역관광개발의 가능성」, 『한국사회학회 사회학대회 논문집』, 한국사회학회, 2003.

우동선, 「등록문화재 제도와 근대문화유산 목록화 조사보고서」, 『건축』 12, 2005.

원기준, 「탄광마을 철암의 '마을 전체를 박물관으로 만들기'」, 『국토』 266, 국토연구원,

2003.

윤선자, 「근대문화유산의 현황과 보존방안 연구」, 『한국근현대사연구』 57, 한국근현대
　　사학회, 2011.

이만열, 「근대문화유산, 왜 보존해야 하며 어떻게 보존해야 하는가?」, 『한국의 근대문
　　화유산』 2, 우정디자인기획, 2007.

이순자·장은교, 「근대산업유산이 창의적 활용을 통한 지역재생 방안」, 『국토』 343, 국
　　토연구원, 2010.

이연경·홍현도, 「부평 미쓰비시(三菱) 사택의 도시주거로서의 특징과 가치—1930년
　　대 말 부평의 병참기지화와 노무자주택의 건설」, 『도시연구』 22, 도시사학회,
　　2019.

이영남, 「석탄과 제철이 남긴 문화유산 루르 지역의 산업문화—'산업문화 탐방로'를
　　중심으로」, 『뷔히너와 현대문학』 53, 한국뷔히너학회, 2019.

이영진, 「메이지 일본의 산업혁명 유산을 둘러싼 기억의 정치에 관한 일고찰」, 『아세아
　　연구』 63(2), 고려대 아세아문제연구소, 2020.

이정선, 「일본 문화유산의 연속적 활용에 관한 연구—'군마 실크유산'과 세계유산, 일
　　본유산 사업을 중심으로」, 『문화재』 52(1), 국립문화재연구소, 2019.

이정은·이숙진·박윤미, 「도시재생 연구의 사례지 동향 그리고 향후 연구 방향—도시
　　재생 뉴딜사업 현황과의 비교를 중심으로」, 『한국지역개발학회지』 32(5), 한국
　　지역개발학회, 2020.

이혜주·서리인, 「뉴욕 하이라인(High Line)공원에 나타난 지속가능한 도시재생에 관
　　한 연구」, 『지속가능연구』 5(3), 지속가능과학회, 2014.

전재호, 「식민지 건축 유산에 대한 인식 변화와 반일 민족주의—일제 잔재에서 근대문
　　화유산으로」, 『한국과 국제정치』 36(3), 경남대 극동문제연구소, 2020.

전홍규, 「산업유산을 활용한 지역개발운동—에코뮤지엄(Ecomuseum) 만들기 외국 사
　　례를 중심으로」, 『도시와 빈곤』 35, 한국도시연구소, 1998.

정수진, 「근대문화유산의 근대와 탈근대」, 『비교민속학』 72, 비교민속학회, 2020.

정용숙, 「산업유산의 디즈니랜드?—루르의 산업투어리즘과 역사적 진정성」, 『서양사
　　론』 139, 한국서양사학회, 2018.

정용숙, 「산업화 시대의 기록으로서 산업유산—독일 루르 산업문화의 사례」, 『서양사
　　론』 132, 한국서양사학회, 2017.

주희진·박연선, 「부산 영도 봉래 창고군의 창조적 재활용을 위한 근대 역사문화 경관

색채 계획」, 『한국색채학회논문집』 25(4), 한국색채학회, 2011.

주희진·박연선, 「재활용을 위한 근대 역사문화 경관색채의 연구—홋카이도와 부산의 개항장 창고군을 중심으로」, 『한국색채학회논문집』 25(3), 한국색채학회, 2011.

진종헌, 「산업유산과 지역발전에 대한 문화지리학적 연구—태백시 철암 지역을 사례로」, 『국토지리학회지』 46(3), 국토지리학회, 2012.

최경주·김종인·김인철, 「다중심의 집합적 공간구성에 의한 미디어아트센터 계획(안)—당인리 발전소 Remodeling을 중심으로」, 『대한건축학회 학술발표대회 논문집—계획계』 21(2), 대한건축학회, 2001.

최성환, 「목포 근대문화유산의 보존 현황과 활용 양상」, 『한국사학보』 82, 고려사학회, 2021.

최장락·이상희, 「대전 지역 근대산업유산의 가치와 활용에 관한 정책적 함의」, 『디지털융복합연구』 11(11), 한국디지털정책학회, 2013.

한정선, 「군함도, 산업유산과 지옥관광 사이에서」, 『역사비평』 121, 역사문제연구소, 2017.

허환석, 「한국경제의 산업공동화에 관한 연구」, 『산업경제연구』 11(1), 한국산업경제학회, 1998.

홍순연·김기수, 「부산지역 근대문화유산의 보존 및 활용사례에 나타난 특성에 관한 고찰」, 『대한건축학회연합논문집』 10(3) 통권 35호, 2008.

홍종열·박치완, 「산업유산을 활용한 독일의 유럽문화수도 에센·루르 지역 연구」, 『문화산업연구』 14(1), 한국문화산업학회, 2014.

황소형, 「근대산업유산 활용수법으로서 연계 벨트화에 관한 연구—지역 근대산업유산 활용 문화예술창작벨트 조성사업의 실태를 중심으로」, 중앙대학교 석사학위논문, 2012.

데이비드 로웬덜 지음, 김종원·한명숙 옮김, 『과거는 낯선 나라다』, 개마고원, 2006.

미셸 푸코 지음, 이상길 옮김, 『헤테로토피아』, 문학과지성사, 2014.

앙리 르페브르 지음, 양영란 옮김, 『공간의 생산』, 에코리브르, 2011.

이영석, 『공장의 역사—근대 영국사회와 생산, 언어, 정치』, 푸른역사, 2012.

전진성, 『상상의 아테네 베를린·도쿄·서울—기억과 건축이 빚어낸 불협화음의 문화사』, 천년의상상, 2015.

伊東孝, 『日本の近代化遺産—新しい文化財と地域の活性化』, 岩波新書 695, 岩波書店, 2000.

伊東孝,『近代化遺産の誕生と展開新しい文化財保護のために』,岩波書店,2021.

John Urry and Jonas Larsen, The Tourist Gaza 3.0, Sage, 2011.

10장 산업시설은 어떻게 '유산'이 되는가 / 이연경

강동진·이석환·최동식,「산업유산의 개념과 보전방법 분석」,『국토계획』 38(2), 2003.

공공프리즘,『유휴공간 문화재생 사업 희망 대상지 기본구상방안 연구』, 지역문화진흥원, 2020.

국토연구원,『근대 산업유산의 보존·활용 기본계획 수립을 위한 기초자료 연구』, 국토연구원, 2008.

김미란,「근·현대문화유산의 보존·관리와 등록문화재 제도」,『경희법학』 52(3), 2017.

디자인연구소 이선,『유휴공간 문화재생사업 성과요인분석연구 결과보고서』, 지역문화진흥원, 2020.

문화재청,『2018년 등록문화재(건조물분야) 정기조사—별책 4권(등록문화재의 변천과정)』, 문화재청, 2018.

문화재청,『근·현대산업시설 목록화 연구보고서』, 문화재청, 2018.

문화재청,『근·현대산업시설 목록화(2차) 연구보고서』, 문화재청, 2019.

문화재청,『근·현대산업시설 목록화(3차) 연구보고서』, 문화재청, 2020.

문화재청,『일제강점기 형성 유산(건축물)의 가치 정립 및 보존·활용 방안 연구』, 문화재청, 2019.

문화재청,『진천 덕산양조장 기록화 보고서』, 문화재청, 2004.

문화체육관광부·지역문화진흥원,『유휴공간 문화재생사업 추진 안내서』, 문화체육관광부·지역문화진흥원, 2020.

박재민·성종상,「산업유산 개념의 변천과 그 함의에 관한 연구」,『건축역사연구』 21(1), 2012.

염미경,『산업문화유산을 활용한 지역관광개발과 민관(public-private) 참여모델의 국제비교—한국, 일본, 미국, 독일의 산업도시 사례를 중심으로』, 한국연구재단 선도연구자지원 1차년도 보고서(2002년), 2004.

이상민 외,『노후 산업단지 공간환경 현황진단 및 개선방향 연구』, 건축도시공간연구소, 2019.

이지수,「지역의 유휴공간 재생을 통한 복합문화공간 활성화 방안 연구」, 전남대학교 석사학위논문, 2020.

이현경, 「불편문화유산의 개념 및 역할에 대한 고찰」, 『도시연구』 20, 2018.

임세진, 『폐광 지역의 아카이빙과 도시재생을 위한 활용』, 한국외국어대학교대학원, 2020.

지역문화진흥원, 『유휴공간 문화재생 정책 활성화 방안 연구』, 지역문화진흥원, 2021.

한국공예디자인문화진흥원, 『2014~2018 산업단지 및 폐산업시설 문화재생사업』, 한국공예디자인문화진흥원, 2019.

한국문화관광연구원, 『문화유산 관광과 지속가능한 발전을 위한 문화재 활용정책 연구』, 한국문화관광연구원, 2007.

Michel Rautenberg. "Industrial heritage, regeneration of cities and public policies in the 1990's: elements of a French/British comparison", *International Journal of Heritage Studies*, vol. 18 no. 5, 2012.

TICCIH, 2012, "Taipei Declataion For Asian Industrial Heritage", https://ticcih.org/about/charter/taipei-declaration-for-asian-industrial-heritage (검색일 2021. 2. 1).

11장 폐광을 활용한 지역재생사업, 문경 은성광업소 / 손승호

가은읍개발자문위원회, 『가은읍지』, 홍익출판인쇄사, 2005.

김원진·홍충열, 「광산동굴을 활용한 폐광관광 활성화」, 『관광산업연구』 7(1), 2013.

김장하, 「폐광 지역 관광활성화를 위한 관광기반시설 확충에 관한 연구」, 『호텔리조트연구』 9(2), 2010.

김정훈, 「폐광 지역경제 활성화를 위한 카지노의 공익성 제고 방안」, 『재정포럼』 73, 2002.

김종민·김승희·이원학·이영길, 「폐광 지역의 부활─개념 새우기와 현실화 전략」, 『정책메모』 58, 2011.

김학문, 「폐광 지역에서 관광·휴양도시로─폐광 지역 활성화 사례」, 『지방행정』 50, 2001.

김해조, 「철도폐선을 활용한 철로 자전거사업 활성화 방안에 관한 연구」, 가천대학교석사학위논문, 2014.

김홍기·김세용·주범, 「독일 산업·기술문화재 노르트스테른 폐광산 재생 사례 분석」, 『한국실내디자인학회논문집』 20(5), 2011.

대한석탄공사, 『대한석탄공사 50년사: 1950~2000』, 대한석탄공사, 2001.

문경문화원, 『문경의 탄광』, 2011.

문경시, 『경상북도 문경시 석탄박물관 전시물 현황』, 2022.

박진한, 「일본 야하타(八幡)제철소의 세계유산 등재와 산업유산 연구의 의의」, 『역사비평』 143, 2023.

박창석, 「'폐광 지역 개발지원에 관한 특별법'의 쟁점과 법적 과제」, 『지방자치법연구』 38(13-2), 2013.

유승훈·이주석·곽소윤·어승섭, 「폐광산 광해방지사업의 공익적 가치 추정」, 『한국지구시스템공학회지』 48(2), 2011.

장성곤·강동진, 「지속가능한 다크 투어리즘의 개념 정의와 전개과정 분석」, 『한국도시설계학회지』 18(2), 2017.

정용숙, 「노동의 기록과 기억으로서 산업박물관—도르트문트 촐레른 폐광산의 사례」, 『역사비평』 141, 2022.

정진훈·강윤식·강훈, 「지역 활성화를 위한 폐광 지역 문화 및 관광자원화 방안」, 『예술인문사회 융합 멀티미디어 논문지』 9(11), 2019.

조우제, 「한국 산업화의 기억과 재현—문경 석탄박물관의 사례를 중심으로」, 안동대학교 석사학위논문, 2020.

Audry, S., Grosbois, C., Bril, H., Schäfer, J., Kierczak, J., and Blanc, G., "Post-depositional redistribution of trace metals in reservoir sediments of a mining/smelting-impacted watershed", *Applied Geochemistry* 25, 2010.

Bernt, M., "The Limits of Shrinkage: Conceptual Pitfalls and Alternatives in the Discussion of Urban Population Loss", *International Journal of Urban and Regional Research* 40, 2016.

Garaca, V., Trifkovic, A., Curcic, N., and Vukosav, S., "Aspects of industrial heritage tourism: Case of Novi Sad", *Revista de Cercetare si Interventie Sociala* 44, 2014.

Koudelková, J., Urbanec, V., Korandová1, B., and Hummel, M., "Geomontaneous Tourism and the Possibilities of Utilizing Abandoned Mine Workings in the Czech Republic", *Geoheritage* 14(1), 2022.

Lee, C. G., "Tourism-led growth hypothesis: International tourism versus domestic tourism-evidence from China", *International Journal of Tourism Research* 23(5), 2021.

Lee, W. Y., Shin, S. H., and Jang, S. H., "Sustainable Urban Regeneration Strategies in Korea's Abandoned Mine Area Using Industrial Heritage", *Advances in Civil Engineering*, 2022.

Morrison, A. M., *Marketing and Managing Tourism Destination*, Routledge, New York, 2019.

Vukoící, D., Ivanovíc, R., Radovanovíc, D., Dragojlovíć, J., Martíc-Bursác, N., Ivanovíc, M., and

. Ristić, D., "Assessment of Geotourism Values and Ecological Status of Mines in Kopaonik Mountain", *Minerals* 10(3), 2020.

이 책의 집필에 참여하신 분들(가나다 순)

김태윤 서울대학교 아시아연구소 학술연구교수. 서울시립대 국사학과에서 문학박사 학위를 받았다. 『북한 자료로 본 평양학 개론』(2024), 『'손상'된 시민의 공간과 냉전 동아시아』(2023) 등의 저서와 「북한의 조립식 건축의 도입과 '평양속도'의 탄생」(2023), 「전후복구 시기 '수도' 평양의 탄생과 상징공간의 조성(1953~1956)」(2022) 등의 논저가 있다. 현재 근대 이후 한반도의 도시개발 및 남북한의 도시 변화양상을 추적하고 비교하는 연구를 진행 중이다.

류은하 동아대학교 강사. 동아대학교 사학과를 졸업하고 파리 13대학교에서 역사학 석사학위와 박사학위를 받았다. 파리 근교의 노동운동, 파리 지역의 산업화와 탈산업화, 파리 지역 코뮌들의 사회 정책, 전간기 파리 지역 코뮌들의 문화 정책, 파리 지역의 산업유산 등에 관한 관련 논문을 발표했다. 현재 파리 근교 지역의 탈산업화와 산업유산 정책을 연구하고 있다.

박진빈 경희대학교 문과대학 사학과 교수. 연세대학교 사학과를 졸업하고 미국 펜실베이니아대학교(University of Pennsylvania)에서 미국사로 박사 학위를 받았다. 저서로 『백색국가 건설사』(2006), 『도시로 보는 미국사』(2016), 역서로 『원더풀 아메리카』(2006), 『빅체인지』(2008), 『바다에서 바다로─미국 패권의 역사』(2011, 공역) 등이 있다. 미국 인종관계, 도시문제, 제국주의에 대한 다수의 논문을 집필했으며, 현재 정원도시운동의 국제적 개발의 역사에 관한 책을 집필 중이다.

박진한 인천대학교 지역인문정보융합연구소 소장 겸 일본지역문화학과 교수. 연세대
학교 사학과를 졸업하고 일본 교토(京都)대학교에서 역사문화학 박사 학위를
받았다. 『도시는 역사다』(2011, 공저), 『제국 일본과 식민지 조선의 근대도시 형
성』(2013, 공저), 『인천, 100년의 시간을 걷다—근대 유산과 함께하는 도시 탐
사』(2019, 공저) 등의 저서와 『쇼군, 천황, 국민—에도시대부터 현재까지 일본
의 역사』(2012)의 역서가 있다. 현재 산업유산의 보존과 활용에 관심을 가지고
동아시아 근대도시의 성립과 탈산업화에 관한 비교 연구를 하고 있다.

손승호 인천대학교 지역인문정보융합연구소 선임연구원. 고려대학교 지리교육과를
졸업하고 같은 학교에서 인문지리학 박사 학위를 받았다. 『서울의 도시구조
변화』(2006, 공저), 『아주 쓸모 있는 세계이야기』(2017, 공저), 『한국의 도시와 국
토』(2019, 공저), 『도시지리학 개론』(2020, 공저) 등의 저서가 있다. 현재 도시 내
공간구조의 변화에 관심을 가지고 탈산업화 이후에 전개된 석탄산업도시의
도시공간 재구조화 및 산업유산을 활용한 재산업화에 관한 연구를 진행 중이
다.

염운옥 경희대학교 글로컬역사문화연구소 학술연구교수. 고려대학교 사학과를 졸업
하고 일본 도쿄(東京)대학교에서 박사 학위를 받았다. 『혐오 이론 I. 학제적 접
근』(2022, 공저), 『도시를 보호하라—위생과 방역으로 세워진 근대 도시 이야
기』(2021, 공저), 『낙인찍힌 몸—흑인부터 난민까지 인종화된 몸의 역사』(2019),
『도시는 기억이다』(2017, 공저) 등의 저서가 있다. 현재 영국 산업유산과 기억,
도시 공간과 인종 관계 등의 주제에 관심을 두고 연구하고 있다.

유현정 서울과학기술대학교 강사. 연세대학교 대학원에서 중국사를 공부하고 박사학위를 취득했다. 근대도시 상하이의 주택 문제를 분석한 「근대도시 상하이의 주거 문제에 대하여—그 유래와 전개 양상을 중심으로」 등의 연구논문이 있다. 도시 공간성에 대한 탐색과 더불어 최근에는 도시의 선택적 기억화 문제에 관심을 확장하고 있다.

이연경 연세대학교 건축공학과 부교수. 연세대학교에서 건축공학을 전공하고 석·박사학위를 받았다. 제6회 심원건축학술상을 수상했으며, 문화재청 근대문화재과 문화재위원을 역임했다. 『한성부의 '작은 일본' 진고개 혹은 本町』(2015), 『인천, 100년의 시간을 걷다』(2019, 공저) 등의 저서가 있으며, 『서울, 권력도시』(2019, 공역) 등의 역서가 있다. 19세기 말 이후 서울, 인천을 비롯한 동아시아 도시와 건축의 근대화·산업화 역사 및 유산화 과정(Heritagization)에 대해 지속적으로 연구하고 있다.

정용숙 춘천교육대학교 조교수. 연세대학교 사학과를 졸업하고 독일 보훔 루르대학교(Ruhr University Bochum)에서 박사학위를 받았다. 독일사, 사회사, 노동사, 가족사를 전공했고 대표논저로 Strukturwandel im sozialen Feld, 『세계의 지속 가능 도시재생』(2018, 공저), 『공공역사란 무엇인가』(2020)의 역서가 있다. 최근에는 공공역사로서 산업유산과 역사교육에 관심을 가지고 다양한 연구를 진행하고 있다.

황위위(黃玉雨) 타이완 중원(中原)대학교 문화자산보존연구센터 연구원. 타이완 난야 기술학원(南亞技術學院)을 졸업하고 중원대학교에서 석사학위를 취득했다. 현재 전통 차 산업유산(tea industry heritage)에 관한 박사학위논문을 같은 대학에서 준비하고 있으며 『타이완 근대유산 보존 지침』(2022) 등의 저술에 참여했다. 근대 건축물과 산업유산의 보존 및 활용에 관심을 가지고 관련 연구를 확대하고 있다.

이 책의 저본이 된 논문 목록

염운옥, 「'산업혁명의 요람' 아이언브리지 세계유산의 박물관화에 관한 연구」, 『역사비평』 121, 2022.

정용숙, 「석탄에서 문화로—문화적 탈산업화 전략으로서 루르 산업유산」, 『강원사학』 38, 2022.

류은하, 「프랑스 산업시설의 산업유산화 과정—산업유산 인식에서 산업유산화까지」, 『도시연구』 34, 2023.

박진빈, 「브루클린 수변 산업지역 재개발—네이비 야드, 그린포인트, 레드훅」, 『도시연구』 34, 2023.

김태윤, 「북한에는 산업유산이 존재하는가?—평양의 산업시설을 통해 본 산업유산 정책의 미래」, 『도시연구』 33, 2023.

유현정, 「중국 공업유산 보호 법제화 과정에 대한 탐색」, 『도시연구』 33, 2023.

박진한, 「일본의 산업유산 담론 변화와 국가 공인화 과정에 관한 연구—'산업기념물'에서 '근대화유산' 그리고 '메이지 일본의 산업혁명 유산'으로」, 『도시연구』 35, 2024.

박진한, 「산업유산은 탈산업화 시대의 새로운 "열린" 공간이 될 수 있을까?—국내 산업유산 연구의 현황과 과제」, 『도시연구』 29, 2022.

이연경, 「한국의 산업유산 관련 제도와 현황—문화재청과 문화체육관광부의 사업과 사례를 중심으로」, 『도시연구』 29, 2022.

손승호, 「문경시 은성광업소 석탄 산업유산의 관광자산화와 파편화된 기억」, 『도시연구』 33, 2023.